DuMont Reise-Taschenbücher

Bahia

W0191523

In der vorderen Umschlagklappe: Übersichtskarte Bahia

In der hinteren Umschlagklappe: Das historische Zentrum von Salvador da Bahia

Petra Schaeber
Alexander Busch

DuMont Buchverlag Köln

Bahia

Umschlagvorderseite: Baianas auf dem Weg von Piatã nach Itapoãn
Umschlaginnenklappe vorne: Trommler der Gruppe Olodum an Karneval
Umschlaginnenklappe hinten: Zuckerrohrverkauf in Cachoeira
Abbildung S. 2/3: Traumstrand Stella Maris an der Küste Bahias
Vignette: Zeichnung von Carybé
Umschlagrückseite oben: Auf der Feira de São Joaquim
Umschlagrückseite unten: In Salvador da Bahia

Über die Autoren: Petra Schaeber, geb. 1962, studierte in Köln und Rio de Janeiro, lebt in Salvador, ist Journalistin und arbeitet an einer Dissertation zur afrobrasilianischen Kultur.
Alexander Busch, geb. 1963, studierte in Köln und Buenos Aires, er lebt in São Paulo und arbeitet dort als Korrespondent der Wirtschaftswoche und für verschiedene Tageszeitungen.

Die Deutsche Bibliothek – CIP-Einheitsaufnahme

Schaeber, Petra:
Bahia / Petra Schaeber ; Alexander Busch. – Köln: DuMont, 1993
    (DuMont-Reise-Taschenbücher; 2071)
    Nebent.: Brasilien, Bahia
    ISBN 3-7701-2943-1
NE: Busch, Alexander:; NT; GT

© 1993 DuMont Buchverlag, Köln
Alle Rechte vorbehalten
Satz und Druck: Rasch, Bramsche
Buchbinderische Verarbeitung: Bramscher Buchbinder Betriebe

Printed in Germany   ISBN 3-7701-2943-1

Inhalt

Land und Leute

Bahia im Überblick

Wirtschaft, Politik und Gesellschaft

Inhalt

Religion

Kultur

Karneval

Unterwegs in Bahia

Salvador da Bahia

Recôncavo

Die Küste Südbahias

Inhalt

Agreste und Sertão

Tips und Adressen

Wir danken: Dona Cecé und Familie, Antônio Medrado, Nádia Cardoso, Monika Schülter, Wolfgang Roddewig und Dona Veronika, João Jorge, Jaime Sodré, Dra. Denise und Margarete (Casa do Brasil), Júlio Braga, Hans Leusen (Dannemann), Wilson Marrom, Dendê und Familie, Dona Ruth und Seu João, Fátima, Mestre Morães, Frau Sikora und Herrn Thien (Varig), Julival, Nal, Jaguaraci und Familie und den Blocos Afros: Ara Ketú, Ilê Aiyê, Muzenza, Malê Debalê und Olodum.
  Der brasilianischen Fluggesellschaft VARiG sei an dieser Stelle für ihre hilfreiche Unterstützung gedankt, die sie den Autoren gewährte.

Land
und Leute

»Das Volk ist stärker als die Armut …
Auch wenn das Überleben vor lauter
Schwierigkeiten und Grausamkeiten
fast unmöglich erscheint, das Volk
lebt, kämpft, lacht, gibt nicht auf. Sie
machen ihre Feste, tanzen ihre Tänze,
singen ihre Lieder und lachen ihr
befreites Lachen.«

Jorge Amado

Bahia im Überblick

Geographie

Brasilien, das fünftgrößte Land der Erde, nimmt mit 8,5 Mio. km² fast die Hälfte des südamerikanischen Kontinents ein. Diese Dimensionen sind für Europäer schwer zu fassen: Ein Brasilianer, der von Amapá im Norden des Landes (an der Grenze zu Guayana) nach Uruguaiana im Süden des Landes (an der Grenze zu Uruguay) reist, legt die gleiche Strecke zurück wie ein Norweger aus Hammerfest, der eine Oase am nördlichen Rand der Sahara besucht.

Der größte Teil Brasiliens liegt zwischen dem Äquator und dem südlichen Wendekreis – d. h. zwischen dem 5. nördlichen und 33. südlichen Breitengrad sowie dem 35. und 74. Längengrad. Das Land hat mit fast allen südamerikanischen Nationen – außer Chile und Ecuador – eine gemeinsame Grenze. Etwa 7400 km lang ist die Atlantikküste.

Geographisch vereinfacht gliedert sich Brasilien in das Bergland im Südosten – eine Art Mittelgebirge mit einzelnen Gebirgszügen – und das Tiefland um den Amazonas im Nordwesten. Brasilien hat keine ausgeprägten Gebirgszüge. Der Pico da Neblina an der Grenze zu Venezuela ist mit rund 3000 m Höhe einsame Spitze. Trotzdem ist mehr als die Hälfte des Landes bergig, ein Fünftel überragt sogar die 500-Meter-Grenze.

Der Bundesstaat Bahia (ca. 560 000 km²) liegt im nördlichen Teil des brasilianischen Berg- und Tafellandes an der Küste. Er ist etwa so groß wie Frankreich und befindet sich größtenteils zwischen dem 10. und dem 15. südlichen Breitengrad – also etwa auf der gleichen Höhe wie Angola und Mosambik. Der Bundesstaat erstreckt sich an manchen Stellen über 1000 km nach Westen ins Landesinnere. Nur im Süden, an der Grenze zu den Bundesstaaten Espírito Santo und Minas Gerais, verengt sich das Land zu einem rund 100 km schmalen Streifen. Etwa 1100 km mißt die bahianische Atlantikküste. Außer der flachen Küstenregion, die sich um Salvador weiter ins Landesinnere ausdehnt, besteht die Oberfläche Bahias vorwiegend aus einem Mittelgebirge, das selten höher als 1000 m ansteigt. Die Serra do Espinhaço im Landesinneren, 300 km von der Atlantikküste entfernt, gehört zum Nachbarstaat Minas Gerais und setzt sich in der Chapada Diamantina fort. Ihr höchster Punkt ist der Pico do Barbado (2033 m). Westlich der Chapada flacht sich das Mittelgebirge wieder ab.

In dem 100 km breiten Tal fließt der Rio São Francisco. Dieser Velho Chico, der Alte Chico (Chico = Verkleinerung von Francisco), wie er im Volksmund genannt wird, entspringt in Minas Gerais, durchfließt fast ganz Bahia und wird im Norden an der Grenze zu Piaui zu einem riesigen, 200 km langen See gestaut. Richtung Atlantik bildet der Fluß die natürliche Landesgrenze zu Pernambuco und Alagoas. In Sergipe mündet er nach 3361 km ins Meer. Westlich des São Francisco-Flußtales liegen die Hochebenen von Goiás. Die westliche Landesgrenze ist zugleich eine Wasserscheide: Alle Flüsse, die auf bahianischem Territorium entspringen fließen (noch) in den São Francisco. Die größten sind von Süden nach Norden: Jequintinhona, Pardo, Contas und der Paraguaçu, der in die Allerheiligenbucht (= Bahia de Todos os Santos) mündet.

Klima

Durch die Lage auf der Südhalbkugel sind die Jahreszeiten in Brasilien spiegelbildlich zu unseren auf der nördlichen Hemisphäre: Im Januar ist dort Hochsommer, und es regnet im Landesinneren. Im Juli sinken die Temperaturen – im Süden des Landes friert es sogar manchmal – und nur an der Küste fallen Niederschläge. Im Landesinneren bleibt es dagegen zur Jahresmitte trocken. In Bahia, das als Teil des brasilianischen Nordostens näher am Äquator liegt, schwanken die Temperaturen weniger als im Süden Brasiliens. Die Durchschnittstemperaturen steigen in den Sommermonaten an der Küste selten über 30 °C und fallen im Juli nie unter 20 °C. Auch Höchsttemperaturen von bis zu 40 °C sind am Meer leichter erträglich, weil

stets ein leichter Wind weht. Von April bis Mai regnet es häufig. Im brasilianischen Frühling und Sommer ist die bahianische Küstenregion normalerweise trocken. In den letzten Jahren haben sich jedoch öfters Klimaveränderungen ergeben: So regnete es etwa fast den ganzen Januar 1992 – ein traditionell niederschlagsloser Monat.

Noch weniger berechenbar sind die Regenfälle im trockenen Landesinneren Bahias. Zwar gilt: Je weiter entfernt von der Küste, um so weniger regnet es. Aber in großen Teilen des Landesinneren – vor allem im trockenen Sertão – fallen bisweilen über Jahre keine Niederschläge. Den Dürren folgen dann nach plötzlichen tagelangen Regengüssen manchmal Überschwemmungskatastrophen.

Vegetation

Da es in Bahia nur an der Küste regelmäßig regnet, findet sich dort auch die einzige dichte Bewaldung. Früher wuchs in dieser *Zona da Mata* ein tropischer Urwald. Heute gibt es kaum noch Primärwald am Atlantik, denn Bahias Küste wird seit Beginn der Kolonialisierung (Mitte des 16. Jh.) landwirtschaftlich genutzt. Der Küstenwald wurde schon bald in den Öfen der Zuckersiedereien verbrannt. Lediglich in Südbahia lassen sich heute noch Reste der unter Naturschutz stehenden *Mata Atlântica* entdecken, ein dichter, tropischer

Mischwald, der jedoch auch hier nicht mehr unberührt ist. Bambus und tropische Harthölzer wie Massaranduba oder Biriba, deren Holz eine rötliche Färbung aufweist, werden schon seit der Kolonialzeit zum Möbel- und Hausbau genutzt.

An verschiedenen Stellen der Küste, etwa bei Porto Seguro, Camamu, Valença und im Recôncavo um Salvador haben sich – meist im Flußdelta – Inselgruppen und Halbinseln aus Mangrovendickichten gebildet. In manchen Küstenregionen (beispielsweise nördlich von Salvador) finden sich Dünenlandschaften.

Ganz anders präsentiert sich die Pflanzenwelt im Landesinneren: Die Vegetation, die den größten Teil Bahias überzieht, heißt in einer indianischen Sprache Caatinga, Weißer Wald. Es handelt sich dabei um kleine Bäume, Büsche und Kakteen oder in den trockensten Gebieten wie dem Sertão nur noch um Dornensträucher. Wenn es regnet, wird die Caatinga zuerst grün und beginnt kurz darauf zu blühen. Reisende, die während der Trockenperioden durch den braunverbrannten Sertão fahren, können sich das kaum vorstellen.

Tierwelt

Der Küstenstreifen Bahias wird bereits seit mehreren Jahrhunderten intensiv vom Menschen genutzt, was bereits vor langer Zeit zur Zerstörung der natürlichen Lebensgrundlagen vieler Tiere führte. So weist Bahia eine geringere Artenvielfalt auf als andere, bis vor kurzem noch unberührte Gebiete Brasiliens. Den meisten Kontakt dürften Touristen wohl mit den kleinsten Vertretern wie Moskitos, Flöhe, Spinnen, Fliegen, Ameisen oder Holzwürmern in allen Größen haben. Seltener schon ist der Kontakt mit den zahlreichen Schlangen, die sich aber wenig in bewohnten Gebieten aufhalten: z. B. die giftige und die ungiftige Korallenschlange (Coral), die Würgeschlange (Jiboya) sowie die giftigen Klapperschlangen (Jaracuçu und Cascavel).

Auf den Märkten, Müllhalden und Kanalisationsausflüssen sammeln sich die Geier (Urubu) in riesigen Gruppen. Am Tag sieht man zahlreiche Kolibris (= Beija-Flor, wörtlich übersetzt: Blumenküsser) an Blüten nippen, nachts fliegen Fledermäuse (Morcegos) lautlos durch Obstbäume und nagen an den reifen Früchten – sofern die Kleinaffengruppen (Nicos) etwas übriggelassen haben. Gürteltiere (Tatú), eine Pacas genannte Schweineart, Wasserschweine (Capivara) und Hasen (Coelho) sind beliebte Delikatessen der Bahianer im Landesinneren. Raubtiere wie Fuchs (Raposa) oder Jaguar (Onça) wurden durch die Landwirtschaft und den Straßenbau in menschenleere Gegenden vertrieben.

Am artenreichsten ist die Meeresfauna Bahias – unter anderem, weil bis heute noch nicht im

Steckbrief Bahia

Fläche: 561 000 km^2 (BRD: 357 000 km^2)

Hauptstadt: Salvador da Bahia de Todos os Santos (2 Mio. Einwohner)

Bevölkerung: 11,8 Mio. (Brasilien: 153 Mio.), davon 57 % in Städten; Wachstumsrate seit den 90er Jahren ca. 2 %

Bevölkerungsdichte: 20,9 Einwohner je km^2 (Deutschland: 212 Einwohner je km^2), in Salvador: 6162 pro km^2 (Berlin: 3386 je km^2)

Mindestlohn: zwischen 90 und 150 Mark (1993)

Bildung: ca. 33 % Analphabeten

Lebenserwartung: 57,9 Jahre (BRD: 75 Jahre)

Kindersterblichkeit: 44 pro Tausend (BRD: 8)

Gesundheitssystem: Ein Arzt auf 554 Einwohner (BRD: 95), ein Krankenhausbett auf 1260 Einwohner (BRD: 350)

Wichtige Industrien: Chemie, Petrochemie, Zellulose, Baugewerbe, Agrarindustrie

Bruttoinlandsprodukt: 14 Mrd. DM (1992)

Rohstoffe: Erdöl, Erdgas, Kupfer, Blei, Silber, Chrom, Marmor

Agrarexportprodukte: Kakao, Tabak, Soja, Sisal, Zellstoff, Obst und Gemüse

Touristen: 420 000 (1992)

Religionen: katholisch, protestantisch, afrobrasilianisch, Pfingstkirchen

Sprache: Portugiesisch

großen Stil gefischt wird. Ausnahme sind die Wale, die bis Ende des letzten Jahrhunderts vor Salvador gejagt und so stark dezimiert wurden, daß ihre Nachkommen nur noch selten vor Bahia auftauchen. Zu Beginn der Kolonisierung war Walöl als Mörtelersatz ein wichtiges Baumaterial. In den Küstengewässern vor Bahia leben große und

Meereschildkröte

kleine Thunfische *(Atun* bzw. *Bonito)*, Brasse *(Vermelho)*, Seezunge *(Linguado)*, Dorsch *(Badejo)* sowie Haie, die jedoch nur in zwei kleinen – für Fischer und Badende ungefährlichen – Arten vorkommen, als *Cação* oder *Caçonete.* In Steinbänken und Korallen vor der Küste hausen Muränen *(Caramuru)*, Tintenfische *(Lula)*, Languste *(Lagosta)* und Krabben *(Camarão)*, kleben die verschiedensten Arten von Muscheln *(Lambreta)*, Austern *(Ostra)* und Seeigel *(Pinaúna)*. Geschützt werden seit kurzem die Meeres-schildkröten *(Tartaruga Marinha)*, die inzwischen fast ausgestorben waren. Im Schlamm der Flußmündungen leben zahlreiche Krebsarten: Die *Carangueijos* und *Aratu* sind beliebt als Kleinigkeit zum Bier. Die kleinen Siri werden komplett mit Panzer und Scheren gegessen. Der Körper des *Guaiamum* erreicht die Größe einer Orange. In den Flüssen Bahias schwimmen diverse Süßwasserfische u. a. Seebarsch, Hecht, Piranha – aus letzterem bereiten die Bewohner in den Flußstädten entlang des São Francisco eine angeblich potenzsteigernde Suppe zu, die auch für schwangere Frauen gut sein soll – und die Süßwassergarnele *Pitú*.

Daten zur Geschichte

Vorkolonialzeit

Die **Frühgeschichte** Brasiliens ist wenig erforscht, denn die Ureinwohner, brasilianische Indianer, hatten keine Schrift und bauten nicht mit Stein. Es gibt keine Tempel oder Städte wie von den Inka in den Anden oder den Maya in Mittelamerika. So kann nur vermutet werden, daß bei Ankunft der Portugiesen im Amazonasgebiet, an der Küste und an den Flüssen im Südwesten zwischen 1 und 10 Mio. Indianer lebten, zum Teil als Sammler, Fischer und Jäger; andere nutzten den Regenwald agrarisch und bauten Maniok und Mais an. Man nimmt beispielsweise auch an, daß alle Paranußbäume im brasilianischen Regenwald von Indianern gepflanzt wurden.

Die ersten menschlichen Spuren reichen bis 32 000 Jahre v. Chr. zurück: In Höhlen des Bundesstaates Piauí entdeckte man Feuerspuren aus dieser Zeit. Die ältesten Überreste indianischer Zivilisationen wurden an der Küste Bahias gefunden. Es sind Keramikschalen aus dem 9. Jh. v. Chr.

Im Gebiet von Bahia siedelten bei Ankunft der Europäer die Tupinambá und die Tupiniquim, zwei ethnische Obergruppen, die eine Vielzahl von einzelnen Stämmen vereinen.

Die ersten Indianer, die Kontakt mit den Europäern hatten, waren die Tupinambá. Priester und Forscher, welche die frühen Kolonisatoren auf ihren Reisen begleiteten, hielten ihre Eindrücke über die ersten Begegnungen schriftlich fest: Die Indianer waren unbekleidet und bemalten ihren Körper mit Jenipapo, einer rot färbenden, eßbaren Frucht. Sie rasierten die Körperhaare mit Muscheln und durchlöcherten Unterlippe, Ohrläppchen und Nasenflügel, um sie mit Hölzern zu schmücken. Die Tupinambá jagten mit Pfeil und Bogen, ernährten sich von Fischen und von wilden Früchten. Sie bauten bereits Mais, Mandioka, Chilischoten, Kürbis, Bananen, Cashewnüsse, Mangos und die Mandioka-Wurzel an.

Etwa 800 000 Indianer sollen es im 15. Jh. gewesen sein – heute sind es nur noch 12 000, die in zwölf Stämme unterteilt sind. Nach dem Gesetz gehört ihnen der Boden, auf dem sie siedeln, doch die wenigsten Gebiete sind als ihr Eigentum ausgewiesen und sie können sich nur selten gegen Großgrundbesitzer und Landbesetzer wehren, die sich unerlaubt auf ihren Stammesgebieten niederlassen. So umfaßt beispielsweise das größte Reservat in Bahia, der Pataxó Hã-Hã-Hãe in Paraguaçu-Caramuru im Süden des Landes nach dem Gesetz 54 000 ha, doch die Indianer haben schon Schwierigkeiten, das 1200 ha große Grund-

stück, auf dem sie leben, zu verteidigen. Der Rest des Reservats ist illegal besetzt.

Kolonialzeit

April 1500 Eine portugiesische Flotte unter Leitung von Pedro Alvares Cabral landet in Südbahia, nördlich des heutigen Porto Seguro. Die Seefahrer sind auf dem Weg nach Kalkutta vom Kurs abgekommen. Cabral errichtet ein Kreuz, nimmt das Land für die portugiesische Krone in Besitz und verschwindet nach einer Woche wieder gen Indien. Das Interesse Portugals an seiner neuen Kolonie ist zu Beginn nur gering. Die europäischen Kolonialmächte schicken sich gerade an, Asien und Afrika unter sich aufzuteilen. Außerdem verheißt Brasilien keine Reichtümer wie Gold, Edelsteine oder Gewürze, nach denen die Europäer in Übersee suchen. Die neue Kolonie verdankt ihren Namen dem Färbeholz Pau do Brasil, das als erstes brasilianisches Produkt auf den europäischen Markt gelangt.

1501 Amerigo Vespucci segelt die Küste von Norden nach Süden entlang. Am 1. November geht er in Salvador an Land und tauft die Bucht dem Datum entsprechend

Landschaft mit Szenen aus dem Indianerleben, 1829, Jean-Jaques Deltil

Bahia de Todos os Santos = Allerheiligenbucht.

1532 König João III. teilt die brasilianische Küste in 15 *Capitanías* ein und verschenkt die Landstriche *(Donatárias)* an Adelige, die die Ländereien besiedeln und bewirtschaften sollen. Wo sich die Portugiesen niederlassen, werden die Indianer vertrieben. Als einer der Kolonisatoren in Pernambuco erfolgreich Zuckerrohr anbaut, erwacht das Interesse in Portugal, denn Zucker ist in Europa ein seltener Luxusartikel.

Ab 1538 Für die Arbeit auf den Zuckerplantagen setzen die Portugiesen Afrikaner ein, die sie aus ihren Stützpunkten in Angola und dem Kongo nach Brasilien verschleppen. Etwa 4–5 Mio. Afrikaner werden versklavt.

1549 Der portugiesische König gründet eine Kolonialverwaltung in Brasilien. Gouverneur wird Tomé de Sousa. Salvador da Bahia de Todos os Santos wird zur Hauptstadt erklärt und entwickelt sich mit rund 25 000 Einwohnern zur größten Stadt südlich des Äquators. Der Zuckeranbau lenkt auch die Aufmerksamkeit anderer Länder auf Brasilien. Portugal will mit einer strafferen Verwaltung verhindern, daß andere Kolonialmächte sich das Land aneignen. Dennoch gelingt es den Franzosen (z. B. in der Nähe von Rio de Janeiro) und Holländern mehrmals, Teile Brasi-

Sklavenhandel, Holzstich von 1866

liens (in Bahia 1623/24 und Pernambuco 1630–1649) zu erobern.

1623–1654 Während des 30jährigen Krieges in Europa bringen die Holländer Nordostbrasilien von São Luis bis Sergipe in ihren Besitz. Das mit Spanien vereinte Portugal unter König Dom João III. ist Kriegsgegner der Niederländer. Die portugiesische Kolonie wird zum Nebenschauplatz des europäischen Krieges. 1624 besetzen die Niederländer zehn Monate lang Salvador. In dieser kurzen Zeit bauen sie zahlreiche Festungen, die das Stadtbild bis heute prägen.

1630 Entkommene Sklaven gründen eine der größten Fluchtburgen

(Quilombos) in Alagoas. In Palmares hatten sich zeitweise bis zu 30 000 Afrikaner zusammengeschlossen und einen Staat organisiert, der zur stärksten Bedrohung des portugiesischen Kolonialreiches wurde. Nach zahlreichen militärischen Expeditionen, gegen die sich die Palmarinos zuletzt unter dem legendären Führer Zumbi zur Wehr setzten, wurde Palmares 1697 zerstört. Der erste Quilombo in Bahia war bereits 1575 entstanden.

Ab 1700 Südlich von Bahia, im Gebiet des heutigen Minas Gerais, werden Gold und später Edelsteine gefunden. Es kommt zu einem Goldrausch. Kolonialherren und Sklaven ziehen in den Südosten nach Minas Gerais, wo im 18. Jh. 80 % der Weltproduktion an Gold

geschürft wird. Durch die Kapital-
flucht und den Verlust an Arbeitskräften verliert Salvador seine wirtschaftliche Bedeutung.

1763   Rio de Janeiro, die Hafen-
metropole, durch die Gold und
Diamanten nach Europa fließen,
wird neue Kolonialhauptstadt.

1808   Der portugiesische Hof
flüchtet vor Napoleon nach Brasili-
en und erklärt Rio de Janeiro zum
Zentrum des portugiesischen Welt-
reiches. Die Engländer verschiffen
fast 15 000 Portugiesen (vorwiegend Adlige) nach Rio. Zum Dank
werden die brasilianischen Häfen
für ausländische – vor allem englische – Produkte geöffnet.

1821   João VI. kehrt nach Portugal zurück und setzt seinen Sohn
Dom Pedro als Statthalter des Kö-
nigreiches Brasilien ein.

Kaiserreich

1822   Dom Pedro I. ruft auf dem
Hügel von Ipiranga die Unabhängigkeit Brasiliens aus (s. S. 152 f.)
und krönt sich selbst zum Kaiser.

1831   Dom Pedro I. kann sich
nicht gegen die revolutionären und
separatistischen Bewegungen im
jungen Kaiserreich durchsetzen
und dankt ab.

1831   Auf Druck Großbritanniens
wird per Gesetz der Sklavenhandel

offiziell verboten. Doch verschlepp-
te man auch weiterhin Afrikaner
nach Brasilien. 1848 werden auf
den Märkten Rios noch 60 000
Sklaven verkauft. Erst ab 1850
kommt der internationale Sklavenhandel zum Erliegen.

Bis 1835   In Salvador und im Recôncavo kommt es in der ersten
Hälfte des 19. Jh. zu zahlreichen
Sklavenaufständen. Die Rebellion
der Malê in Salvador 1835 wird
verraten und blutig niedergeschla-
gen. Kaffee avanciert zum Haupt-
exportprodukt des Kaiserreiches.

1840–1889   Dom Pedro II. wird
15jährig zum Kaiser gekrönt und
bleibt fast ein halbes Jahrhundert in
seinem Amt. Unter ihm stabilisiert
sich die Zentralmacht in Rio. In der
Kolonie kommt es zu zahlreichen
Rebellionen gegen die Portugiesen.
Während der Sabinada (1837/38)
rufen die Aufständischen in Salvador die Bahianische Republik aus
und halten die Stadt fünf Monate
besetzt, bevor sie von portugiesischen Truppen zurückerobert wird.

1864–1870   Brasilien führt zusammen mit Argentinien und Uruguay gegen Paraguay einen der
blutigsten Kriege in der Geschichte
Südamerikas, in dessen Verlauf Pa-
raguays Bevölkerung fast völlig
vernichtet wird. Auf brasilianischer
Seite sterben 1 Mio. Afrikaner.

1888   Prinzessin Isabel unter-
schreibt das »goldene Gesetz« und

Die Revolten der Sklaven

Vier bis fünf Millionen Afrikaner wurden in der vier Jahrhunderte
währenden Kolonialzeit nach Brasilien verschleppt – etwa siebenmal
mehr als in die USA. Im 16. und 17. Jh. kamen die Sklaven hauptsächlich aus dem Süden des Landes, aus dem Kongo und aus Angola – im
18. und 19. Jh. von der Westküste Afrikas, aus der Region des Golfes
von Benin, dem damaligen Dahomey. Es wird geschätzt, daß etwa eine Million der Afrikaner bereits auf dem Weg nach Brasilien starben.
Wie viele schon zuvor bei den Sklavenjagden in Afrika ums Leben kamen, ist nicht bekannt.

Der Sklavenhandel bildete über vier Jahrhunderte das Rückgrat der
bahianischen Kolonialwirtschaft. Die Portugiesen organisierten einen
Dreieckshandel, an dem sie blendend verdienten: Sie kauften im
Tausch gegen billige Waren (wie z. B. Tabak minderer Qualität) Sklaven in Afrika, verschleppten diese nach Brasilien, um sich dort für
ihren Menschenhandel mit Zucker und gutem Tabak in hohen Mengen
entlohnen zu lassen. Diese Produkte aus den Kolonien waren in Europa sehr begehrt und die Portugiesen konnten sie mit gewaltigen Ge-
winnspannen verkaufen.

In Bahia arbeiteten die Sklaven in Gruppen von 100 bis 300 Leuten
und unter unmenschlichen Bedingungen, stets überwacht von den
strengen *Feitores*, den Aufsehern. Oft überlebten sie durchschnittlich
nur fünf bis zehn Jahre. Ihre Besitzer konnten sie ungestraft verkaufen,
vermieten, verpfänden, verschenken, bestrafen oder gar töten. Möglichkeiten des Widerstandes gab es zunächst kaum. Viele Sklaven be-
gingen Selbstmord, um ihrem Schicksal zu entkommen. Selbst wenn
es einem Sklaven gelang zu fliehen, wußte er nicht wohin, denn alleine konnte er kaum überleben. Erst ab dem 17. Jh., als geflohene Sklaven begannen sich zu organisieren, wurde es für die Portugiesen
schwieriger, die afrikanische Mehrheit in der Kolonie zu unterjochen.

Bis vor kurzem war es in Brasilien kaum bekannt, daß es bis zur Ab-
schaffung der Sklaverei im Jahr 1888 zahlreiche Aufstände gab. Der
Quilombo dos Palmares, eine Siedlung entflohener Sklaven im Hinter-
land, wurde für die Kolonialmacht existenzbedrohend. Die erste
Fluchtburg dieser Art soll es bereits 1575 in Bahia gegeben haben. Die
Quilombos befanden sich fast immer in schwer zugänglichen Regio-
nen im Landesinneren. Dort bauten die entflohenen Sklaven Mais,
Bohnen, Maniok, Süßkartoffeln und Zuckerrohr an, sie jagten oder

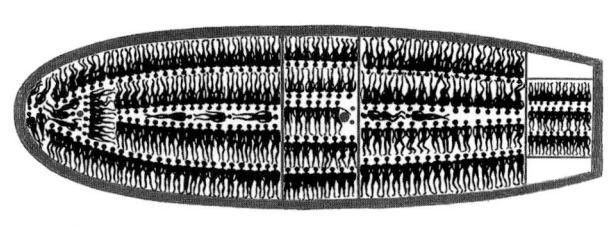

Liegeplan eines Sklavenschiffes zur größtmöglichen Ausnutzung des Raums, Lithographie (19. Jh.)

fischten – und lebten, wie sie es in Afrika gewohnt waren. Rund 1000 Agrargemeinschaften in Bahia gehen auf Quilombos zurück.

Die Siedlung Palmares entstand Anfang des 17. Jh. im Innern des heutigen Bundesstaates Alagoas, nördlich von Bahia, als eine Gruppe von 40 Sklaven auf die Hochebene von Garanhuns flüchtete. Da die portugiesischen Söldner seit der holländischen Invasion im Nordosten (1621) damit beschäftigt waren, die Küstenregion vor Angriffen zu schützen, konnten immer mehr Sklaven fliehen. Die Palmarinos nutzten die mangelnde Aufsicht und verhalfen anderen Leidensgenossen auf den Plantagen zur Flucht. Es heißt, daß ein Flüchtling auch in Palmares solange Sklave blieb, bis er andere befreien konnte. Fast ein Jahrhundert lang setzten sich die Palmarinos zur Wehr. Am Ende lebten rund 30 000 Schwarze in diesem ca. 27 000 km^2 großen »Staat im Staat«.

Mehr als 40 Militärexpeditionen konnten die Palmerinos zurückschlagen, obwohl die Bewohner nur die bei den Kämpfen erbeuteten Waffen besaßen. Wahrscheinlich ist der afrobrasilianische Kampf-Tanz Capoeira in dieser Zeit zu einer effektiven Verteidigungstechnik weiterentwickelt worden.

1678 kam es zu Friedensverhandlungen zwischen dem damaligen König von Palmares Ganga-Zumba und dem Gouverneur von Pernambuco. Die Palmarinos sollten freie Vasallen der portugiesischen Krone werden, in einem von den Portugiesen bestimmten Gebiet leben und freien Handel treiben dürfen. Doch die wenigsten Palmarinos zogen mit Ganga-Zumba in dieses von der Kolonialmacht streng kontrollierte Gebiet. Die Mehrheit schloß sich dem neuen Oberhaupt Zumbi an und blieb.

Im Januar 1694 wurde das bis dahin zweitgrößte militärische Kontingent in Brasilien aufgestellt: Rund zehntausend Mann zogen unter dem Kommando von Jorge Velho gegen Palmares. 22 Tage belagerten die Truppen den Quilombo, bis ihnen am fünften Februar der entscheidende Schlag gelang. »Sie zerschnitten und töteten alles, was sie nur fanden«, kommentierte ein Geistlicher das Blutbad, das die Truppe in der Hauptstadt Macaco anrichtete. Kaum mehr als 500 haben überlebt und wurden als Gefangene nach Recife gebracht, wo man die Zerstörung von Palmares mit einer Messe und sechstägigen Festlichkeiten feierte. Zumbi war die Flucht geglückt. Er wurde erst eineinhalb Jahre später in einem Hinterhalt aufgestöbert und getötet. Sein Kopf wurde aufgespießt und in Recife zur Schau gestellt.

140 Jahre später hätten die Malé, moslemische Sklaven, fast die portugiesische Herrschaft in Bahia beendet. Am 25. Januar 1835, einem Sonntag, kurz vor Morgendämmerung sollte der Aufstand beginnen. Genau dann, wenn ihre Herrschaften in der Kirche zur Messe sein würden. Die Malé wollten gleichzeitig an verschiedenen Stellen der Stadt Feuer legen, um Polizei und Soldaten aus ihren Kasernen zu locken. Im allgemeinen Durcheinander, so hofften die Aufständischen, könnten sie die Kasernen stürmen und die Waffen erobern. Die Weißen und die zum Katholizismus konvertierten Afrikaner sollten ermordet, die Mulatten versklavt werden. Nach der Eroberung der Stadt war geplant, den Heiligen Krieg auf die Plantagen im Recôncavo auszudehnen.

Verraten wurde der Plan von einer Frau. Sie warnte ihren Nachbarn in der Rua do Bispo um neun Uhr des Vorabends. Der Bürger André Pinto da Silveira verständigte sofort den Provinzpräsidenten. Schon zwei Stunden später begannen die Polizeimannschaften die Häuser, in denen sich die Konspirateure aufhielten, zu durchsuchen. Trotz der Entdeckung lieferten sich die Aufständischen die ganze Nacht Kämpfe mit den Truppen. Im Morgengrauen flüchteten die Überlebenden ins Hinterland, wo sie von einer Kavallerie gestellt und massakriert wurden. Nur fünf von 286 Verdächtigten verurteilte man wegen der Teilnahme an der Verschwörung zum Tode. Die Mehrheit der Sklaven, die sich unter den Aufständischen befand, wurde öffentlich ausgepeitscht und mußte Strafarbeiten leisten. Daß »nur« so wenig Aufständische ihr Leben lassen mußten, lag daran, daß sie als billige Arbeitskräfte für ihre Herren einen großen Wert darstellten.

verbietet in Brasilien, als letztem Land der Welt, die Sklaverei. Vorraussetzungen für ein menschenwürdiges Überleben der ehemaligen Sklaven werden jedoch nicht geschaffen und schätzungsweise 720 000 Menschen von einem Tag auf den anderen in extreme Armut entlassen.

Republik

1889 Die Militärs und die Kaffeeoligarchie verbünden sich und setzen gewaltlos die Monarchen ab. Brasilien wird Bundesrepublik mit gewählten Gouverneuren und einer modernen Verfassung, in der Staat und Kirche getrennt sind. Das Land fördert die Ansiedlung von Einwanderern als Arbeitskräfte: Insbesondere nach der Gründung der Republik im Jahre 1891 und bis 1930 kommen zwischen drei und fünf Millionen Einwanderer nach Brasilien: Japaner, Italiener, Portugiesen, Deutsche. Erste Schritte zur Industrialisierung werden getan.

1889–1939 Krisen erschüttern die Republik: Bauernaufstände im Nordosten, Rebellion von jungen Offizieren, Streiks in den Großstädten. Der Sertão, das trockene Landesinnere des Nordostens, wird von Räuberbanden (sog. *Canagaçeiros*) beherrscht.

1930 Durch die Weltwirtschaftskrise gerät Brasilien in eine bedrohliche ökonomische Isolation. Die Kaffeeoligarchie kann nicht mehr exportieren und verliert ihren politischen Einfluß. Getúlio Vargas gelangt mit Hilfe der Militärs an die Macht. Weil kaum noch importiert wird, kommt es zwangsläufig zu einer starken inländischen Industrialisierung.

1930–1945 Vargas setzt eine neue, autoritäre Verfassung ein, die den Estado Novo begründet. Durch eine Sozialgesetzgebung integriert er die Arbeiterschaft und baut die staatliche Schwerindustrie auf. Erstmals werden afrobrasilianische Kulturformen legalisiert: Der Samba wird zur »offiziellen« Karnevalsmusik und der Kampf-Tanz Capoeira erlaubt.

1945 Die Militärs zwingen Vargas zum Rücktritt und schreiben Neuwahlen aus. Von 1951 bis zu seinem Selbstmord im Jahr 1954 hat er erneut das Präsidentenamt inne – diesmal demokratisch gewählt.

1956–1961 Juscelino Kubitschek forciert die Industrialisierung im Land und läßt die neue Hauptstadt Brasília bauen, die 1960 eingeweiht wird. Die Kosten seines Regierungsprogramms sind hoch: Die Inflation steigt und die Korruption nimmt stark zu.

1960–1964 Unter seinen Nachfolgern Jânino Quadros und João Goulart verstärkt sich die innenpolitische und wirtschaftliche Krise.

Als Goulart die Ölraffinerien verstaatlicht und eine Landreform durchsetzen will, putschen die Militärs mit Unterstützung der USA.

Militärdiktatur

1964–1967 Die Generäle versuchen erfolglos, die Rezession mit einer Sparpolitik in den Griff zu bekommen.

1967–1973 In der harten Phase der Diktatur werden Oppositionelle brutal verfolgt. Die Militärs öffnen die Grenzen für ausländisches Kapital und Produkte. Bis 1973 wächst die Wirtschaft durchschnittlich um 11,3 % pro Jahr. Das »brasilianische Entwicklungsmodell« (= Aufbau einer modernen Industrie mit Hilfe von ausländischen Krediten) wird Vorbild für andere Länder der Dritten Welt.

1973 Nach der Energiekrise planen die Militärs gigantische Projekte, um Devisen zu erhalten und vom ausländischen Öl unabhängig zu werden: Staudämme, Kraftwerke, Benzinersatzprogramme, Erschließung von Erzlagern, Aufbau einer chemischen Industrie etc. Finanziert werden die Projekte mit ausländischen Krediten.

1979–1984 Unter General João Batista Figueiredo kommt es zu einer langsamen Demokratisierung im Lande: Parteien werden zugelassen, die Zensur aufgehoben, politisch Verfolgte kehren zurück. Die von den Militärs gesteuerte Demokratisierung beschleunigt sich mit der Wirtschaftskrise. 1983 kann Brasilien seine Zinsen für die ausländischen Kredite nicht mehr bezahlen. Es kommt zu den ersten Großdemonstrationen für direkte Präsidentschaftswahlen.

1985 Kurz vor seiner Vereidigung als erster ziviler und gewählter Präsident erkrankt Tancredo Neves und stirbt wenig später. Sein Stellvertreter José Sarney, ein Nutznießer des Militärregimes, wird Präsident der Nova República.

1986–1989 Der ersten Wirtschaftsreform, dem Plano Cruzado, folgen weitere unter Präsident Sarney. Es gelingt den verschiedenen Wirtschaftsministern jedoch nicht, die Krise zu überwinden.

1988 Das Parlament stimmt einer im internationalen Vergleich fortschrittlichen Verfassung zu – doch die meisten Begleitgesetze sind bis heute nicht verabschiedet.

1989 In einer Stichwahl gewinnt Fernando Collor de Melo knapp die Präsidentschaftswahlen und verkündet 1990 den »Plano Collor«, der zur bisher stärksten Rezession Brasiliens seit Jahrzehnten führt. Arbeitslosigkeit und Armut nehmen zu. Die systematische Ermordung von Straßenkindern und zahlreiche Entführungen sind Folgen der Krise.

Südamerika, Karte von 1560

1992 Pedro Collor beschuldigt den Präsidenten, seinen Bruder, der Korruption. Die Anschuldigungen führen im Mai zur Einsetzung eines Untersuchungsausschusses, der die Vorwürfe bestätigt. Ende des Jahres tritt Collor zurück, bevor der Senat ihn endgültig aus seinem Amt enthebt.

1993 Dem neuen Präsidenten, Itamar Franco, gelingt es nicht, die Inflation von über 30 % pro Monat zu verringern. Bis Mitte des Jahres wechselt er viermal den Wirtschaftsminister.

Wirtschaft, Politik und Gesellschaft

Moderne Industrien

Tourismus im Aufschwung

Traditionelle Landwirtschaft

Inflation – Steigend

Verfassung – In der Theorie vorbildlich

Die Mehrheit ist schwarz

Wirtschaft

Bahia gehört zum brasilianischen Nordosten, einer der ärmsten Regionen des Landes. Die neun Bundesstaaten werden auch das »Armenhaus« Brasiliens genannt, weil dort ein großer Teil der Bevölkerung am Existenzminimum lebt. Zur gleichen Zeit ist Bahia seit den 70er Jahren eines der wirtschaftlichen Wachstumszentren Brasiliens geworden: Hochmoderne Agrofarmen exportieren Mangos mit Jets nach Europa; Bahia verzeichnet die größten Zuwachsraten im Tourismus und hat den fortschrittlichsten Chemiekomplex Lateinamerikas. So gibt es hochspezialisierte und gutbezahlte Chemiefacharbeiter einerseits und andererseits Familien, die sich mit dem Sammeln von Abfällen über Wasser halten. – Folgen des Versuchs, aus einem feudalistischen Agrarland innerhalb kurzer Zeit ein Industrieland zu machen.

Unter den armen Bundesstaaten des Nordostens ist Bahia seit dem 16. Jh. der ökonomisch bedeutendste: Rund 14 Mrd. Dollar werden dort im Jahr erwirtschaftet – knapp 5 % der gesamten Wirtschaftsleistung Brasiliens – doch zum Vergleich: die fünf Staaten im Südosten des Landes tragen fast 75 % zum Bruttosozialprodukt bei – allein Rio und São Paulo machen 50 % davon aus. Trotz der Industrialisierung in den letzten Jahrzehnten verdienen die meisten Ba-

hianer im Mittel nur die Hälfte der Brasilianer im Süden und Südosten des Landes. Das Angebot an ungelernten Arbeitskräften ist riesig und die Löhne entsprechend niedrig.

Die statistischen Angaben für den Nordosten sind darüber hinaus wenig aussagekräftig, da viele wirtschaftliche Aktivitäten darin nicht erfaßt werden: Männer, die auf der Straße Uhren reparieren oder Besen verkaufen; Frauen, die für Snackbars Kuchen backen oder Zuhause Maniküre machen; Kinder, die an Kreuzungen die Fenster der Autos putzen oder am Strand gebackenen Käse und Erdnüsse anbieten. Die Gehwege der Städte sind voll mit Verkaufsständen (= *Camaelôs*), an denen alles Mögliche feilgeboten wird. In manchen Gegenden oder Vierteln arbeiten 20–50 % der Menschen in diesem informellen Sektor. Die ›Beschäftigten‹ haben keine Sozialversicherung, keine geregelte Arbeitszeit, bezahlen keine direkten Steuern und ihr Einkommen liegt oft unter dem Mindestlohn.

In ländlichen Gebieten betreiben viele Familien Subsistenzwirtschaft. Bauern ernähren sich und ihre Familien von einem kleinen Stück Land und tauschen ihre Produkte gegen das Notwendigste. Geld haben sie fast nie.

Bis Mitte der 50er Jahre konzentrierte sich die wirtschaftliche Produktion des Staates fast ausschließ-

Den Luxus einer Waschmaschine können sich viele nicht leisten

lich auf wenige landwirtschaftliche Exportgüter: Vor allem Kakao, aber auch Zucker und Tabak. Noch 1960 arbeiteten 40 % der Bevölkerung im Agrarsektor. Etwa 30 Jahre später sind es nur noch 15 % der Bahianer.

In den letzten drei Jahrzehnten und besonders seit Mitte der 70er Jahre hat sich die bahianische Ökonomie stark verändert. Der Nordosten – so planten die Militärs in Brasília – sollte ein neues industrielles Zentrum des Landes werden. In Bahia entstand eine Schwer- und Chemieindustrie, um die Industrien im Südosten Brasiliens und Absatzmärkte in Übersee mit Vorprodukten zu versorgen. Die Investitionen im Nordosten wurden steuerlich begünstigt. Viele, die vom Land in die Städte strömten, fanden in den neugegründeten Unternehmen Arbeit, in denen gegenwärtig 30 % der Bahianer beschäftigt sind. Dagegen gibt es bis heute in Bahia wenig Branchen mit Artikeln für den einheimischen Markt. Die meisten Konsumprodukte werden aus dem »höher« entwickelten Südosten »importiert«.

Im Dienstleistungssektor – Banken, Handel, Transport, Baugewerbe, Versicherungen, Tourismus, Behörden, Polizei – arbeiten rund 55 % der Bahianer – mit steigender

Tendenz. Allein der öffentliche Bereich hat in den 80er Jahren seine Beschäftigungszahlen um mehr als 60 % aufgestockt.

Bahia war später als die anderen Bundesstaaten von der wirtschaftlichen Stagnation Brasiliens seit Beginn der Verschuldungskrise betroffen. Vor allem die Investitionen in der Chemiebranche waren längerfristig angelegt und verhalfen während der 80er Jahre zu positiven Wachstumszahlen. Doch seit Anfang der 90er Jahre wirkt sich die inländische Rezession verstärkt auf den Industriesektor des Bundesstaates aus. 1991 und 1992 verringerte sich die Wirtschaftsleistung des Bundesstaates erstmals.

Chemische Industrie

Mitte der 70er Jahre wurde in Bahia der modernste Chemiekomplex Südamerikas gebaut. Daß die Wahl für dieses gigantische Projekt auf Bahia fiel, liegt am Erdöl, welches seit den 50er Jahren in der Allerheiligenbucht als einzigem Ort in Brasilien gefördert wurde. So entstand in Camaçari, nordöstlich von Salvador, der Pólo Petroquímico. Heute ist der Pólo das industrielle Zentrum Bahias. Er besteht aus rund 70 Unternehmen – ein Großteil davon mit ausländischen Kapitalbeteiligungen. Schwerpunkt der Produktion sind Agrochemikalien, Farbstoffe und Pharmazeutika. Gegenwärtig stammt die Hälfte der industriellen Wertschöpfung und

rund ein Drittel der bundesstaatlichen Steuereinnahmen aus dem Chemieunternehmen.

Während der 70er Jahre konnte der Komplex expandieren, weil die abgeschwächte inländische Nachfrage durch verstärkte Exporte kompensiert wurde. Andererseits ist gerade die chemische Industrie sehr kapitalintensiv , aber sie schafft kaum Arbeitsplätze. Die Senkung der Importzölle, die Präsident Collor noch durchsetzte, traf die chemische Industrie besonders hart, weil dadurch die billigen ausländischen Produkte die einheimischen Erzeugnisse auf dem zuvor geschützten Markt verdrängten. 1991 wurden 5 % weniger produziert.

Baugewerbe

Bedingt durch das wirtschaftliche Wachstum in Salvador während der 70er Jahre expandierte auch der Immobilien- und Baumarkt in der Hauptstadt. Der Grund: Für die staatlich geförderten Industrieanlagen, den sozialen Wohnungsbau und die Projekte zur Energiegewinnung benötigten die Planer in Brasília einheimische Bauunternehmen zur Realisierung. 1990 war der Umsatz im Wohnungsbau erstmals größer als in der Petrochemie Bahias. Heute sind die Baufirmen stark konzentriert: Nur einige wenige erhalten die Aufträge zum Bau der zahlreichen Hochhaussiedlungen der Stadt. Odebrecht, der größte Konzern in Bahia, ist weltweit tätig und hat in den letzten Jahren begonnen, in Chemieunternehmen zu investieren.

Bodenschätze

Seit den 80er Jahren wird in der Guanabara-Bucht bei Rio de Janeiro mehr Öl gefördert als im bahianischen Recôncavo. Doch bis heute kann mit der Förderung im Land die Nachfrage nicht gedeckt – muß Erdöl importiert werden. Die Lagerstätten in Bahia liefern ein Fünftel des nationalen Rohölbedarfs. Auch die Nutzung von Bodenschätzen ist hier, im Vergleich zu den teilweise an Erzen immens reichen Bundesstaaten des Nordens, gering. Bisher wurden nur Kupfer, Chrom, Blei und Silber in größeren Mengen gewonnen. Doch Analysen lassen vermuten, daß es explorationsfähige Vorkommen an Vanadium, Uran, Titan, Phosphat und Zink gibt. Vor allem japanische Unternehmen planen größere Investitionen zur industriellen Verarbeitung von Bodenschätzen. Nach Gold und Edelsteinen wird in den Gebirgslagen im Landesinneren industriell und in Grabelagern gesucht. Vor allem Aquamarine sind begehrt. Im Landesinneren waschen die Goldsucher *(Garimpeiros)* ihre Funde noch immer im Fluß wie schon zur Kolonialzeit. Am Rio São Francisco hat man auch geringe Mengen an rosa und blauem Bahia-Marmor entdeckt.

Tourismus

Den stärksten und schnellsten Zuwachs im Tourismus verzeichnet man im Nordosten Brasiliens. Branchenmanager schätzen, daß im Jahre 2000 allein in dieser Region fast 10 Mrd. DM umgesetzt werden. 900 000 neue Arbeitsplätze sollen dadurch geschaffen werden. Bahia will sich davon – in Konkurrenz zu Alagoas, Pernambuco und Ceará – einen dicken Brocken sichern und hat seine Infrastruktur (vor allem Hotels der gehobeneren Kategorie) seit einigen Jahren konstant ausgebaut. Außerdem plant man die Erschließung neuer touristischer Gebiete.

Doch der inländische Tourismus leidet in den letzten Jahren unter der wirtschaftlichen Krise. Bahia ist ein bevorzugtes Sommerurlaubsgebiet der Mittel- und Oberschicht aus Rio, Belo Horizonte und São Paulo. Die Cariocas, Mineiros und Paulistas sind durch die anhaltende Rezession allerdings kaum noch in der Lage, ihre Ferien in Bahia zu verbringen.

Die ausländischen Besucher werden dagegen immer zahlreicher. Zwar war für Europäer bis vor kurzem Rio de Janeiro fast das einzige ›Tor‹ zu Brasilien. Doch das hat sich mit den Charterflügen nach Recife, Fortaleza und neuerdings auch direkt nach Salvador geändert. Mit der wirtschaftlichen Erholung im Südzipfel Lateinamerikas kommen zur Saison auch verstärkt Argentinier nach Bahia.

Landwirtschaft

In weiten Teilen Bahias funktioniert die Landwirtschaft noch wie zur Kolonialzeit. Das Land ist extrem unterschiedlich in wenige große Latifundien und viele Minipachten unterteilt. Daran wird sich in der nächsten Zeit vermutlich nichts ändern: Zwar ist die Landreform Teil der neuen Verfassung von 1988, doch andere Gesetzesartikel verhindern die Enteignung brachliegender Äcker. Außerdem ist die Lobby der Großgrundbesitzer und Agroindustriellen im Kongreß unüberwindbar stark, so daß bis heute noch keine Gesetze verabschiedet wurden, die etwa die Verteilung des Bodens oder die Entschädigung regeln.

In Bahia stehen 85 % der Bevölkerung lediglich ein Drittel der gesamten Nutzfläche zur Verfügung. Die Folge ist eine geringe Produktivität: Kleinbauern können damit kaum ihre Familien ernähren, geschweige denn zusätzliches Kapital für Bewässerung, Dünge- oder Saatmittel aufbringen. Darüber hinaus fehlen ihnen Kenntnisse über alternative Anbaumethoden zur Ablösung der Monokulturen, durch die der Boden schnell ausgelaugt wird. Die Großgrundbesitzer, die über das notwendige Kapital verfügen, investieren es lieber auf den Finanzmärkten Brasiliens, wo sie durch Spekulation oder hohe Zinsen ihr Geld gewinnbringender anlegen können. Viele traditionelle bahianische Agrarprodukte

wie Tabak, Sisal oder Kakao sind von ihren einst bedeutenden Weltmarktpositionen verdrängt worden, weil andere Länder sich intensiver um eine Verbesserung ihrer Produktion kümmerten und die bahianische Konkurrenz weit hinter sich gelassen haben.

So ist der Anteil der Landwirtschaft in Bahias Gesamtökonomie seit Jahrzehnten rückläufig. Doch das könnte sich mit der beginnenden Agroindustrialisierung bald ändern. An der südlichen und nördlichen Staatsgrenze laufen zwei gigantische Zelluloseprojekte an. Eukalyptusbäume werden dort in Plantagen angebaut und nach nur sieben Jahren zu **Zellulose** verarbeitet. Das Rohmaterial für die Papierindustrie soll ausschließlich exportiert werden und Ende der Dekade bereits 16 % der Wirtschaftsleistung Bahias ausmachen. Doch die Nachteile sind nicht zu übersehen: hohe Kosten aufgrund der Arbeitsintensität einerseits und umweltschädliche Produktionsweise andererseits.

Im großen Stil geplant sind auch **Sojaplantagen** in den Cerrados, menschenleeren Gebieten westlich des Rio São Francisco bei Barreiras.

Eine Diversifikation landwirtschaftlicher Produkte erhofft man sich durch die Bewässerungsprojekte bei Juazeiro am Rio São Francisco, wo seit einigen Jahren Obst und Gemüse in der Trockenzone angebaut werden. Heute wachsen dort Trauben, Tomaten,

Melonen, Mangos, Spargel und Reis.

Die **Kakaoproduktion**, das bislang wichtigste Agrarerzeugnis in Bahia, steckt in der Krise. Fast auf ein Drittel geschrumpft sind die Einnahmen Brasiliens, seitdem Anfang der 80er Jahre Indonesien und Malaysia mit rationellen Anbaumethoden arbeiten und durch das Überangebot einen starken Preisverfall erzeugt haben. Dazu kommt, daß die Pflanzen in Bahia verstärkt unter einem hartnäckigen Pilzbefall, dem sog. ›Hexenbesen‹, leiden, der die Produktivität der Plantagen auf ein Bruchteil verringert. Im Süden des Staates, wo 90 % des brasilianischen Kakaos angebaut werden, beginnen deshalb immer mehr Pflanzer auf Kau-

tschukplantagen oder Viehzucht umzusteigen.

Auch der **Tabakanbau** hat stark abgenommen: Vor der Jahrhundertwende fanden fast 800 000 Bahianer in der Tabakbranche ein Einkommen und exportierten rund 60 000 t des weltberühmten Brasil-Tabaks nach Europa. Heute sind es noch knapp 70 000 Menschen, die rund 5000 t im Jahr verarbeiten. Ein Grund für den Niedergang des Tabakanbaus im Recôncavo ist die rückläufige Nachfrage nach den schweren schwarzen Zigarren. Die größten Tabakanbauer und -verarbeiter sind die von Deutschen gegründeten Firmen Dannemann und Suerdieck. Seit einigen Jahren wird in geringen Mengen auch heller Zigarrentabak angebaut und exportiert.

Der **Dendê-Baum**, eine Palme, aus deren Öl die meisten bahianischen Gerichte gekocht werden, ist

Tabak zum Trocknen aufgehängt

Da waren's nur noch ...

Inflation

Für die meisten Angestellten in Brasilien beginnt der Tag mit dem Blick in den Wirtschaftsteil der Zeitung: Um wieviel ist der Dollar gestiegen? Welche Zinsen gibt es für eine Woche angelegtes Geld? Wieviel für einen Monat? Lohnt es sich Staatspapiere zu kaufen? – Jeder, der in Brasilien Geld verdient, ist Finanzexperte, wie bei uns nur Spekulanten oder Anlageberater in Banken. Niemand kann es sich leisten, nicht Experte zu sein, denn monatlich zweistellige Inflationsraten bedeuten, daß der Cruzeiro täglich an Wert verliert.

Seit 1991 beträgt die Inflation mehr als 20 %. Jeder, der Geld bekommt, versucht daher, es schnellstens wieder loszuwerden. Wer kann, legt es an oder kauft Devisen, auch wenn es nur 20 Dollar sind. Andere »tauschen« Bargeld direkt für einen Sack Reisvorrat, ein Busticket zu den Verwandten oder verwendet es als Anzahlung für die demnächst notwendige Autoreparatur. Das Sparkonto der Menschen auf dem Land sind die auf Vorrat gekauften Nägel, das Ferkel oder die Rolle Draht. Die ständige Geldentwertung bewirkt, daß auch Minibeträge, wie etwa ein paar Bier in der Kneipe, per Scheck bezahlt werden, weil niemand Geld dabei hat. In Brasilien würde keiner mehr Geld überweisen, wenn das, wie bei uns, mehrere Tage dauert. Von einer Provinzbank an der bolivianischen Grenze ist ein Betrag in einer halben Stunde in eine Filiale nach Salvador überwiesen.

Eine für uns so einfache Sache wie der Kleiderkauf gerät schnell zur anspruchsvollen Spekulation. In den chicen Boutiquen wie in den Bil-

wirtschaftlich noch völlig ungenutzt. So eignet sich das Palmöl beispielsweise hervorragend für die Magarine- und Seifenproduktion. In Bahia könnten dazu unter erfolgversprechenden Bedingungen fast 4 Mio. Hektar genutzt werden. Auch ein Markt für Dendê-Produkte ist vorhanden, denn Brasilien importiert jährlich zunehmend pflanzliche Öle. Dendê wird in Bahia von Tagelöhnern angebaut, geerntet und in einfachen Fabriken verarbeitet. Nur auf den einheimischen Märkten hat es wirtschaftliche Bedeutung.

Auch die **Rinderhaltung** ist extensiv und findet ungünstigerweise vor allem im trockenen Inland statt, wo ein Tier 10 ha zur Ernährung braucht. Das Zentrum des **Zuckerrohranbaus** in Bahia liegt im

ligkaufhäusern werden Kleider oft zur Ratenzahlung angeboten. Wer auf einmal bezahlt, bekommt einen Preisnachlaß, einen *Desconto*. Was aber tun? Wird die Inflation in den kommenden Wochen noch zunehmen? Dann bezahle ich in Raten, weil es billiger ist. Oder ist der angebotene *Desconto* höher als die zu erwartende Geldentwertung? Doch wie bezahle ich? Tausche ich Dollar, weil der Dollarkurs in den letzten Tagen stark gestiegen ist und bezahle in bar? Oder mit der Scheckkarte, bei der in zwei Wochen erst abgebucht wird? Oder frage ich die Verkäuferin, ob sie einen vordatierten Scheck annimmt, der erst Ende nächster Woche eingelöst wird?

In Inflationszeiten zeigt sich, wer wirtschaftliche Macht hat: Spekulanten, denen die ständig neuen Preise auf den Kapitalmärkten paradiesische Gewinne ermöglichen. Großgrund- und Immobilienbesitzer, die im Schlaf verdienen, weil ihr Land und Eigentum stetig an Wert zunimmt. Großunternehmen, die das Monopol bei bestimmten Produkten innehaben und die ihre Preise fast ohne Konkurrenz bestimmen können. Starke Gewerkschaften, die für ihre Mitglieder überdurchschnittliche Lohnerhöhungen durchsetzen. Der Staat, der die Tarife für Strom, Wasser, Busfahren und Grundnahrungsmittel erhöht. Am krassesten zeigt sich die Machtverteilung beim Mindestlohn, der vom Kongreß in Brasília festgesetzt wird. Mehr als die Hälfte der Brasilianer muß sich damit zufriedengeben – und dies, obwohl laut Gewerkschaft zweieinhalb Mindestlöhne notwendig sind, um das Existenzminimum zu sichern. Im Januar 1992 wurde er auf ca. 90 000 Cruzeiros pro Monat eingefroren, umgerechnet rund 140 Mark, und kam bis Ende Mai 1993 nicht mehr auf die Tagesordnung im Kongreß. Bei mehr als 20 % Inflation im Monat hieß das: Ende Mai mußten die meisten Brasilianer sehen, wie sie mit knapp 60 Mark zurechtkommen sollten.

Recôncavo, nordwestlich von Salvador. Seitdem die brasilianische Regierung damit begann, Zuckerrohrschnaps als Benzinersatz für PKWs zu nutzen, hat sich das Anbauzentrum allerdings in den Süden Brasiliens verlagert. Auch dabei zog der Nordosten einmal mehr den kürzeren.

Trotz der 1200 km langen Küste werden in Bahia jährlich nur rund 4 % des nationalen **Fischfangs** an Land ›geholt‹ – der größte Teil noch per Hand und Einbaum, in der Allerheiligenbucht auch illegal mit Dynamit. Erfreulicher entwickelt sich in letzter Zeit jedoch die **Garnelenzucht**, wofür man in Bahia optimale Bedingungen vorfindet. In den Schwemmgebieten um Valença gibt es bereits größere Zuchtanlagen.

Politik

Verfassung

Nach 21 Jahren Militärherrschaft fanden 1985 in Brasilien die ersten Wahlen für das Präsidentenamt statt. Obwohl im Vorjahr Millionen Menschen für direkte Präsidentschaftswahlen demonstriert hatten, genehmigten die Militärs davon unbeeindruckt nur das indirekte Votum: Doch ihr Kandidat Paulo Maluf – seit 1993 Bürgermeister von São Paulo – verlor und der zivile Kandidat Tancredo Neves gewann.

Dennoch gaben die Militärs ihre politische Macht nur langsam aus den Händen. Erst Präsident Collor wurde 1989 direkt gewählt. Gesetzliche Basis für die Demokratisierung war die 1988 verabschiedete Verfassung, in der Gewaltenteilung, eingeschränkte Macht des Präsidenten (seine Dekrete müssen innerhalb von 30 Tagen im Kongreß genehmigt werden) ein Grundrechtskatalog und die Arbeitsgesetzgebung (z. B. die 44-Stunden-Woche) verankert wurden.

Die Constituição von 1988 ist fortschrittlich – in der Theorie. Einige der darin verankerten Ziele – wie etwa die Agrarreform – haben jedoch kaum Chancen realisiert zu werden. Denn die Lobby der Reformgegner, die von finanzkräftigen Großgrundbesitzern unterstützt wird, ist sehr einflußreich

und hat sowohl Vertreter im Senat wie im Repräsentantenhaus. Hierin zeigt sich, daß die Großgrundbesitzer im Lande immer noch das Sagen haben. Sie entscheiden, wer gewählt und damit natürlich auch, welche Politik betrieben wird.

Anfang 1993 gingen die Brasilianer erneut zu den Urnen, um über ihre Regierungsform (Republik oder Monarchie) und das Regierungssystem (parlamentarisch oder präsidentiell) zu entscheiden: Es blieb, wie gehabt, eine präsidentielle Republik.

Die meisten Parteien sind heute unpolitische Wahlvereine. Bis auf wenige Ausnahmen haben sie keine ideologische Basis. Politiker wechseln sie je nach Opportunität, und auch die Wähler orientieren sich eher nach Persönlichkeiten als nach politischen Richtungen.

Die brasilianische Demokratie steht auf wackligen Füßen. Politische Posten innehaben, bedeutet, einen Zugang zu den reichen Geldquellen zu besitzen und Verwandte mitzuversorgen: Die Schwester wird Pressesprecherin, der Schwager Leiter des Steueramtes, die Schwiegermutter Chefin der Sozialbehörde – das ist normal. Zusätzlich zu ihrem offiziellen Salär genehmigen sich die Abgeordneten von der untersten Gemeindeebene bis hoch nach Brasília Gehälter, die problemlos das Hundertfache des Mindestlohns erreichen. Der Bürgermeister von Itabuna in Südbahia fiel auf, als er sich selbst ein Gehalt bewilligte, das fünfmal so hoch war wie das des Präsidenten. In den Kleinstädten und Dörfern im Landesinneren Bahias sieht man oft ein klotzig großes Haus am Dorfausgang – fast immer gehört dieses Anwesen dem Bürgermeister oder Stadtrat. Offensichtlich ist, daß man in Brasilien extreme Einkommensunterschiede verzeichnet. Sie spiegeln die politische Praxis wider. In Brasilien, so heißt es, wird das Land wie zu Kolonialzeiten von ein paar hundert einflußreichen Familien regiert. Fortschrittlichere Parteien oder Politiker in den Städten und industriellen Zentren gelten als Ausnahme. Im Nordosten und im Landesinneren dominieren ausschließlich die Kaziken, die Großgrundbesitzer.

Die Politikverdrossenheit der Brasilianer ist groß. Damit die Wahlen nicht zur Farce geraten, weil kaum noch jemand zur Urne geht, ist die Wahlpflicht in der Verfassung verankert. Nur wer sich die Unterlagen nach stundenlangem Schlangestehen besorgt, bekommt einen Vermerk in die Personalkarte. Und ohne den gibt es keine feste Anstellung. Doch trotz des Zwangs zum Urnengang enthalten sich immer mehr Wähler ihrer Stimme. In Bahia allein machten bei den Präsidentschaftswahlen mehr als 20 % den Wahlzettel ungültig.

In Bahia hat 1991 der Gouverneur Antônio Carlos Magalhães die Macht übernommen. ACM, wie er meist genannt wird, ist unter den Militärs politisch groß geworden und war später unter Sarney als Minister zuständig für Medien und Kommunikation – eines der wichtigen Ressorts im Kabinett. Denn mit der Lizenzvergabe für Radiostationen wurden politische Freunde bedacht.

Der über 60jährige war bereits Gouverneur und Bürgermeister in Bahia. Seit seinem Amtsantritt hat der politische Hardliner viele seiner Ziele erfolgreich umgesetzt: ACM förderte den Tourismus, ließ die Altstadt Salvadors renovieren und harte Maßnahmen ergreifen, in der Hoffnung, so die hohe Kriminalität einzudämmen.

Durch die Amtsenthebung Collors – den Antônio Carlos Magalhães als einer der letzten Gouverneure bis zuletzt öffentlich unterstützte – ist das Bild ACM's in Brasilien etwas angekratzt – was das politische Fossil aber nicht daran hindert, sich immer wieder als möglichen Präsidentschaftskandidaten für die Wahlen 1994 ins Gespräch zu bringen.

Ende 1992 gewann Lídice da Mata die Stichwahlen zum Bürgermeisteramt. Als ehemaliges Mitglied der Kommunistischen Partei Brasiliens und im Wahlkampf für die Linken im Ring, ist ein politischer Konflikt mit ACM, dem Kandidaten der Rechten, vorprogrammiert.

Militär, Polizei und Verwaltung

Bis heute ist das Militär eine starke politische Macht im Land. Im zivilen Kabinett des Präsidenten sind vier Posten für Militärminister vorgesehen. Und trotz der Diktatur haben die Militärs in Brasilien noch immer einen guten Ruf. Nicht jedoch die Polizei, von der nebeneinander die verschiedensten Organisationen existieren. Das Ansehen der staatlichen Ordnungsmacht ist denkbar schlecht. Sowohl das der Policía Federal – zuständig für Zoll, Visa und politische Bestechung – wie das der Policía Civil und der Policía Militar, welche die »gewöhnlichen« Verbrechen untersuchten. Die schlechte Reputation hat ihren Grund: denn Korruption, gewaltsame Übergriffe und Willkür gibt es auf allen Ebenen.

Auf der untersten Stufe verbindet die brasilianischen Staats- und Verwaltungsangestellten der geringe Lohn. Um diesen aufzubessern, lassen sie sich viele kleine Dienstleistungen bezahlen: das Übersehen einer Verkehrswidrigkeit, die Ausstellung der Fahrzeugpapiere oder des Führerscheins, die Beglaubigung eines Dokuments oder die Ausfertigung eines Personalausweises. Die brasilianische Verwaltung gilt nicht nur als überbesetzt und ineffizient, sie steht auch in dem Ruf, Paradies der »Maharadschas« zu sein. So bezeichnet man in Brasilien diejenigen Staatsangestellten, die durch die Anhäufung von Posten, Aufgaben und Extras – die sie so gut wie nie erfüllen – ihr Gehalt in die Höhe treiben.

Gesellschaft

Bildung

Im Durchschnitt gehen die bahianischen Kinder nur 3,6 Jahre zur Schule – die Mehrheit hat also keine abgeschlossene Grundschulbildung. Rund 40 % der Bevölkerung können weder lesen noch schreiben. Nur 3 % erhält nach acht Jahren Schule die Voraussetzung zum Hochschulstudium. Die Ausbildung ist schlecht, es mangelt an allem. Die Lehrer sind oft unqualifiziert und demotiviert, da sie von ihrem Lohn nicht leben können. Zusätzlich fehlt es in Bahia an Schulen. Während der 70er und 80er Jahre wuchs die Bevölkerung des Bundesstaates durchschnittlich um 2,5 % pro Jahr, seit Anfang der 90er Jahre um 2 %. Die Zahl der Ausbildungsstätten ist jedoch fast gleich geblieben. Durch die wirtschaftliche Krise Anfang der 90er

Die Mehrheit der Kinder hat keine abgeschlossene Grundschulausbildung

Infrastruktur

Jahre hat sich die Situation noch
verschärft: Früher konnte die Mittelschicht ihre Kinder auf die teureren privaten Institute schicken,
jetzt kann sie sich die nicht mehr
leisten und schreibt ihren Nachwuchs an den kostenlosen staatlichen Schulen ein – wo sie wieder-
um die Kinder aus den ärmeren Familien verdrängen. Seit einigen
Jahren gründen immer mehr Eltern
Cooperativas Escolares, in denen
sie sich organisieren, Lehrer für ihre Kinder besorgen und Schulhäu-
ser bauen.

Eine kleine und überaus reiche
Minderheit hier und eine große
Mehrheit dort, die unzureichend
versorgt ist, kennzeichnen das
soziale Gefüge Brasiliens. Die staatlichen Leistungen wie Arbeitslosen-
unterstützung, Rente, Krankenver-
sicherung, Sozialhilfe sind minimal
und die wenigsten kommen überhaupt in ihren Genuß. Ein Großteil
der Rentner kann nicht vom Alters-
geld leben. Sie sind auf die Hilfe ihrer Kinder angewiesen. Bei Arbeitslosigkeit oder Invalidität müssen die
Betroffenen selbst sehen, wie sie
zurechtkommen. In Brasilien gibt es
de facto kein soziales Netz, daß bei
Unfall, Arbeitsplatzverlust etc. vor
Verelendung schützt.

Alagados in Salvador

Bahia hat zwar im Vergleich zum Landesdurchschnitt viele Krankenhäuser. 54 sind es an der Zahl – doch das ist lange nicht genug. Die meisten Bahianer erhoffen sich nur wenig vom staatlichen Gesundheitssystem und den staatlichen Krankenhäusern. Denn selbst bei Notfällen kann es vorkommen, daß sie stundenlang warten müssen, bis sie an die Reihe kommen. Nur, wer eine gute Stellung hat, kann in eine der sehr teuren privaten Krankenversicherungen eintreten und wird in exklusiven Krankenhäusern behandelt.

In einem Bericht der Landesregierung von 1991 heißt es, daß nur etwa die Hälfte der Kapazitäten in den Krankenhäusern genutzt werden kann. Die Hospitäler in der Umgebung von Salvador beispielsweise funktionieren lediglich rudimentär. Die Zimmer und Einrichtungen sind heruntergekommen, es fehlt an Ärzten, Medizin und Ausrüstung. Im Inland ist die Situation noch schlechter.

Wer kein Geld für den Arzt hat, kauft die Medikamente direkt in der Apotheke oder vertraut der Volksheilkunst. Für alle Krankheiten gibt es in Bahia wirksame Hausmittel. Auf allen Märkten werden Pflanzen, Wurzeln und Kräuter (meist zusammenfassend Folhas =

Blätter genannt) zur Heilung der häufigsten Leiden angeboten.

Fast 60 % der rund 12 Mio. Bahianer leben in urbanen Zentren. So wohnen von den 11,8 Mio. Einwohnern Bahias allein in der Hauptstadt 2 Mio. Menschen. In den letzten 40 Jahren hat sich die Bevölkerung der Stadt mehr als vervierfacht: 1950 lebten nur rund 430 000 Einwohner hier, 1970 bereits 1 Mio., 1990 über 2 Mio. Mit dem Bau einer Erdölraffinerie in den 50er Jahren und durch die staatlich geförderte Industrialisierung, insbesondere die Ansiedlung der Industriekomplexe Aratu (Asphalt- und Zementherstellung, Kunstfasern etc.) und Camaçari (Petrochemie), hat sich die bis dahin eher verschlafene Stadt zu der Metropole des Nordostens entwickelt. Zwei Drittel der Gebäude Salvadors stammen aus den 70er Jahren.

Der Ausbau der städtischen Infrastruktur hat mit dem rasanten Bevölkerungswachstum nicht Schritt halten können. Nur 72 % der Wohnungen sind an die Wasserversorgung angeschlossen, ganze 20 % an das Abwassernetz. Knapp die Hälfte der Soterapolitanos, wie die Einwohner Salvadors genannt werden, wohnen im unerschlossenen Gebiet des Miolo, auf dem hügeligen Stadtkern zwischen Meeresküste und Bucht. Schon 1980 lebten fast ein Drittel der Stadtbewohner in Favelas (Slums) oder Invasões, Siedlungen, die durch spontane Landbesetzung entstanden sind, ohne minimale Grundausstattung. Die Bewohner dieser Viertel fürchten bei jedem größeren Regenfall durch einen Erdrutsch ihre wackelige Unterkunft oder auch ihr Leben zu verlieren. Als eines der prekärsten Wohngebiete gelten die Alagados, Pfahlbautensiedlungen in der Bucht von Salvador. Die primitiven Holzhäuser sind nur über schwankende Stege zu erreichen und im brackigen Meerwasser lauern eine Vielzahl von Krankheitserregern, ›natürlich‹ gibt es hier keine Wasserversorgung, keine Kanalisation und keine Elektrizität. Durch soziale Wohnungsbauprogramme versuchte man, der gestiegenen Nachfrage gerecht zu werden, und schuf neue Probleme. Die in den 70er Jahren entstandenen Conjuntos, Sozialwohnungsbauten von Cajazeiras und Fazenda Grande sind jedoch seelenlose Betonsilos ohne die notwendige Infrastruktur und mit völlig unzureichender Verkehrsanbindung. So leben hier fast 300 000 Menschen, aber es gibt beispielsweise keine einzige weiterführende Schule und auch keine Bankfiliale.

Straßenkinder

Sie putzen bei Rot die Windschutzscheiben der Autos, verkaufen am Strand Erdnüsse oder Käsespieße, die sie über tragbaren Kohleöfchen rösten, betteln in den Supermärkten um Lebensmittel oder schlagen sich als Straßendiebe durch, spezialisiert auf Handtaschen, Fotoapparate, Armbanduhren und Geldbörsen. Viele von ihnen schnüffeln Schusterleim (Cola), damit sie den Hunger nicht so spüren und der Alltag im Rausch erträglicher wird. Die *Meninos de Rua* (Straßenkinder) oder *Meninos abandonados* (Verlassene Kinder), wie sie auch genannt werden, schließen sich meist in Gruppen zusammen, in denen strenge Hierarchien herrschen. Sie schlafen in Hauseingängn, in den Straßen und auf öffentlichen Plätzen. Kaputte Hydranten und das Meer sind ihr Badezimmer und ihre Toilette. Fast 16 000 Kinder und Jugendliche leben 1993 in den Straßen Salvadors, 30% mehr als vor drei Jahren. Nur ein Sechstel von ihnen sind Mädchen, denn diese müssen schon in jungen Jahren Zuhause mitarbeiten und sind stärker in die Familie eingebunden als die Jungen.

Ständig sind die Straßenkinder, die abfällig auch *Pivetes* (etwa: Rotzbengel, Straßendieb, Taugenichts) heißen, durch gewalttätige Übergriffe von Polizei und selbsternannten Ordnungshütern bedroht. Organisierte Mörderbanden, oft von »ehrbaren« Bürgern eines Stadtteils finanziert, machen regelrecht Jagd auf die Kinder. Sie werden willkürlich aufgegriffen und an einem verlassenen Ort vergewaltigt, gefoltert und ermordet. Um die *Meninos* kümmert sich der brasilianische Staat wenig. Bis vor kurzem noch galten sie als Kriminelle, die in Zuchtanstalten gesteckt wurden. Erst in der neuen Verfassung haben sie Schutzrechte erhalten, die jedoch ihr Leben auf der Straße bisher nicht verbessert haben.

Zwischen Juni und September 1992 kamen in Salvador 78 Straßenkinder und Jugendliche ums Leben. 1991 sind in Brasilien etwa 500 Straßenkinder eines gewaltsamen Todes gestorben, berichtet Amnesty International. In Salvador wurde mit Unterstützung der italienischen Organisation Terra Nuova das Projekt Axé (sprich: Aschäh) gegründet, deren Mitglieder sich für einen Teil der Straßenkinder einsetzen. Axé kommt aus der westafrikanischen Yorubá-Sprache und bedeutet »positive Energie«, »Kraft der Götter«. Ziel der hundert Mitarbeiter von Axé, die zur Zeit etwa 2500 Kinder betreuen, ist die (Re-)Integration der Kinder in die brasilianische Gesellschaft.

Die Educadores (= Erzieher) de Rua stellen den ersten Kontakt mit den Kindern her. Bei diesen Gesprächen stellte sich meist heraus, daß es einer der größten Wünsche der Meninos war, lesen und schreiben zu lernen. Denn trotz Schulpflicht werden diese Kinder im katastrophalen öffentlichen Schulsystem nicht erreicht. Entsprechend der von den Kindern geäußerten Bedürfnisse bietet Axé inzwischen Aktivitäten in drei Bereichen an. Erstens: Alphabetisierungskurse, in denen sie lesen und schreiben lernen, um später wieder ins öffentliche Schulsystem überwechseln zu können. Zweitens: Werkstätten, in denen die Kinder handwerkliche Fertigkeiten erwerben, zum Beispiel die Herstellung von Möbeln, wie man T-Shirts bedruckt oder Altpapier aufarbeitet. Der dritte Bereich umfaßt kulturelle Aktivitäten. Hierbei werden den Kindern afrobrasilianische Traditionen wie der Kampf-Tanz Capoeira beigebracht oder sie lernen Trommeln, um beim Umzug der Blocos Afros, den berühmten schwarzen Karnevalsgruppen, mitmachen zu dürfen.

In der schmalen Rua Kingston in Salvadors Stadtteil Liberdade hat Axé seinen Sitz. Heute stehen hier 14 Jungs in Dreierreihen und trommeln. Den Kleinsten reicht der *Surdo*, die Baßtrommel, bis zur Brust. Die Halteriemen quetschen die Haut, die Trommelränder scheuern an den Schienbeinen – doch die Jungs merken davon nichts und konzentrieren sich auf den Vortrommler am *Repenique*, der hohen Markierungstrommel. Die Jungs sind stolz, mitten auf der Straße zu stehen mit den gelben Trommeln. Sie dürfen beim Bloco Afro Muzenza mitmachen, der an Karneval seinen großen Auftritt hat.

»Die Kinder entwickeln nur langsam ein Selbstwertgefühl«, sagt Nádia Cardoso, Mitarbeiterin bei Axé. Die Meninos kommen nicht nur aus ärmsten Familien, sondern haben auch fast alle eine dunkle Hautfarbe. Grund für zusätzliche Diskriminierung. »Für diese Kinder ist es besonders wichtig, den Wert ihrer eigenen Kultur zu erkennen«.

Doch die ein bis zwei Stunden am Tag bei Axé bedeuten für die Kinder noch viel mehr. Denn hier können sie das tun, was viele ihrer Altersgenossen aus intakten Familien auch machen: sie denken sich kleine Rolle für Theaterstücke aus, üben Choreographien mit der Tanzgruppe oder trommeln.

Den Leuten von Axé ist es in den drei Jahren seit Existenz des Projekts gelungen, etliche Kinder von der Straße zu holen und teilweise in ihre Familien zu reintegrieren. Und das mit einem Kostenaufwand von 45 US-$ pro Kind im Monat, zehnmal weniger als die Kosten der staatlichen Initiativen.

Die Mehrheit ist schwarz

In Bahia haben fast 80 % der Menschen eine dunkle Hautfarbe. Dennoch sind weder in der Regierung des Bundesstaates oder unter den Stadtverordneten, noch in den Führungspositionen der Wirtschaft oder Verwaltung schwarze Bahianer vertreten. Der schwarze Musiker Gilberto Gil, der in den 80er Jahren zeitweise Kultursekretär war, blieb eine Ausnahme. Als er sich jedoch für die Bürgermeisterwahl aufstellen ließ, votierte seine eigene Partei für einen politisch unbedeutenden, aber weißen Kandidaten. Auch fast alle Ärzte, Architekten, Juristen oder Hochschulprofessoren sind weiß. Bei der Stadtreinigung, im öffentlichen Transportverkehr und in den Haushalten der wohlhabenden Familien oder in den unteren Rängen von Militär und Polizei arbeiten dagegen fast ausschließlich schwarze Bahianer.

Die Statistiken über die Einkommensverteilung in Bahia zeigen dementsprechend, daß mehr als zwei Drittel der farbigen Bahianer zur Gruppe mit den niedrigsten Löhnen gehören, während etwa auf der Gehaltsstufe eines mittleren Angestellten (zehn Mindestlöhne) die weißen Bahianer zu 90 % vertreten sind. Die Chancenungleichheit auf dem Arbeitsmarkt ist auch die Folge des miserablen Schul- und Ausbildungssystems. So liegt die Analphabetenquote unter der afrobrasilianischen Bevölkerung

Die unsichtbare Mauer
Rassendiskriminierung

Im Aufzug eines Wohnhauses der Oberschicht in Vitória, der Hauptstadt des Bundesstaates Espírito Santo, trafen Mitte 1993 die weiße Unternehmerin Teresina Stange und die farbige Jugendliche Ana Flávia aufeinander. Weil Ana Flávia nach Ansicht der Unternehmerin vorher zu lange den Aufzug blockiert hatte und sich nicht entschuldigen wollte, herrschte sie das Mädchen an: »Wer schwarz und arm ist, hat hier überhaupt nichts zu melden!« Als Ana Flávia protestierte, fuhr die Frau sie an: »Halt den Mund, du bist nichts als eine Putzhilfe!« Bevor der Aufzug im Erdgeschoß hielt, versetzte der Sohn der Unternehmerin Ana Flávia noch eine schallende Ohrfeige.

Diese Auseinandersetzung sorgte tagelang für Schlagzeilen in Brasilien. Nicht, weil rassistische Ausschreitungen in Brasilien so selten sind, sondern wegen der außergewöhnlichen Rollenverteilung: Ana Flávia, die vermeintliche Putzhilfe, ist Tochter des Gouverneurs Albuíno Azevedo, einer der drei farbigen brasilianischen Landesfürsten. Nach dem Erlebnis im Aufzug ließ sich Ana Flávia die Körperverletzung gerichtsmedizinisch bestätigen und zeigte die Unternehmerin und ihren Sohn an – das ist in Brasilien ungewöhnlich.

Selten kommen rassistische Vorkommnisse in Brasilien so klar an die Öffentlichkeit, was manche zu dem Schluß verführt, es gebe keinen Rassismus. Denn diskriminierende Gesetze, wie früher in den USA oder bis vor kurzem in Südafrika, die Weißen bestimmte Vorrechte sichern und Schwarze davon ausschließen, gibt es in Brasilien nicht. Trotzdem existiert die Rassendiskriminierung. Obwohl in Brasilien etwa 44 % der Bevölkerung farbig ist und das Land damit nach Nigeria die Nation mit den meisten farbigen und schwarzen Bürgern weltweit ist, gibt – und gab – es nie einen schwarzen Minister, geschweige denn einen Präsidenten. In den hohen Rängen des Militärs, im Senat und in den Parteiführungen sind Farbige nicht vertreten. Unter den rund 500 Abgeordneten sind 11 dunkler Hautfarbe. Außerhalb von Politik und Verwaltung ist die Situation noch krasser: In Unternehmen, Banken und staatlichen Konzernen arbeiten ab der Abteilungsleiterebene aufwärts kaum noch Farbige. Auch in der Werbung taucht kaum ein farbiger Mensch auf.

Weil der Rassismus in Brasilien nicht gesetzlich festgeschrieben ist, leugnen viele, vor allem weiße Brasilianer, daß es in ihrem Land Diskriminierung gibt. Wissenschaftliche Schützenhilfe bildet die vom berühmten brasilianischen Soziologen Gilberto Freyre in den 30er Jahren entworfene Vision eines Brasiliens als Schmelztiegel der Rassen: Durch die zunehmende Vermischung von Schwarz und Weiß – so etwas vereinfacht die These – würden die Rassenunterschiede langfristig aufgehoben und damit auch die rassi(sti)sche Diskriminierung. Brasilianische Schwarzenführer sehen dies anders. In ihrem Land sei der Rassismus besonders krass, weil er unsichtbar sei. »Die Schwarzen wissen von selbst, was ihr Platz ist«, sagt João Jorge, einer der Führer der Schwarzen in Brasilien. »Es gibt eine unsichtbare Mauer zwischen Schwarzen und Weißen.« Obwohl kein Schild einem Schwarzen einen bestimmten Strandabschnitt verbietet, sind dort nur Weiße anzutreffen.

Gemischte Paare sind selten. Schwarze Männer mit weißen Frauen werden oft gefragt, ob sie Sportler oder Künstler seien – denn wie sonst – so die Unterstellung – könnte eine Weiße sich einem Schwarzen »hergeben«. Von einer schwarzen Frau an der Seite eines weißen Mannes denken viele, daß sie eine Prostituierte oder allenfalls eine Geliebte, aber kaum die Ehefrau des Weißen sein könnte. Das brasilianische Sprichwort: »Ein Weißer, der läuft, ist ein Sportler, ein Schwarzer, ein Dieb«, scheint bis heute das Motto der Polizei, obwohl für zwei Drittel der schweren Delikte in Brasilien Weiße verantwortlich sind, werden fast nur Schwarze oder Farbige bei Schießereien von der Polizei getötet. Das angeblich harmonische Miteinander der Rassen belegen Brasilianer gerne damit, daß es in ihrem Land keine Rassenunruhen wie in den USA oder Gewalttätigkeiten wie in Südafrika gebe. João Jorge behauptet dagegen, daß es in Brasilien genauso viele Konflikte wie dort gebe, »wir tun nur so, als handele es sich um etwas anderes.« Die Kollektivüberfälle an den Stränden Rios, die Plünderungen von Supermärkten in den Schwarzenvierteln ebenso wie die Morde an Straßenkindern und die Gewalt der Todesschwadronen seien ähnlich organisiert wie »die des Ku-Klux-Klans«.

Die »unsichtbare Mauer« hat sich in den Köpfen der Schwarzen festgesetzt: Die Reaktion vieler in Brasilien ist, sich selbst als minderwertig zu empfinden: Wer kann, versucht weißer zu sein, als er ist. Bei der letzten Volkszählung haben farbige Brasilianer 138 verschiedene Beschreibungen ihrer Hautfarbe angegeben – »nur«, um den klaren, einfachen Begriff »Schwarz« zu umgehen. Schwarze Frauen lassen sich – kostspielig und unangenehm – das Kraushaar glätten und ziehen ihren Kindern keine bunten Hemden oder Hosen an, weil das – ihrer Meinung nach – das Schwarzsein betont.

mit ca. 43 % um rund 10 % höher als die der weißen – und der Anteil der schwarzen Bahianer mit Hochschulzugangsberechtigung ist minimal. Die sozioökonomischen Unterschiede zwischen schwarzen und weißen Bahianern sind Ergebnis eines historischen Prozesses, der den Nachfahren der Sklaven auch in der modernen Gesellschaft des 20. Jh. gesellschaftliche Randpositionen zuordnet. Rassische Diskriminierung ist in Bahia ein ebenso großes Problem wie in anderen Staaten Brasiliens, in denen – anders als hier – die weiße Bevölkerung in der Mehrheit ist.

Was Bahia seit jeher unterscheidet, ist sowohl das Ausmaß an organisiertem Widerstand, wie z. B. in den Revolten und den Fluchtburgen (Quilombos) des 19. Jh., als auch das starke Selbstbewußtsein und die Identifikation mit der eigenen Kulturtradition, die in den afrobrasilianischen Religionen des Candomblé, im Kampf-Tanz Capoeira oder auch in den Karnevalsgruppen der Blocos Afros ihren Ausdruck finden.

Die Stellung der Frau

Auch wenn sich das Leben in der Großstadt Salvador wesentlich von dem auf dem Lande in Bahia unterscheidet – moderner, schneller, freizügiger ist – so sind die Moralvorstellungen, Rollenverteilungen, Traditionen in ihren Grundzügen innerhalb der Familien und zwischen den Geschlechtern doch ähnlich konservativ. In den letzten Jahren haben sich die Auffassungen der jungen Bahianer, insbesondere der Frauen, über Ehe und Familie allerdings stark verändert, so daß es zunehmend zu Konflikten kommt.

Die Familie ist in Bahia der wichtigste Bezugspunkt. Die Eltern, vor allem die Mutter, werden mit großem Respekt behandelt und nehmen ihr Leben lang Einfluß auf die Entscheidungen ihrer Kinder. Meistens wohnen diese bis zur Heirat im Haus ihrer Eltern. Auch erwachsene, verheiratete Männer werden oft noch von der Mutter bekocht. Die Beziehungen zwischen den einzelnen Familienmitgliedern sind, falls es nicht einen gravierenden Streit gab, emotional, eng und solidarisch. Der bahianische Mann ist stolz darauf, Beziehungen zu möglichst vielen Frauen und eine große Zahl Kinder zu haben, durchaus auch mit verschiedenen Partnerinnen. Selten übernimmt er allerdings die Verantwortung für sein sog. »zweites Haus« (segunda casa). Oft unterstützt er auch die erste Frau bei der Erziehung der Kinder nur wenig. Nebenbei kann er relativ offen, selbst vor den Augen der eigenen Familie, feste Freundinnen (namoradas) und gelegentliche Flirts (paqueras) haben. Das hebt sogar sein Ansehen als Mann. Die Frau(en) haben diese Freiheit nicht: Sie sollen möglichst einem Mann treu sein. Beziehungen zu anderen Männern können nur heimlich erfolgen, wollen sie ihn und ihren guten Ruf nicht verlieren. Umgekehrt akzeptieren die Frauen meistens stillschweigend, daß ihr Gatte oder Partner Verhältnisse mit anderen Frauen hat. Die Frauen sind im allgemeinen wesentlich jünger als in Deutschland, wenn sie ihr erstes Kind bekommen. Das liegt zum einen am niedrigen Bildungsniveau und der mangelnden Aufklärung und zum anderen an der sozialen und wirtschaftlichen Situation der Frauen. Verhütungsmittel sind zudem teuer und der Gebrauch der Pille darüber hinaus noch wenig bekannt. Doch während es bei älteren Generationen durchaus üblich war sechs, acht, dreizehn oder noch mehr Kinder zu haben, bemühen sich die Frauen heute um eine kontrolliertere Familienplanung mit weniger Kindern.

Die Zahl alleinerziehender Mütter ist in Bahia, ebenso wie in anderen Regionen Brasiliens, sehr hoch. Das ergibt sich nicht nur aus den oben geschilderten Verhältnissen, sondern auch daraus, daß viele Frauen es nach einschlägigen Erfahrungen leid sind, feste Beziehungen mit Männern einzugehen.

Noch immer gilt die Jungfräulichkeit eines Mädchens als hoher Wert. Sie soll möglichst unberührt in die Ehe kommen, während es durchaus akzeptiert wird, wenn junge Männer vor der Heirat sexuelle Erfahrungen sammeln. Beziehungen zwischen einem älteren Mann und einem jungen Mädchen

sind häufig; die Umkehrung wäre schier undenkbar. Oft spielen dabei auch soziale und ökonomische Unterschiede eine Rolle.

»Die Weiße zum Heiraten, die Schwarze zum Arbeiten, die Mulattin fürs Bett« – noch immer ist dieser rassistische Spruch in seinen Grundzügen charakteristisch für die männliche Sichtweise des anderen Geschlechts. So verkörpert seit der Kolonialzeit die Mulattin zwar das Ideal sexueller Lust und Begierde für die weißen Brasilianer, dennoch sind Ehen zwischen Partnern völlig unterschiedlicher Hautfarbe auch heute selten. Und noch immer wird es als persönliche Aufwertung empfunden, wenn der Partner eine hellere Hautfarbe hat, als man selbst.

Religion

Candomblé

Umbanda

Katholische Kirche

Pfingstkirchen

Vor der Wallfahrtskirche Igreja do Bonfim werden diese bunten Bändchen verkauft. Viele Bahianer tragen die *Fitinhas* dreimal verknotet am Handgelenk. Drei Knoten – drei Wünsche, sie sollen sich erfüllt haben, bis das Bändchen von selbst abfällt.

Die Macht von Trommel und Bibel

Die Religionen, die mit den afrikanischen Sklaven ins Land kamen, und der katholische Glaube bilden bis heute die Quelle, aus der die bahianische Kultur gespeist wird. Dabei werden katholische Traditionen, Feste und Symbole mit afrikanischen Göttern (Orixás), Riten und Kulten kombiniert: So finden während des bahianischen Sommers zahlreiche Feiern zu Ehren der katholischen Schutzheiligen statt, bei denen gleichzeitig die afrikanischen Götter gehuldigt werden (s. S. 62 ff.).

Ob es sich dabei um eine Verschmelzung oder vielmehr um ein Nebeneinander afrikanischer und katholischer Heiliger handelt(e), ist nicht genau festzustellen. Sowohl in der katholischen Kirche als auch im Candomblé gibt es Bemühungen (vermutlich aus Angst, sie könnten an Einfluß verlieren), die Religionen streng auseinanderzuhalten.

Auch der bahianische Alltag wird durch die Vermischung verschiedener Konfessionen (= Synkretismus) geprägt. So sieht man beispielsweise vor den Barockkirchen weißgekleidete *Baianas* – die in ihren duftenden Garküchen köstliche Spezialitäten anbieten. Sowohl ihre Kleidung als auch ihre Tätigkeit, denn das Essen, das sie zubereiten, ist die Lieblingsspeise der Göttin des Windes Iansã, weisen auf ihre Zugehörigkeit zum Candomblé hin. Und natürlich bestimmen diese Vorlieben der Orixás insbesondere die Speisekarte der einfachen Restaurants: beispielsweise Huhn in dunkler Sauce *(Galinha ao molho pardo)* am Montag, dem Tag Exús, oder das Okraschotengericht *Caruru* am Freitag, das Lieblingsgericht Oxalás. An diesem Tag tragen viele Bahianer traditionell weiße Kleidung zu Ehren dieses erhabensten aller afrikanischen Götter.

Brasilien gilt als die größte katholische Nation der Welt: 89 % der Bevölkerung gaben beim letzten Zensus 1980 ihre Religion mit katholisch an. Doch die Realität ist wesentlich vielschichtiger als diese Angabe vermuten läßt. Ein großer Teil der Brasilianer ist in Glaubensfragen nicht auf eine Religion festgelegt. Irreführend ist auch, daß beispielsweise die meisten Anhänger der afrobrasilianischen Religion Candomblé und seiner vielfältigen Mischformen offiziell als Katholiken zählen. Die Umbanda, die im 20. Jh. im Südosten Brasiliens aufkam, fand erst in den letzten Jahren auch in Bahia Anhänger.

Explosionsartig gestiegen und bisher statistisch nur ungenügend erfaßt, ist in den letzten Jahren die Zahl der Anhänger der fundamentalistisch-protestantischen Pfingstkirchen in Brasilien. Nach Angaben des Franziskaner-Ordens laufen jährlich 600 000 Katholiken zu ihnen über. Allerdings ist die Bedeutung dieser Glaubensbewegung in Bahia bisher noch spürbar geringer als im übrigen Brasilien, besonders im Südosten. Ein Grund dafür ist vermutlich die Verbundenheit der Bahianer mit dem Candomblé.

Candomblé

»Heute spüre ich, daß bestimmte Erscheinungen zu erklären, nur dazu dient, ihre Großartigkeit zu beschneiden. Vieles ist größer als jede Erklärung.« (Pierre Verger)

Der Begriff Candomblé umfaßt mehrere religiöse Gruppen afrikanischen Ursprungs, die mit den Sklaven nach Brasilien kamen und deren Religionen sich hier – wie der Voudou in Haiti oder die synkretistischen Religionen in Kuba – mehr oder weniger stark mit katholischen, aber auch indianischen und spiritistischen Traditionen vermischt haben. So unterschiedlich wie die Herkunft der Sklaven, waren auch ihre religiösen Vorstellungswelten, die den Candomblé prägten. Charakteristisch für alle Gruppen ist die Verehrung mehrerer Gottheiten (z. B. die Orixás der Yorubá-Kultur) und der Glaube daran, daß die Götter kurzzeitig in die körperliche Hülle ausgewählter Anhänger schlüpfen, um sich auf diese Weise zu offenbaren. Denn die afrikanischen Götter sind unsichtbar. Sie materialisieren sich in

den Medien wie dem Wind auf der Wasseroberfläche eines Sees oder im Laub der Bäume.

Die Götter des Candomblé, die Orixás, haben menschliche Züge mit Schwächen und Fehlern. Im Candomblé gibt es keinen Sündenfall und keine Vergebung; die Anhänger erwartet nach dem Tod weder Himmel noch Hölle. Es gibt Kräfte, die Gutes bewirken, und andere, die Schlechtes bewirken. Die Götter aber geben keine moralischen Richtlinien vor.

Da es keine geschriebenen Texte gibt, werden die Grundregeln mündlich überliefert und die religiösen Prinzipien in zahlreichen Legenden über die Orixás von Generation zu Generation weitervermittelt. Vor allem aber durch die Zeremonien und Feste in den Kultstätten *(Terreiros)* bleiben die Riten, Mythen und Praktiken lebendiges Kulturgut. In Bahia dominieren heute die Candomblés-Richtungen (Keto, Nagô, Ijexá) der Yorubá-sprachigen Kultur, welche aus dem Gebiet Nigerias und Dahomeys stammen.

Viele Orixás werden mit katholischen Heiligen assoziiert. Nach ihrer Ankunft in Brasilien wurden die Sklaven gezwungen, zum katholischen Glauben zu konvertieren. Angesichts der Zwangschristianisierung begannen sie, ihren Göttern katholische Heilige zuzuordnen, um so ungestraft weiter ihren Glauben praktizieren zu können.

In Bahia gibt es rund 8000 religiöse Stätten des Candomblé, in denen noch heute die afrikani-

Altar für die Meeresgöttin Yemanjá

schen Götter verehrt werden. Diese Orte gelten als besonders energiegeladen. Früher lagen sie außerhalb der großen Zentren, heute befinden sich viele alte Terreiros mitten im Stadtgebiet Salvadors.

In den Terreiros lebt die Gemeinschaft der Geistlichen des Candomblé. In der Mehrzahl steht eine Frau an der Spitze, die *Ialorixá*, auch *Mãe de Santo* (Heilige Mutter) genannt, seltener ein *Baba-lorixá*, auch *Pai de Santo* (Heiliger Vater) genannt. Diese Priesterinnen und Priester sind nicht nur oberste Vorsteher eines Terreiros in geistiger und administrativer Hinsicht, sondern auch anerkannte Autoritäten in allen Lebenslagen. Sie kennen die Geheimnisse und Wege, um das Axé, die positive Energie, aller Pflanzen, Lebewesen, Steine oder Naturgewalten zu entfalten.

In Bahia ist es üblich, bei Krankheit, zu Beginn einer Reise oder vor einer wichtigen Entscheidung ein Terreiro aufzusuchen und den Schutz der Orixás zu erbitten. Die

Ialorixás werfen die Kauri-Muscheln *(jogar os búzios)*, um den Willen der Götter zu erfahren und können deshalb den Menschen wertvolle Ratschläge geben, wie die Orixás wohl zu stimmen sind. Ihre Kenntnis der Kräuter und Pflanzen hat die Heilkunst in den Terreiros längst zum Gegenstand medizinisch-wissenschaftlicher Untersuchungen werden lassen.

An nächster Stelle in der Hierarchie kommen die *Ogãs*, Männer, die oft auch außerhalb der Terreiros leben und meistens herausragende Positionen im gesellschaftlichen Leben der Stadt einnehmen. Sie bilden eine Art Rat und übernehmen bestimmte Pflichten während und außerhalb der religiösen Zeremonien. Sie werden von den Orixás und der Ialorixá ausgewählt. Wie die Ogãs gibt es auch eine bestimmte Anzahl von Frauen, die *Ekedes*, die spezielle Dienste im Terreiro leisten. Sie sind es beispielsweise, die bei den öffentlichen Festen den Heiligentöchtern beistehen. Diese Heiligentöchter *(Filhas de Santo)* erfüllen eine der wichtigsten Aufgaben, denn sie können im Trancezustand zu Medien und Dienerinnen der Orixás werden. Bei den Festen steigen die Orixás von den Trommeln gerufen herab, um die Körper der *Iaôs*, wie sie auch heißen, in Besitz zu nehmen. Ausgelöst wird die Trance vermutlich durch die Tänze und die rhythmischen Trommelschläge, vielleicht aber auch durch bestimmte Gerüche, Farben und Klänge. Die Trance wird oft beschrieben als ein Zustand des totalen Vergessens, des Außer-sich-seins; von Unterwerfung einerseits und Besessenheit andererseits, ist da die Rede.

Die Einweihungszeit einer Filha de Santo in den traditionellen Candomblés dauert Monate. »Ihnen wird der Kopf gemacht«, sagt man in Brasilien. In der Abgeschiedenheit des Terreiros lernen sie die Riten und Regeln des Candomblé kennen. Unter Aufsicht der Mãe de Santo fasten sie, bekommen Absude aus Pflanzen und Kräutern zu trinken und nehmen reinigende Kräuterbäder. Nach und nach legen sie ihre profane Existenz ab. Am Tag der Einweihung einer Heiligentochter findet ein großes Fest statt, bei dem ihr unter Ausschluß der Öffentlichkeit der Kopf rasiert und ein Tier darüber geopfert wird. Der Orixá ergreift Besitz von seinem neuen Medium. Mit zunehmendem Alter und Zeit der Einweihung steigt eine Heiligentochter in der Rangordnung des Terreiros auf.

Die Anhänger des Candomblé waren auch nach Abschaffung der Sklaverei Diskriminierung und Repressalien ausgesetzt. In Bahia verbreitete ein berittenes Polizeischwadron in den 20er Jahren Angst und Schrecken in den Terreiros. Noch unter dem Regierungspräsidenten Getúlio Vargas, im Jahr 1940, wurden die als »schwarze Zauberpriester« bezeichneten Würdenträger ins Gefängnis gesteckt. Vielleicht haftet dem Candomblé durch diese Verbote und die im Verborgenen vollzogenen Kulte etwas Geheimnisvolles an. Bis Ende der 70er Jahre mußte sogar für jede Kulthandlung bei der Polizei eine Erlaubnis eingeholt und eine Gebühr bezahlt werden.

Obwohl die afrobrasilianischen Religionen inzwischen erlaubt und selbstverständlicher Teil des Alltags sind, findet man außerhalb von Salvador selten Menschen, die offen darüber sprechen. Das zunehmende Bekenntnis zum Candomblé innerhalb Salvadors ist sicherlich Ausdruck des wachsenden Bewußtseins der schwarzen Bevölkerung, die den Wert ihrer eigenen Kultur wiederentdeckt.

Umbanda

Die Umbanda-Religion ist erst in den 20er Jahren dieses Jahrhunderts entstanden und vor allem im Südosten Brasiliens verbreitet. Erst in letzter Zeit wächst auch in Bahia die Zahl der Anhänger. Mit der »Einweißung« (d. h. der Übernahme katholischer und spiritistischer Elemente) werden zunehmend Mitglieder in der brasilianischen Mittelschicht gewonnen, denen der Candomblé zu stark von der Kultur der Schwarzen geprägt ist. So werden die Feiern in der Umbanda beispielsweise in portugiesischer Sprache abgehalten.

Auch hier verehrt man einige der Orixás, aber es sind neue Figu-

ren und Rituale hinzugekommen: z. B. die Naturgeister indianischer Abstammung (Caboclos), oder verstorbene Sklaven, die über Zauberkräfte verfügen (Pretos-Velhos), und zu Exú gesellt sich ein weibliches Pendant, die Pomba-Gira, eine Prostituierte. Die Idee der Wiedergeburt, die Hoffnung Kontakt zu den Seelen der Toten herzustellen und vor allem die Sitzungen, in denen die Gläubigen Ratschläge für die Bewältigung ihrer Probleme im Alltag erhalten, spielen eine große Rolle in der Umbanda. Die Entstehung dieser Religion wird daher von Soziologen auch als Ausdruck der Anpassung an die großstädtische Zivilisation und an eine soziale Realität erklärt, in der es schier unüberwindbare gesellschaftliche Mißstände gibt.

Katholische Kirche

Die katholische Kirche Brasiliens steckt in der Krise. Nicht nur, daß zahlreiche Mitglieder zu anderen Religionen abwandern, es gibt auch innerhalb der Institution Streitigkeiten über den richtigen Weg zum Seelenheil. Brasiliens katholische Kirche ist in zwei Lager gespalten: die konservative Gruppe einerseits, zu der auch der Kardinal-Erzbischof von Bahia, Lucas Moreira Neves, gerechnet wird, orientiert sich an den Weisungen des Papstes – und die progressiven Befreiungstheologen andererseits, deren engagierter und prominen-

Prozession zu Ehren des Senhor de Bonfim

---

tester brasilianischer Vertreter, Leonardo Boff, inzwischen vor der römischen Übermacht kapituliert hat und das Priesteramt niederlegen will.

In den 70er Jahren hatten fortschrittliche Kirchenvertreter damit begonnen, das Konzept der Befreiungstheologie in die Praxis umzusetzen. Die Bibel sollte kein theoretisches Lehrbuch sein, sondern gemäß den Lebensverhältnissen der Menschen interpretiert werden. Statt auf die Erlösung aller Leiden im Jenseits zu warten, nahmen die

Armen unterstützt von Priestern und Nonnen ihr Schicksal selbst in die Hand. »Die neue Aufgabe ist, Religion und politische Praxis zu verbinden«, forderte der Kardinal-Erzbischof Paulo Evaristo Arns aus São Paulo, der bereits während der Militärdiktatur Menschenrechtsverletzungen anprangerte. Besonders in der Frage der Agrarreform ergriffen die Befreiungstheologen für die Kleinbauern und Landarbeiter in Brasilien Partei. Unter den rund 1000 Menschen, die seit 1981 bei derlei Konflikten ums Leben kamen, waren auch einige Priester und Nonnen.

Heute gibt es über 100 000 Basisgemeinden in Brasilien, in denen progressive Katholiken sozial und seelsorgerisch tätig sind. Ihre Glaubensauslegung ist realitätsbezogen, – entsprechend wenig Verständnis bringen sie auf für das päpstliche Verbot der Empfängnisverhütung, den Vorwurf der Politisierung der Gläubigen und die Notwendigkeit des Priesterzölibats. Die Befreiungstheologen haben einen schweren Stand: Von der offiziellen Kirche und vom Papst werden sie kontrolliert, kritisiert und mit kirchenrechtlichen Ge- und Verboten reglementiert. Darüber hinaus verlieren sie immer mehr Anhänger an die zahlreichen Pfingstkirchen, die den Armen einfache Lösungen anbieten.

Papst Johannes Paul II. hat Brasilien bereits zwei Besuche abgestattet. Bei seinem letzten Aufenthalt in Brasilien 1991 übte er scharfe Kritik am »wilden Kapitalismus« und rief die Verantwortlichen in Politik und Wirtschaft zu tiefgreifenden Sozialreformen auf. Gleichzeitig ermahnte er jedoch die Befreiungstheologen, von direkten politischen Aktionen abzusehen, die »Euer liebes Volk den auflösenden Einflüssen eines moralischen Niedergangs preisgeben« und es leicht empfänglich für die Verführung durch Sekten machen.

Pfingstkirchen

Während sich der Anteil der traditionellen Protestanten in Brasilien – wie beispielsweise der Lutheraner (1,5 Mio.), Baptisten (1,5 Mio.), Presbyterianer (350 000), Adventisten (500 000) – nur wenig verändert, gewinnen die Pfingstkirchen im Land immer mehr an Bedeutung. Heute gehören bereits 12 Mio. Brasilianer, einige Schätzungen sprechen sogar von 20 Mio., einer Pfingstkirche an. Wenn die Wachstumsrate wie bisher anhält, wird im Jahr 2000 jeder fünfte Brasilianer aktiver Pfingstler sein.

Ursprünglich stammen die Pfingstkirchen aus den USA. Anfang dieses Jahrhunderts gründeten dann Übersiedler aus den Vereinigten Staaten diese neue Glaubensgemeinschaft in Brasilien. Die ältesten der rund 200 Pfingstkirchen sind die Assembléia de Deus (Gottesversammlung) und die Congregação Cristã (Christliche Kongregation).

Bei den zahlreichen Neugründungen in den letzten 20 Jahren waren es jedoch fast immer Brasilianer, die wie der ehemalige Lotterieangestellte Edir Macedo nach einer »göttlichen Eingebung« zu predigen begannen und ihre eigene Kirche organisierten. Macedo, der geistliche Führer der Igreja Universal do Reino de Deus, ist heute Chef der »Elektronischen Kirche«, eines kleinen Imperiums mit 14 Radiostationen, einem Fernsehsender, einer Baufirma und einer Druckerei. Sein Reichtum gründet sich auf der Spendenfreudigkeit seiner Anhänger, die teilweise ein Zehntel ihres Einkommens abliefern. Dieses Vermögen sei ein Zeichen dafür, daß er von Gott auserwählt sei, sagt Macedo, denn »alles Elend komme vom Teufel und der Reichtum von Gott«. Macedo sieht sich als Streiter im Kampf gegen das Böse, das sich für ihn vor allem in den afrobrasilianischen Religionen wie Candomblé und Umbanda manifestiert. Jeden Freitag finden in den Tempeln der Igreja Universal vor laufender Kamera sogenannte Teufelsaustreibungen statt.

Auch für die anderen Pfingstkirchen sind spektakuläre Aktionen während des Gottesdienstes typisch: z. B. in Trance zu geraten oder sich plötzlich in anderen, zuvor nicht beherrschten Sprachen ausdrücken zu können. Die Messen, bei denen moralisierende Predigten mit konkreten Vorgaben und Verhaltensnormen üblich sind, werden oft von poppiger, mitreißender Musik und von Gesang begleitet. Zu den Bestimmungen gehört – neben der strengen Trennung der Geschlechter – auch eine genaue Kleiderordnung der Gläubigen *(Crentes)*, die sie auch nach außen als Mitglieder der Pfingstkirche ausweist. Die Männer mit Anzug und Schlips und die Frauen mit Röcken, die bis zum Knie reichen, und geschlossenen Blusen.

Die Gläubigen der Pfingstkirchen stammen zum überwiegenden Teil aus den unteren sozialen Schichten der brasilianischen Gesellschaft. Hier finden sie, was sie angesichts der erdrückenden alltäglichen Probleme in den brasilianischen Millionenstädten vermissen: Geborgenheit, Gemeinschaftssinn, einfache Erklärungen und das Versprechen eines besseren Daseins im Jenseits.

Bonfim-Kirche

Wer ist wer in der afrobrasilianischen Götterwelt?

Sie kamen mit den Sklavenschiffen aus Dahomey, Nigeria, Angola und Moçambique – Göttinnen des Meeres und der Flüsse, Götter über Blitz und Donner, Herren des Waldes und der Heilkräuter. Man schätzt, daß von den 600 Gottheiten in Afrika, 50 bis 100 in Brasilien bekannt sind. Allerdings erfuhren sie hier einige Modifizierungen: sie wurden mit christlichen Glaubensvorstellungen und mit katholischen Heiligen kombiniert. Sie tauchten unter, bekamen neue Namen. Andere gerieten völlig in Vergessenheit. Heute gehören weniger als 20 Orixás zur kleinen Götterfamilie, die in Brasilien verehrt wird.

Oxalá ist das Oberhaupt der Götterfamilie. Von seinem Vater Olórun, dem höchsten Gott, hat er die Macht bekommen, die Welt zu regieren. Oxalá ist der Herr des Friedens und der Schöpfung. Er kann als edler stolzer Jüngling Oxaguiã oder als weiser, großzügiger, von der Last der Welt gebeugter Oxalufã auftreten. Er trägt einen silbernen Stab, auf dessen Spitze eine Taube sitzt. Seine Farbe ist Weiß, sein Tag der Freitag. Ihm zu Ehren tragen viele Bahianer freitags weiße Kleider und wird das größte Fest Bahias gefeiert: die Lavagem do Nosso Senhor do Bonfim, die Feier für Unseren Herrn des Guten Endes. Oxalá nimmt in der afrikanischen Götterwelt die gleiche Stellung ein wie Jesus Christus im katholischen Glauben und erfährt die höchste Verehrung.

Oxalá

Yemanjá ist die Göttin des Meeres und wird als Mutter aller Orixás angesehen. Sie trägt eine silberne Krone und hält einen silbernen Fächer in der Hand. Yemanjá ist mütterlich, eitel und liebt den Luxus. Ihre Farben sind Weiß, Hellblau und Rosa, ihr Tag ist der Samstag. Am 2. Februar wird ihr zu Ehren ein großes Fest in Rio Vermelho gefeiert. Bei der Vermischung des afrikanischen und katholischen Glaubens (Synkretismus) wird sie mit der Nossa Senhora da Conceição (Unbefleckte Empfängnis) in Verbindung gebracht.

Xangô, einer der drei Söhne Yemanjás, regiert über Donner und Blitze. In Afrika war er ein mächtiger König und Gründer der mystischen Stadt Oyó. Xangô ist stolz, gebieterisch und ungestüm. Er hat drei Frauen: Iansã, Oxum und Obá. Sein Symbol ist die Doppelaxt aus Kupfer. Seine Farben sind Rot und Weiß, sein Tag der Mittwoch. Im Kathollizismus wird Xangô dem Heiligen Hieronymus zugeordnet.

Iansã ist die Göttin von Wind und Unwetter. Sie ist die einzige der Orixás, die sich nicht vor den Eguns, den Seelen der toten Vorfahren, fürchtet. Iansã gilt als kämpferisch, leidenschaftlich und eifersüchtig. Ihre Farben sind Rot und Lila und Weiß, ihr Symbol ist ein Spieß aus Kupfer, ihr Tag der Mittwoch. Sie wird mit der Heiligen Barbara assoziiert.

Oxum herrscht über das Süßwasser – über Flüsse, Wasserfälle und Seen. Sie ist die Göttin des Reichtums und der Schönheit. Die sinnliche Oxum gilt auch als kinderlieb und kennt das Geheimnis der Fruchtbarkeit. Sie trägt einen goldfarbenen Fächer. Ihr Tag ist der Samstag, ihre Farben sind Gelb und Gold. In Bahia wird sie mit der Nossa Senhora das Candeias gleichgesetzt.

Ogun, der Herr des Eisens und des Krieges, ist ein Bruder Xangôs. Er gilt als Schutzpatron derer, die als Bauern und Handwerker mit Eisen arbeiten. Ogun wird Männlichkeit, Ungeduld, aber auch Geschicklichkeit zugesprochen. Seine Symbole sind ein silbernes Schwert und Insignien aus Eisen. Dunkelblau ist seine Farbe und sein Tag der Dienstag. In Bahia wird er zusammen mit dem Heiligen Antonius verehrt.

Oxóssi

Oxóssi, der dritte Sohn Yemanjás, ist der Gott der Jagd und des Waldes und war in Afrika König von Keto. Eleganz, Beweglichkeit und Intellektualität, gleichzeitig aber auch Bescheidenheit und Aufrichtigkeit charakterisieren diese vielschichtige Gottheit. Pfeil und Bogen sind seine Symbole. Die Farben Oxóssis sind Blau und Hellgrün, sein Tag ist der Donnerstag. Er wird mit dem Heiligen Georg assoziiert.

Ossâim, Herr der heiligen und medizinischen Pflanzen, ist besonders wichtig, weil ohne ihn nicht eine Zeremonie im Candomblé stattfinden könnte. Denn in den Pflanzenblättern ist das Axé, die positive Energie der Götter, enthalten; sie werden zum Beispiel bei der Vorbereitung der Heiligentöchter (Iaôs) eingesetzt. Das Symbol von Ossâim ist ein Eisen mit sieben Spitzen, auf deren mittlerer ein Vogel sitzt. Seine Farben sind ein milchiges Rot, Blau oder Grün, sein Tag ist der Montag. Er wird mit dem Heiligen Benedikt in Verbindung gebracht.

Omolu, der über Krankheiten, insbesondere die Pocken gebietet, wird gefürchtet und respektiert, denn er kann diese Krankheiten auch heilen. Omolu wurde von seiner Mutter Nanã Buruku verstoßen, weil er sich schon als Jüngling prostituiert hatte, und von Yemanjá aufgezogen. Er versteckt sich unter einem Umhang aus Stroh. Seine Farben sind Schwarz, Weiß und Rot, sein Tag der Montag. Er wird dem Heiligen Lazarus gegenübergestellt.

Oxumaré ist der Gott des Regenbogens. Sechs Monate im Jahr männlich, sechs Monate weiblich. Sein Symbol ist die Schlange. Dienstag ist sein Tag, seine Farben sind Grün und Gelb. Oxumaré wird mit dem Heiligen Bartolomäus gleichgesetzt.

Nanã Buruku ist die älteste der Göttinnen des Wassers. Wegen ihres Alters wird sie mit dem Tod in Verbindung gebracht. Dienstag ist ihr

Tag, ihre Farben sind Blau und Weiß. Sie entspricht im katholischen Glauben der Heiligen Anna.

Exu der Götterbote, ist der Mittler zwischen den Orixás, den Eguns, den Geistern der Toten, und den Menschen. Jedes Fest im Candomblé beginnt mit einer Zeremonie für ihn, damit das Fest harmonisch abläuft. Denn der Hüter der Kreuzungen, der dafür sorgt, daß die Wege zwischen den Welten geöffnet sind, ist leicht zu beleidigen und muß milde gestimmt werden, damit er göttliche Botschaften überbringt. Seine Farben sind Schwarz und Rot, sein Tag der Montag. Er wird mit sieben Schwertern oder einem Dreispitz dargestellt. Exú ist ein gerissener Kerl auf der Seite der Recht- und Machtlosen, der sich für seine Dienste bezahlen läßt. Er wird mit dem Teufel der Christen assoziiert, aber das ist nicht ganz richtig, denn er arbeitet auch für das Gute und seine Figur ist weit vielschichtiger als die des Teufels.

Linke Seite oben: Oxumaré
Oben: Ogun
Rechts: Nanã Buruku

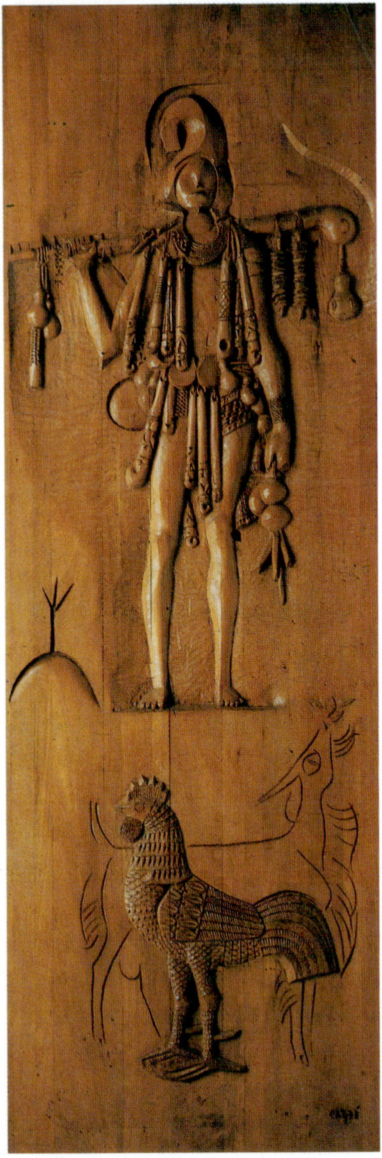

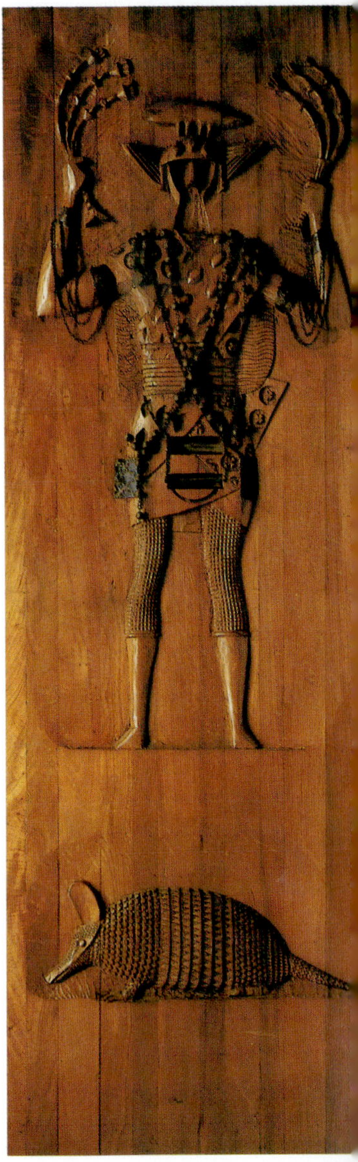

Kultur

Architektur der
Kolonialzeit

Kultur der Straße

Der Kampf-Tanz Capoeira

Musik –
Impulse aus Bahia

Literatur und Malerei

Exú, Ibualama, Oxalufan – Fries der Orixás
(afrobrasilianische Götter), Zedernholztafeln
mit Einlegearbeiten von Carybé

Vielfalt der Kulturen

»Bahia ist eine durch und durch kulturell geprägte Region… Kein Politiker hatte hier eine Herkunft oder Führungsfunktion wie sie die Künstler, Intellektuellen und religiösen Führer haben. Das sind die wahren Former, die Schaffenden des bahianischen Bewußtseins und Empfindens, von Jorge Amado bis zu Meneninha do Gantois, von Dorival Caymmi bis Caetano Veloso… bis zurück in die Kolonialzeit, zu Antonio Vieira und Gregório de Matos.« (Antonio Risério)

In Brasilien wird unter bahianischer Kultur fast immer die afrobrasilianische Kultur an der Küste des Bundesstaates, im Recôncavo und vor allem in Salvador verstanden. Doch innerhalb Bahias existieren – vereinfacht gesehen – zwei Strömungen: die afrikanisch inspirierte Kultur der Küste und die stärker portugiesisch-indianisch beeinflußte Nordost-Kultur des Inlandes.

Der Ethnologe und Dichter Antonio Risério definiert die afrobrasilianische Kultur als *banto-luso-iorubana:* Die katholische Religion und Lebensform der Portugiesen *(luso)*, die nach fast 800 Jahren maurischer Besetzung auf der Iberischen Halbinsel bereits nordafrikanische Elemente angenommen hatte, vermischte sich mit der südafrikanischen Kultur und Religion der *Bantu*, die als erste Afrikaner während des Zuckerbooms ab Mitte des 16. Jh. nach Bahia kamen, und denen der *Yorubá*, Westafrikanern aus Daomé, die erst im 18. Jh. im Tausch gegen bahianischen Tabak nach Bahia verschleppt wurden.

Dieses Kulturengemisch konnte sich im Nordosten Brasiliens ungestört weiterentwickeln, denn ab Mitte des 18. Jh. verpaßte Bahia den Anschluß an die Modernisierung und Europäisierung, während beispielsweise der Nachbarstaat Minas Gerais wegen seiner Bodenschätze wirtschaftlich zunehmend an Bedeutung gewann.

Dann wurde Rio zur Hauptstadt Brasiliens und später zum Sitz des portugiesischen Königshofes erklärt. Salvador hingegen galt über zwei Jahrhunderte als verschlafene Provinzstadt. Noch 1941 verglich Stefan Zweig die Hauptstadt Bahias mit »einer shakespearisch grandiosen Königinwitwe, die längst die Königsmacht an ein jüngeres, ungeduldigeres Geschlecht [Rio] abgegeben hat«.

Barock in Bahia

Salvador – mehr als zwei Jahrhunderte (1549–1763) Hauptstadt der jungen Kolonie Brasilien – war durch Zuckerexporte und Sklavenhandel zu immensem Reichtum gekommen. Doch der wachsende

Wohlstand wurde erst relativ spät in repräsentative Bauten oder Anlagen umgesetzt, weil die portugiesische Kolonie die ersten 150 Jahre hart umkämpft war. Zwar wurden zahlreiche trutzige Festungen erbaut, um die Kapitale zu sichern, doch teure Paläste zu errichten, die bei der Eroberung dem Feind zufallen würden, erschien der kirchlichen und weltlichen Führung zu riskant.

Ab Mitte des 17. Jh. konnte sich Salvador mehr oder weniger friedlich entwickeln. In dieser Zeit wurde mit dem Bau der berühmten Barockkirchen und -klöster begonnen. Doch da hatte die Stadt den Zenit ihrer wirtschaftlichen Bedeutung bereits überschritten. Trotz dieser eher kurzen Blütezeit des Barock in Bahia ist Salvador und der Recôncavo neben den später errichteten Kirchen und Anlagen in Minas Gerais bis heute das Zentrum des luso-tropikalischen Barock in Brasilien.

Es waren vor allem die Mönchsorden, die den Bau von Kirchen und Klöstern vorantrieben. So ließen die Jesuiten, die seit 1551 als erste in der Kolonie missionieren durften, in Salvador eine Kathedrale (A Catedral) mit Kloster und Kolleg errichten, die damals als das bedeutendste Bauwerk in der Neuen Welt galt. Später wetteiferten auch die Karmeliter, dann die Franziskaner, Benediktiner und Dominikaner in der Metropole Salvador um die größten und schönsten Anlagen.

Der frühe bahianische Barockstil ist im Gegensatz zu den später im Goldrausch errichteten Kirchen in den Minengebieten des Südostens noch stärker am portugiesischen Vorbild orientiert. So wurden viele Baupläne noch in Nordportugal konzipiert und teilweise in Rom vom Vatikan abgesegnet. Neben den Architekten und Facharbeitern aus dem Mutterland kamen auch Baumaterialien, insbesondere die berühmten weißblauen Kacheln (Azulejos) und Marmorsteine.

Auffällig ist, daß der Tropen-Barock von den Reisenden damals, die sonst umfangreiche, genaue Beschreibungen aus der Neuen Welt lieferten, kaum registriert wurde. Wenn, dann wurden die Bauten als Beispiele aufgepropfter europäischer Kultur betrachtet, als »überladene Monumente von schlechtem Geschmack oder populären Aberglaubens« – wie der Barockexperte Maurice Pianzola notierte.

Ebensowenig bemerkten die Reisenden aus Europa, daß die katholische Weltsprache Barock in Brasilien um einen »Dialekt reicher« wurde, wie Pianzola an anderer Stelle hinzufügt. Denn bereits in dieser Zeit entwickelte sich auf der Grundlage europäischer Vorbilder ein eigenständiges, brasilianisches Kunstschaffen. Einheimische Facharbeiter – Maurer, Zimmermänner, Tischler, Bildhauer und Maler – ersetzten immer häufiger die Handwerker und Künstler aus dem Mutterland. Die wohl bedeutendsten Kunstwerke des brasilianischen Barock kann man in Minais Gerais bewundern. Sie stammen von Antônio Francisco Lisboa, besser unter dem Namen Alejadinho (»Das Krüppelchen«) bekannt, vermutlich weil er an Lepra erkrankt und dadurch entstellt war.

Die Barockbauten des historischen Zentrums von Salvador wurden 1985 von der UNESCO zum schützenswerten Kulturgut erklärt und stehen seitdem unter Denkmalschutz. Lange wurde für die Erhaltung des »größten Barockslums der Welt« wenig getan – wie Gilberto Gil, der ehemalige Kultursekretär aus Bahia, frotzelt. Erst im letzten Jahr, nach der Machtübernahme des neuen Gouverneurs, Antônio Carlos Magalhaes, begann man mit einem großangelegten Restaurierungsprogramm. In der ersten Phase wurden bereits über 100 Häuser im Centro Histórico vor dem Verfall gerettet und wunderschön restauriert. Die zweite Projektphase in ähnlichem Umfang ist bereits in Angriff genommen. Die Altstadt soll sich in ein attraktives Einkaufs- und Vergnügungsviertel verwandeln.

Altar in der Igreja de Saõ Francisco

Die afrikanische Kultur der Straße

»Barock ist in Brasilien nicht nur eine Kunstform gewesen, sondern auch ein Lebensstil«, schreibt der französische Wissenschaftler Roger Bastide. Barock in Bahia, das ist auch die Überschwenglichkeit und der Prunk der Feste und Prozessionen, welche vor allem die Afrikaner und ihre Nachkommen in Brasilien abhielten.

Während der Kolonialzeit gab es in den Städten eine strenge räumliche Trennung zwischen den Rassen: Die Straße gehörte den Sklaven, Afrikanern und Mischlingen und wurde von den Portugiesen gemieden. Es galt als unfein, sich länger als notwendig dort aufzuhalten. Die Familien der Kolonisatoren verbrachten den größten Teil ihres Lebens in den Häusern. Folge dieser Apartheid war, daß sich die Straßen in Salvador für die afrobrasilianische Bevölkerung zu einem relativ freien Raum entwickelten, in dem sie ihre Traditionen wenigstens zeitweise außerhalb der direkten Kontrolle der Kolonialmacht ausüben konnten.

Die zahlreichen afrikanischen Musikstile und Tänze wie etwa der Samba stellten eine der wenigen Möglichkeiten dar, sich öffentlich in einer Gruppe zu versammeln, auch wenn die Sklaven häufig überprüft wurden und sich nicht müßig auf der Straße aufhalten durften. Das Nebeneinander von freigelassenen Sklaven, die als Handwerker arbeiteten, von Leibeigenen, die für ihre Herrschaften Einkäufe erledigten, von Ex-Sklaven, die selbst Sklaven hielten sowie von Sklavinnen, die von ihren Herrschaften zur Prostitution gezwungen wurden, erlaubten zumindest in der Metropole die unbegrenzte Kontaktaufnahme unter den Afrobrasilianern.

Die Feste

»Es gibt viele populäre Feste in Bahia, religiöse, katholische oder schwarze Feste, Straßenfeste und Nationalfeiern – Material für ein ganzes Buch. Sie alle sind malerisch, pittoresk [...] die Baianas in ihren typischen Kleidern, die Capoeirista, die Pais de Santo, die sinnlichen Mulattinnen dieses bunten Volkes mit seiner unzerstörbaren Lebensfreude, die über die Misere siegt, in der sie leben. Ein starkes Volk, dem der Hunger nichts anhaben kann.« (Jorge Amado)

In Brasilien heißt es, daß die vielen Feste in Bahia zum Arbeiten keine Zeit ließen. Tatsächlich finden von Anfang Dezember bis zum Beginn der Fastenzeit jede Woche in einem anderen Stadtteil Salvadors oder im Recôncavo die traditionellen Lavagens statt. Diese ›Reinigung der Kirchentreppen‹ (wörtlich übersetzt: Waschungen) sind tief im religiösen und profanen Alltag verwurzelt. Zu Ehren der wichtigsten Orixás, zum Beispiel Oxalás und Yemanjás, und der katholischen Schutzheiligen nehmen festlich gekleidete Würdenträgerinnen der Candomblé-Häuser (= Baianas) und Mitglieder der religiösen Karnevalsgruppen Afoxés (fast immer die Filhos de Gandhi) an den Prozessionen der Lavagens teil, deren Ziel die dem jeweiligen Heiligen gewidmete Kirche ist. In einem symbolischen Akt reinigen die Baianas mit einem großen Besen die Kirchentreppen, vergießen Duftwasser aus großen Krügen und verstreuen Blumen. Dieses ursprünglich nur wenige Stunden dauernde

Rosen, Spiegel und Parfüm
für die Meeresgöttin

Lavagem in Rio Vermelho

Es ist Anfang Februar, Hochsommer. Die Sonne knallt und es ist schwül. Die begüterten Frauen, die mit dem Taxi nach Rio Vermelho in Salvador gekommen sind, ziehen ihre importierten Sonnenbrillen auf, die ärmeren leihen sich von ihren Schwestern oder Cousinen die Sonnenmützen und fächeln sich mit Pappdeckeln Luft zu. Immer dichter wird das Gedränge in den Straßen zwischen den Bretterbuden. Lastwagen bringen im Schrittempo frisches Eis, das von Trägern in Säcken auf den nackten Schultern zu den Ständen gebracht wird. Durstige Besucher belagern die Buden und bestellen eisgekühlte Getränke. Die ganze Familie der Budenbesitzer wird eingespannt, um dem Andrang Herr zu werden: die Kinder öffnen die Flaschen und schütten das schäumende Bier in Plastikbecher, der Wirt schenkt Nelken- und Zimtschnaps aus, Mütter und Tanten stehen an riesigen Kochtöpfen und verteilen die Essensportionen.

Das Beeindruckende auch an diesem Fest ist die Musik mit ihren eingängigen, wilden oder sanften Rhythmen: eine Altherrengruppe zieht Samba spielend vorüber, aus einer Seitengasse dringen die schweren Töne der Baßtrommeln, aus bis zum Anschlag aufgedrehten Boxen in den Bretterbuden schallen Reggae und Volksmusik. Irgendwo ziehen die weiß gekleideten Filhos de Gandhi mit ihren hellklingenden Agogôs und kleinen Atabaques entlang und spielen ihren ruhigen Ijexá-Rhythmus. Immer wieder ertönen die Karneval-Hits aus kleinen Transistorradios, die die Hot dog-Verkäufer an ihre Sonnenschirme gebunden haben.

Fast nur Frauen stehen in der Schlange, die sich vom Schuppen neben der kleinen Kirche ein paar hundert Meter die Strandpromenade entlangzieht und dann irgendwo im Gedränge der Menschen verliert. Beinahe alle sind weiß angezogen und haben Blumen in der Hand. Die meisten tragen große Sträuße oder Gestecke. Dazu Körbchen mit Seife und Parfümschachteln, Shampoo oder Lippenstift, auch Kämme und Spiegel haben manche dabei, denn es gilt, die Gunst der eitlen und luxusliebenden Yemanjá, der Göttin des Meeres, zu gewinnen.

Die Frauen betreten nacheinander den Holzschuppen. Die ohnehin schwüle Luft wird durch den konzentrierten Geruch der unzähligen

Blumen, Seifen und Parfüms noch schwerer. Sie legen ihre Gaben, manchmal auch kleine Papierzettel mit Botschaften und Wünschen an Yemanjá in die bereitgestellten Körbe, bleiben kurz stehen, beten und werden von den Nachkommenden wieder nach draußen ins Sonnenlicht geschoben. Sobald die Körbe voll sind, werden sie zu den geschmückten Booten am Strand getragen.

 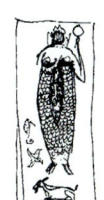    

Skizzen zum
Fries der Meeres-
göttin Yemanjá
von Carybé

Auf den Felsen stehen Gruppen von weißgekleideten Männern und Frauen, die der Meeresgöttin opfern und Kerzen anzünden. Im blumenübersäten Wasser tauchen Jungs nach Seifenstücken oder Shampoo-Flaschen und werfen sie ihren Freunden am Strand zu. Gegen fünf Uhr nachmittags hat sich der Himmel dunkelgrau zugezogen. In der Bucht dümpeln zahlreiche Schiffe, schwerbeladen mit Geschenkkörben und Passagieren. Auf den Terrassen der eleganten Villen versammeln sich Partygäste, um das Auslaufen der Schiffsprozession zu erleben. Ein Politiker, der Wählerstimmen gewinnen will, kreist mit dem Hubschrauber über der Menge und läßt Blütenblätter herabregnen. Als Böllerschüsse die Schiffsprozession einleiten, klatschen dicke Regentropfen aufs Meer. Eine Viertelstunde später ist die hinausfahrende Flotte vor der Bucht schon nicht mehr zu erkennen, so stark regnet es. Die Menschen drängen sich unter die schützenden Dächer, rücken näher zusammen, tanzen engumschlungen; in den Bretterbuden dampft es vor Feuchtigkeit. Einige Spaßvögel lupfen die Plastikplanen, so daß sich das gesammelte Regenwasser auf die darunter Stehenden ergießt. Auf den überfluteten Straßen hüpfen die Menschen von einer halbwegs trockenen Stelle zur anderen, und bei jedem Schritt rinnt Wasser aus ihren Schuhen.

Am nächsten Tag steht in der Zeitung, das Unwetter sei nach Meinung der Würdenträger von der eifersüchtigen Göttin Iansã verursacht worden. Denn 1992 sei ihr Jahr und sie habe bei den Feierlichkeiten für Yemanjá den Regenguß verursacht.

Ritual hat sich längst zu einem mehrtägigen Volksfest ausgeweitet. An Hunderten von Ständen (Barracas) wird Bier ausgeschenkt, geflirtet und getanzt.

Zu den Lavagens kommen noch eine große Zahl von Konzerten, Shows und anderen kulturellen Veranstaltungen während der brasilianischen Ferienzeit hinzu. Fünf Tage Karneval im Februar oder März bilden schließlich den Höhepunkt und läuten das Ende des Sommers ein.

Der Kampf-Tanz Capoeira

»Capoeira verbindet so Gegensätzliches wie Kampf und Tanz, Gewalt und Ästhetik, Spiel und tödlichen Ernst, Ritual und Spontanität, choreographische Strenge und Bewegungsimprovisation, Magie und Realitätssinn, Körperschulung und Lebensphilosophie.« (Piero Onori)

Über die Entstehung und Entwicklung der Capoeira ist bis heute wenig bekannt. Am weitesten verbreitet ist die Auffassung, daß die ersten afrikanischen Sklaven – Bantu, die vorwiegend aus dem südwestlichen Afrika stammen – die Capoeira in Brasilien entwickelten. Die Sklaven, die zur Arbeit auf den Zuckerrohrfeldern gezwungen wurden, funktionierten ihre Tänze und Musik zu einer Körpertechnik um, mit der sie sich ohne Waffen gegen die Gewalt auf den Plantagen wehren konnten.

Viele Bewegungen der Capoeira sind von Tieren abgeschaut: der Kopfstoß eines Stieres, der Huftritt eines Esels oder der Rückwärtssalto von Affen. Auch wie es zum Namen Capoeira kam, ist rätselhaft, denn der Begriff hat unterschiedliche Bedeutungen. In der Sprache der Tupi-Indianer und heute in Brasilien gebräuchlich, bezeichnet er ein Stück gerodeten Urwald mit halbhoher Bewachsung oder eine Vogelart, bei der das eifersüchtige Männchen oft böse Kämpfe mit seinen Rivalen austrägt. In Portugal versteht man unter Capoeira einen Hühnerstall. Aber keine afrikanische Sprache kennt diesen Begriff. Vielleicht wurde der Kampf-Tanz Capoeira genannt, weil die Sklaven im unzugänglichen Unterholz trainierten oder weil ihre Bewegungen dabei an den Streit zweier Vögel erinnern.

Auf den Plantagen war die Capoeira zunächst eine reine Kampftechnik. Die Musik kam erst später dazu – einmal zur Koordination der Bewegungen, vermutlich aber auch, um das Körpertraining als Tanz zu tarnen: Die weißen Herren sollten denken, daß ihre Sklaven afrikanische Riten tanzten, während sie sich in Wahrheit auf Kämpfe vorbereiteten.

Immer wieder flüchteten Sklaven vor dem unerträglichen Leben auf den Zuckerrohrplantagen in den Urwald. Die in der Capoeira geschulten Körper waren zunächst

Capoeira auf der Straße

die einzige Waffe bei der Verteidigung ihrer Fluchtburgen, den Quilombos (s. S. 22 ff.). An der Schwelle des 19. Jh. kam die Capoeira vom Land in die Städte. Die Kämpfer erlangten dort schnell den Ruf »unbesiegbarer Leichtfüße« und »Taugenichtse«. Die meisten Capoeirista waren auch aktive Anhänger des Candomblé, die in den Terreiros Unterschlupf fanden und sie verteidigten. Die Obrigkeit verfolgte die als unberechenbar geltenden Unruhestifter, weil sie fürchteten, die Capoeirista könnten die Sklaven zur Rebellion aufrufen.

»Um sich vor der Verfolgung durch die Polizei zu schützen – die auch der eigentliche Grund dafür war, daß die Capoeira zu einem Verbrechen absank, statt sich zu einem charakteristischen afrobrasilianischen sportlichen Spiel zu entwickeln –, bildeten die Capoeira, was nur allzu verständlich war, mit Messern und Rasiermessern bewaffnete Banden, die in unaufhörlichen Streifzügen die friedliche bürgerliche Bevölkerung dieser alten und rückständigen Hauptstadt in Schrecken und Panik versetzten«, schreibt der Soziologe Gilberto Freyre. In den Straßen von Rio de Janeiro lieferten sich diese Banden im 19. Jh. erbitterte Kämpfe.

»Ein Kampf für die Freiheit«

Die Capoeira von Mestre Morães

Wir kommen ein klein wenig zu spät und der Mann mit der Ledermütze und dem Notizbuch unterm Arm blickt mißbilligend auf seine Uhr: »Ihr seid drei Minuten zu spät.« Drei Minuten! In einer Stadt, in der man sich ohne Erklärung eine Stunde verspäten kann. Aber es scheint eine Frage des Prinzips.

Wir nehmen den Bus und fahren nach Massaranduba, in einen ärmlichen Stadtteil Salvadors, der in die Bucht hineinragt. Morães, der Mann mit der Ledermütze, wird von allen Seiten respektvoll begrüßt, als wir im Dunkeln über die staubigen Lehmstraßen gehen, auf denen zahlreiche Kinder spielen. »Ich bin hier aufgewachsen und ich liebe diesen Stadtteil« sagt er und es klingt wie eine politische Aussage. 50 m weiter fangen die Alagados an, die Pfahlbautensiedlungen der Ärmsten im stinkenden Wasser.

Hinter einer kleinen Cola-Bude führt er uns in einen Raum mit glattgescheuertem Zementboden, auf dem ein Dutzend Kinder in schwarze Hosen und gelbe T-Shirts gekleidet Kopfstand üben, sich gegenseitig Beine stellen, Räder schlagen oder auf allen Vieren auf dem Boden entlangkriechen. Nach einem Augenblick respektvoller Erstarrung stürzen sie sich auf Morães und umringen ihn schreiend. Er lacht kurz und sagt dann ernst: »Genug, macht weiter, ihr habt noch viel zu lernen.« An die Mauer gelehnt, erklärt er uns leise und eindringlich seine Auslegung der Capoeira. »Die beste Möglichkeit, unsere schwarze Kultur zu bewahren, ist diesen Kindern Capoeira beizubringen. Wenn sie gelernt haben Tritten in der Roda auszuweichen, dann können sie auf die Tritte des Systems reagieren.« Manchmal grinst er, aber nur mit dem Mund, die Augen bleiben ernst: »Ein Capoeirista darf seinen Blick

1823 wurde eine Anordnung erlassen, die jede Ansammlung von »Capoeira-Negern« unterbinden sollte. Wer als Schwarzer oder Mulatte mit einem verdächtigen Gegenstand angetroffen wurde, ohne erkennbaren Grund an Straßenecken stehenblieb oder Pfiffe und Signale gab, machte sich strafbar und wurde ausgepeitscht. Bezeichnenderweise waren es jedoch gerade Capoeirista, die bei aufkommenden Unruhen zum Schutz des Kaiserreichs eingesetzt

nicht auf die Roda beschränken, er muß seine Erfahrungen auf das Leben übertragen.«

Zwei Kinder haben sich Rücken an Rücken nach vorne gebeugt, stützen sich mit den Händen auf dem Boden ab und schauen sich konzentriert durch die Beine an. Einer tritt gegen den anderen aus. Dieser macht sich flach wie eine Eidechse, drückt sich dann ein paar Millimeter vom Boden weg, ohne jedoch mit seinem Körper den Boden zu berühren. Der Angreifer tritt ins Leere. Sein Gegner, die »Eidechse«, streckt im gleichen Augenblick ein Bein aus und hakt vorsichtig seinen Fuß hinter das Standbein des anderen. Ein schneller, kurzer Ruck und der Angreifer, der sein Bein noch in der Luft hält, würde hinfallen. Doch der Ruck wird nur angedeutet. Keiner fällt. Moräes verbessert und die anderen Kinder hören zu, bis sie an die Reihe kommen.

»Die Capoeira in Brasilien ist unpolitisch. Sie ist gemacht worden, um diese Capoeira hier zu neutralisieren, ins System einzugliedern. Was ihr in den anderen Akademien seht, das ist Sport«, erläutert Moräes. »Wir sehen Capoeira als Teil eines soziopolitischen Systems. Capoeira ist ein Kampf für die Freiheit, nur sind die Fesseln, von denen wir uns heute befreien, andere.« Eltern und ältere Geschwister sind gekommen und schauen zu. Die Kinder üben eine Brücke. Statt der Hände benutzen sie ihren Kopf als Stütze und beschreiben mit dem Körper einen Kreis. Das Blut fließt in die Köpfe und läßt die angestrengt ins Leere blickenden Augen anschwellen. Die meisten Kinder verlieren das Gleichgewicht und probieren es noch einmal. »Ich habe nur Schüler aus der unteren sozialen Schicht. Die reichen Leute kommen nicht in meinen Unterricht, denn ich behandele sie wie diese Kinder und verlange auch das gleiche. Das ist denen zu teuer.«

Als wir später mit dem Bus ins Zentrum der Stadt fahren, erzählt Moräes, daß er bei seinen Aufenthalten in New York (Harlem) den gleichen Unterricht macht wie hier in Massaranduba. »Die Kinder dort wissen, von was ich rede. Es sind die gleichen Wurzeln.«

wurden. Im Krieg gegen Paraguay 1864–1870 ging man sogar zur Zwangsrekrutierung dieser Kämpfer über, die für ihren Mut und ihre Stärke bekannt waren. Später wurde es zur üblichen politischen Praxis, Capoeirista zu engagieren, um die Wahlveranstaltungen mißliebiger Konkurrenten zu stören.

Noch in den 20er Jahren dieses Jahrhunderts gingen in Bahia Polizeischwadrone mit äußerster Härte gegen Capoeirista und Candomblés vor. Erst 1937 wurde das Ver-

Musiker spielen zur Capoeira

bot der Capoeira aufgehoben. Doch bis Mitte der 70er Jahre blieb dieser Kampf-Tanz mehr geduldet als erlaubt. Mit Capoeira wird bis heute noch vielfach Armut, Kriminalität und eine schwarze Hautfarbe assoziiert.

Bei der Capoeira bilden Zuschauer und Teilnehmer einen Kreis *(Roda)*, in dessen Mitte sich jeweils zwei Spieler mit angedeuteten oder ausgeführten Tritten, Schlägen, Drehungen und Sprüngen zu übertreffen suchen. Das Spiel wird von Instrumenten begleitet: eine mit einem Ziegenfell bespannte Trommel *(Atabaque)*, drei unterschiedlich gestimmte Musikbogen mit einer Kalebasse als Klangkörper *(Berim-*

bau), ein Schellentamburin *(Pandeiro)*, zwei zusammengeschweißte Metallkörper, die mit einem Stock geschlagen werden *(Agogô)* und ein gezackter Kürbis, über den mit einem Stab gestrichen wird *(Reco-Reco)*.

Der Klang des Berimbaus ist für die Capoeira, wie das Klopfen des Herzens für den Menschen. Das Berimbau kommandiert die *Roda*, bestimmt das Spiel der Tänzer, das Tempo, die Aggressivität. Sobald das Berimbau verstummt, ist der Kampf beendet. Jeder der rund ein Dutzend Grundrhythmen *(Toques)*, die die Capoeirista auf dem Berimbau schlagen, hat eine eigene Bedeutung.

Eingeweihte können die verschlüsselten Botschaften des Berimbau verstehen: Sie wissen, daß beim Klang von »Iúna«, der auch zu Ehren eines Verstorbenen Capoeirista angestimmt wird, das Spiel nur den Lehrern oder Meistern vorbehalten ist. »Angola« und »São Bento« geben langsame oder schnelle Rhythmen vor. Bei »Apanha laranjo no châo tico-tico« versuchen die Kontrahenten aus dem Handstand oder einer ähnlichen Bewegung, mit dem Mund einen Geldschein vom Boden aufzunehmen. Mit »Cavalaría« warnten die Spieler früher vor dem Herannahen berittener Polizei, um ihr verbotenes Treiben schnell als Tanz oder Musikveranstaltung zu tarnen. Heute, so heißt es, verständigen sich damit Straßen-Capoeirista untereinander, wenn Touristen näherkommen, denen man das Geld aus der Tasche ziehen kann. Die Spannung steigt, wenn das Berimbau »Santa María« spielt. Dann klemmen die Capoeirista aufgeklappte Rasiermesser zwischen die Zehen und führen bei ihren schnellen Tritten die Klingen nur ein paar Zentimeter am Kopf ihres Gegners vorbei.

Fast jede Roda beginnt mit einer »Ladainha«. In diesem von einem Solisten vorgetragenen Lobgesang werden die afrikanischen Götter und der katholische Gott gepriesen, Legenden erzählt oder es wird alter Capoeira-Meister gedacht. Dabei hocken die jeweiligen Spieler unterhalb des Berimbaus – es ist ein Moment der Sammlung, der Konzentration und Fürbitte. Oft bekreuzigen sich die Kontrahenten oder segnen den Boden der Roda,

bevor sie das Spiel beginnen. Dies kann ebenso Ausdruck eines praktizierten Katholizismus sein wie die Anrufung eines Orixá oder ein sportliches Ritual.

Während der Roda stimmen die Teilnehmer Lieder an und zwar in Form eines Wechselgesangs zwischen einem Vorsänger und den Umstehenden im Kreis. Nicht nur das Berimbau ist Kommunikationsmittel, auch durch den Gesang werden Botschaften vermittelt und Gegner herausgefordert.

Heute gibt es in Brasilien viele Formen und Facetten der Capoeira. Sie ist Musik, Gesang, Tanz, Kampf ebenso wie Show, Kunst, Folklore, Lebensphilosophie oder Sport. Der Stil einer Gruppe wird vom jeweiligen Meister geprägt. In dem weiten Spektrum lassen sich zwei grundlegende Richtungen unterscheiden: die traditionelle *Capoeira de Angola*, die es fast nur noch in Bahia gibt, und die moderne *Capoeira Regional*, die in Brasilien und inzwischen auch im Ausland verbreitet ist. Mestre Bimba, mit bürgerlichen Namen Manoel dos Reis Machado, ist der Begründer der modernen Capoeira Regional. Um die traditionelle Capoeira effektiver und kämpferischer zu gestalten, integrierte er Elemente aus asiatischen Kampfsportarten. Er systematisierte den Unterricht durch Trainingssequenzen und eröffnete 1927 als erster Capoeira-Meister eine Akademie. Mestre Bimba wurde dann auch eingeladen, seine Kunst vor dem Gouverneur Bahias

Capoeira, Zeichnung von Carybé

1974 – wie fast alle Capoeira-Meister – in völliger Armut. Durch seine Arbeit wurde aber der Grundstein für Capoeira als Sport und Folklore gelegt, so daß sie heute Teil der brasilianischen Kultur geworden ist.

Mit zunehmendem Selbstbewußtsein der Afrobrasilianer seit Mitte der 70er Jahre hat auch die Capoeira an Bedeutung gewonnen. Die zu diesem Zeitpunkt fast vergessene Variante der *Capoeira de Angola*, bei der die traditionellen Wurzeln und Zeremonien des Kampfes betont werden, ist seither wieder aufgelebt. Die Angoleiros verehren den 1981 verstorbenen Mestre Pastinha, der seine Schüler in einer Akademie am Pelourinho unterrichtete.

Die Bewegungen der Capoeira de Angola werden tiefer am Boden ausgeführt, sind langsamer und auf den ersten Blick unspektakulärer als bei der eher artistischen Capoeira Regional. *Malícia* und *Mandinga*, nur schlecht zu übersetzen mit List und Zauberei, heißen die Schlüsselbegriffe für das, was in der Roda bei einem Angola-Spiel passiert. Die Angoleiros tragen dunkle Hosen oder Straßenkleidung – wie früher die Capoeirista, die mit Anzug, Krawatte und Hut, den sie auch bei den gewagtesten Sprüngen nicht verloren, ihre Künste auf der Straße vorführten.

und dem populistischen Präsidenten Vargas aufzuführen, der die Capoeira 1937 schließlich legalisierte. In seiner Akademie lernten erstmals auch Angehörige der Mittel- und Oberschicht den Kampf-Tanz. Später unterrichtete er sogar Militär und Polizei.

Noch heute tragen die Spieler der Capoeira Regional weiße, eng anliegende Hosen mit weitem Schlag, wie sie früher von den Hafenarbeitern getragen wurden, und eine Kordel, die den Grad des Könnens zeigt. Mestre Bimba starb

Musik

In Bahia hat Musik eine besondere Bedeutung – bei religiösen Zeremonien, bei Festen, im Karneval oder am Feierabend. Auch gehen und gingen von hier immer wieder wichtige Impulse für die Música Popular Brasileira, kurz MPB genannt, aus. In den 60er Jahren waren es die Tropicalisten, zu denen neben anderen zwei der bekanntesten brasilianischen Musiker, Sänger und Komponisten gehörten: Gilberto Gil und Caetano Veloso. Seit den 80er Jahren sind es die Musiker und Komponisten der Blocos Afros und Reggae-Gruppen, die mit ständig neuen Kreationen die brasilianische und internationale Musikszene begeistern. Vor allem die Gruppe Olodum, mit denen die Welle der im Südosten als »Axé-Music« bezeichneten Richtung begann, bringt inzwischen jedes Jahr eine Platte heraus.

In Bahia ist ein eigener Markt mit Aufnahme- und Mischstudios entstanden, die unabhängig von der nationalen Pop-Industrie produziert: Dennoch wurden 1992 allein in den zehn Studios von Salvador 150 Platten aufgenommen und zusammen rund 5 Mio. mal im Bundesstaat verkauft.

Der absurde Mechanismus, daß brasilianische Musik und Interpreten erst, nachdem sie im Ausland bekannt geworden sind, bei Plattenfirmen und Publikum im tonangebenden Südosten Brasiliens Erfolg haben, trifft vor allem auf die bahianische Musik zu: Neben Olodum, die erst nach Plattenaufnahmen mit internationalen Stars in Rio und São Paulo populär wurden, können auch Sängerinnen wie Margareth Menezes oder die Perkussionisten Carlinhos Brown und Gerônimo ein Lied davon singen. Ähnliches geschah 1988 mit einem eingängigen Rhythmus und dem dazugehörigen Tanz aus dem Süden Bahias: der Lambada. Erst als ganz Europa darauf tanzte, brach mit dem Hit der Gruppe Kaoma auch in Brasilien das Lambada-Fieber aus und in den Großstädten wurden viele der riesigen Dancetérias (Tanzschuppen) in Lambatérias umbenannt.

Die afrikanischen Wurzeln

Der reiche Fundus an Rhythmen, die die Sklaven aus den verschiedenen Regionen Afrikas mitbrachten, ist bis heute das Reservoir aus dem die zahlreichen afrobrasilianischen Stile entstanden sind und der immer wieder neu die Musik Bahias inspiriert. Die Rolle der Musik im Candomblé ist sehr verschieden zur abendländischen Tradition. Bei den afrikanischen Religionen sind die Trommelrhythmen die Grundlage der Zeremonie – und nicht

Mitglieder der Karnevalsgruppe Ilê Aiyê

wie die Musik in der christlichen Kirche schmückendes oder preisendes Beiwerk. Ohne den Trommelruf würden die Götter gar nicht am Fest teilnehmen. Es heißt »die Musiker kitzeln die Götter«. Für jeden Orixá gibt es einen eigenen Rhythmus, der Tempo und Akzentuierung vorgibt, nach dem sich die in Trance tanzenden Heiligentöchter richten. Dazu singen in afrikanischen Sprachen abwechselnd verschiedene Würdenträger und die Gemeinde im Chor.

Bei den Kulthandlungen spielen die Trommler eines Terreiros auf drei verschieden großen *Atabaques*, den konischen mit Ziegenfell bespannten Baßtrommeln, und auf einem *Agogô*, einer Doppelglocke zur Markierung. *Rum, Rumpi* oder *Contra-Rum* und *Lé* heißen die Atabaques in abnehmender Größe. Der *Alabê*, der Trommler am größten Atabaque, bestimmt den Rhythmus. Bei den aus Westafrika stammenden Keto-Candomblés benutzen die Trommler häufig dünne Gerten; bei den Zeremonien des Candomblés de Angola trommeln sie hingegen nur mit den Händen. Die Atabaques werden mit großer Vorsicht und Respekt behandelt. Man sollte sie zum Beispiel nicht hinlegen und darauf achten, daß sie nicht umfallen. Für die Feiern werden sie mit Schleifen geschmückt.

Der Einfluß des Candomblé auf die profane Musik Bahias ist unterschiedlich stark. Den direktesten Zusammenhang kann man bei den Karnevalsgruppen der Afoxés ausmachen: Sie spielen auf *Atabaques*, auf *Agogôs* und *Ganzás* (mit Muscheln behängte Kalebassen) in Candomblé-Rhythmen – meist ist es »Ijexá« – und singen dazu in afrikanischen Sprachen.

Mitte des letzten Jahrhunderts entwickelten Sklaven im Recôncavo
ebenfalls auf der Basis der Candomblé-Rhythmen eine Tanz-Cho-
reografie *(= Maculelê)*, bei der sie
Holzstäbe oder Buschmesser im
Takt gegeneinanderschlagen.

Auch der *Samba* hat seinen Ur-
sprung in den unerschöpflichen
Rhythmen des Candomblé. Zunächst war der Tanz nur bei den
bahianischen Sklaven auf dem
Land verbreitet, bis diese Anfang
dieses Jahrhunderts zunehmend
Zuflucht in den städtischen Zentren des Südostens suchten und bei
den großen geheimen Festen den
Samba populär machten. Im Hin-
terraum wurden verbotene religiöse Candomblé-Zeremonien abgehalten und im Vorraum der damals
noch verpönte Samba getanzt.

Heute gibt es in Brasilien zahlreiche verschiedene Samba-Stile. Seinen afrikanisch-religiösen Wurzeln treu geblieben ist der *Samba de Roda*, der in einigen Städtchen des Recôncavo eine lange Tradition hat. Wie bei der Capoeira bilden die Mitwirkenden einen Kreis um eine Person, die andere zum Tanz herausfordert. Musikalisch begleitet wird der Samba von Trommeln und Tamburin *(Pandeiro)*, speziellen kleineren Gitarren oder dem *Cavaquinho* (der brasilianischen Ukulele), oft auch nur von Händeklatschen, Gläserklirren oder einem Blechteller *(Prato e Faca)*, über dessen Rückseite mit einem Messer gestrichen wird.

Starken Einfluß haben die Candomblé-Rhythmen in neuester Zeit wieder auf die Musik der Blocos Afros in Bahia. Für Neguinho do Samba, den Mestre de Música von Olodum, ist Candomblé die Quelle seiner Inspiration. Wie er, haben die meisten der populären Perkussionisten in Bahia ihre »Grundausbildung« in den Terreiros erhalten.

Impulse aus Bahia

Der Bahianer Dorival Caymmi kam Ende der 30er Jahre nach Rio. Carmen Miranda, die später durch Hollywood-Filme weltberühmt wurde, hatte ihn in die Musikhauptstadt geholt. Für sie komponierte er den berühmten Samba: »O que é que a Baiana tem« – frei übersetzt: »Das gewisse Etwas der Bahianerin«.

Doch Rio war nur der Ausgangspunkt seiner Karriere. Dank des neuen Mediums Radio verbreiteten sich seine Lieder in kürzester Zeit in ganz Brasilien. Caymmi machte die bis dato diskriminierte afrobrasilianische Kultur Bahias im Südosten Brasiliens populär und gesellschaftsfähig.

In den 50er Jahren war es dann João Gilberto, ein Bahianer aus Juazeiro, der mit seinem zurückhaltenden Gesang und der sparsamen Gitarrenbegleitung den brasilianischen Musikstil entscheidend prägte. Die Bossa Nova kam vor allem in Rio in Mode. Sie war eine städtische Musik, die Musik der Jugendlichen, der Studenten und Intellektuellen. Von der bahianischen Herkunft Gilbertos ist allerdings kaum noch etwas in seinen Liedern zu hören. Anders der Bossa-Gitarrist Baden Powell aus Rio, der sich bei seinen Afro-Sambas stärker an der afrikanischen Tradition Brasiliens orientierte: In seiner Komposition mit dem Titel »Berimbau« etwa spielte er die Gitarre wie den gleichnamigen afrikanischen Musikbogen. Viele seiner Stücke unterlegte er mit Candomblé-Rhythmen – was in der »weißen« Bossa Nova-Musik eine exotische Ausnahme blieb.

Zehn Jahre später, Mitte der 60er Jahre, waren es wieder Bahianer, die der brasilianischen Popmusik neue Impulse gaben. Caetano Veloso und Gilberto Gil, Maria Bethânia und Gal Costa hatten zunächst vor allem in São Paulo Erfolg. Die

Früh übt sich ...

Baianos, wie sie genannt wurden, waren experimentierfreudig (auch in Brasilien gab es trotz Militärdiktatur Hippies und Studentenproteste), hatten die Beatles ebenso wie den Sertão-Musiker Luís Gonzaga zum Vorbild, aber eben auch die bahianische Tradition: Sie mischten Rock- mit Capoeira- oder Salsa-Rhythmen, sangen mal wie João Gilberto, mal wie ein Priester im Candomblé, mal wie Moritatensänger aus dem Landesinneren. Sie ließen sich vom Pandeiro genauso wie von Synthezisern begleiten, sangen in Spanisch, Portugiesisch oder Englisch.

Die schikanöse staatliche Zensur umgingen sie durch mehrdeutige Textpassagen. Die Baianos wollten keinen Stil kreieren, sondern offen für alles sein. Ihre Musik wurde bald – nach einem Lied von Caetano – als **Tropicalismo** bezeichnet. Heute sind viele der Tropicalisten anerkannte Stars, die auch ihre politische Überzeugung offen kundtun und aufgrund ihrer Berühmtheit nicht nur in musikalischer Hinsicht Gehör finden. Vor allem Gilberto Gil gilt vielen als Vorbild in der brasilianischen und bahianischen Musik. Er war es auch, der auf der ersten Platte des damals noch wenig bekannten Bloco Afro Ilê Aiyê mitsang und sich für das Quinteto Violado aus Pernambuco einsetzte.

Axé-Music

Ende der 60er Jahre wurden Gilberto Gil und Caetano Veloso von den Militärs verhaftet. Anfang der

Klang, Bewegung, Farbe

Der Musiker Carlinhos Brown und die Timbalada

Ihre Trommeln sind bunt bemalt. Auf rotem, gelbem, blau oder orangefarbenem Grund leuchten Bananen, Melonen, Kokosnuß und Ananas. Keine schweren Atabaques sind es, sondern leichte *Timbales*, konische, etwa 1 m hohe Leichtholztrommeln mit einem Plastikfell, die mit den Händen gespielt werden. Außerdem kleine und große Trommeln und alle möglichen Ausführungen von Rasseln und Glocken *(Caixas, Repiques, Surdos, Agogôs, Reco-Recos)*. Auch ihre Körper sind weiß bemalt: mit seltsamen Mustern, Linien, Kreisen und Punkten. Die weiteren Accessoires: dunkle, poppige Sonnenbrillen, Bermudas und Turnschuhe.

Die 80 *Timbaleiros*, wie die jungen Musiker (fast alle zwischen 15 und 25) genannt werden, ziehen die Blicke auf sich. Und wenn sie zu trommeln anfangen, geht das Spektakel erst richtig los: Oberkörper biegen sich im Takt der Musik, Arme werden wie bei der Capoeira im Bogen nach vorn geschleudert, die großen Baßtrommeln auf ein unsichtbares Kommando über die Köpfe in die Luft geworfen und wieder aufgefangen, dann gehen die Spieler – die Timbales auf dem Fuß balancierend – im Kreis, ohne das Trommeln auch nur einen Moment zu unterbrechen. Konzentriert dirigiert ein Mann die Jungs, als habe er ein Symphonieorchester vor sich, spielt mal Timbale, mal am Syntheziser, mal auf den Bongos oder singt, rapt und tanzt, daß die Rasta-Locken durch die Luft fliegen. »Das Lächeln der anderen ist meine Droge«, sagt Carlinhos Brown, der Komponist, Sänger, Perkussionist und Gründer der Timbalada.

Wild mischen sich die Rhythmen: Samba, Rap, Candomblé, Merengue, Reggae, Salsa, Fricote – Musik, wie ein tropischer Cocktail, die immer neue Assoziationen weckt. Darüber improvisieren laut-metallisch eine Posaune und ein Alt-Saxophon. Ein kauziger, alter Mann klettert über eine Leiter zu einem Podest, um auf dem ungefähr 3 m hohen, riesigen Atabaque zu trommeln, dem er tiefe, aufwühlende Töne entlockt. Dazu singt er mal schräg wie ein Candomblé-Priester, mal rauh wie ein alter Blues-Sänger. Die Musik der Timbalada ist Klang, Bewegung, Farbe.

Trommlertrio
Zeichnung des Künstlers
Carybé

Jeden Sonntag nachmittag probt die Timbalada auf einem staubigen Stück Straße inmitten einer einfachen Wohngegend im Tal von Candeal Pequeno de Brotas. Hier ist Carlinhos aufgewachsen und hat für seine Familie inzwischen ein größeres Haus gebaut. Sonntags drängen sich in diesem schmalen Tal die Zuschauer, die wild und rhythmisch tanzen. »Meine Musik soll Spaß machen, das Beste von Brasilien zeigen«, sagt Carlinhos Brown. »Im Ausland denken die Leute immer, wir in Brasilien würden nichts anderes tun, als Kinder ermorden und den Urwald abholzen.«

Brown, der sich seinen Namen vom amerikanischen Vorbild James geliehen hat, ist einer der begabtesten und kreativsten Musiker in Bahia. Über 150 seiner Kompositionen wurden bisher von brasilianischen Sängern von Gilberto Gil bis Margareth Menezes interpretiert. Das erfolgreichste Stück »Meia lua inteira« (zu deutsch »Der ganze Halbmond«), 1989 von Caetano Veloso gesungen, wurde als Titelmusik der Seifenoper »Tietã« ausgewählt. Brown, der auch als Perkussionist einen ausgezeichneten Ruf genießt, hat nicht nur mit den besten brasilianischen Musikern gespielt, sondern auch mit internationalen Stars wie Herbie Hancock und Wayne Shorter in den USA. Inzwischen gibt es auch eine Platte mit der Musik von Timbalada.

Brown ist voller Träume und Ideen. Eine Musikschule will er eröffnen für die Jungs aus dem Viertel. Eine Gruppe nur für Frauen und Mädchen mit Gesang und Trommeln, damit sie sich ihren Platz in der Perkussion zurückerobern. Und Musik für und mit Kindern möchte er machen. Geld bedeute ihm nichts. Der Erfolg mache ihn schüchtern und Reden sei nicht seine Stärke, nur einen Satz möchte er noch loswerden: »Der Ausdruck World-Music [ähnlich wie der Begriff ›Ethno-Pop‹] klingt wie eine zahnlose, wabbelige Sache, wie eine Sache der Armen. Das hat mit unserer Musik nichts zu tun.«

70er Jahre waren sie gezwungen, ins Exil nach Europa zu gehen. Bei ihren Aufenthalten in Europa lernten sie auch den Reggae kennen. Nach Brasilien zurückgekehrt begannen dann beide die jamaikanische Musik in Brasilien populär zu machen.

Heute ist Bahia neben São Luís im Bundesstaat Maranhão das **Reggae-Zentrum** des Landes: Nach einem Konzert des Jamaikaners Jimmy Cliff zusammen mit Gil Anfang der 80er Jahre in Bahia, begannen zahlreiche Gruppen in Salvador Reggae zu spielen. Inzwischen verbringt der Reggae-Man Jimmy Cliff jedes Jahr mehrere Monate in Bahia. Er lud bahianische Musiker zu seinen Plattenaufnahmen ein und sang im Karneval 1993 sogar auf einem Trio.

Bob Marley ist bis heute musikalisches Vorbild vieler bahianischer Musiker, auch seine langen Rasta-Locken und die Farben Schwarz, Rot, Gelb und Grün setzten sich als Mode durch. Seine bahianischen Kollegen – Edson Gomes mit seinen ruhigen Rhythmen und teilweise sozialkritischen Texten und der stimmgewaltige Lazzo – sind heute in ganz Brasilien bekannte Reggae-Musiker.

Samba-Reggae – Blocos Afros

1975 nahm mit Ilê Aiyê zum ersten Mal eine Gruppe der Blocos Afros am Karneval teil (s. S. 105), die ihre eigenen kulturellen Werte hochhielten und in neuen Texten und Musikstilen zum Ausdruck brachten. Die Gründer von Ilê wollten weg von der standardisierten Samba-Karnevalsmusik, die in Salvador genau wie in Rio gespielt wurde. Ilê »afrikanisierte« den Samba: Sie ersetzten die Tamburins, Pandeiros, Quicas und Reco-Recos durch einfache Trommeln und Agogôs.

Jede der später gegründeten Blocos Afros entwickelte ihren eigenen musikalischen Stil. Gari Jamaica und Jorge Gangazumba von Muzenza, die wie Ilê Aiyê aus dem Viertel Liberdade in Salvador kommen, mischten als erste den Samba-Reggae-Rhythmus zusammen. Die 1980 gegründete Gruppe Ara Ketu stammt aus Períperí, einem Industriegebiet in der Allerheiligenbucht. Zu Beginn war dieser Bloco musikalisch stark am Candomblé ausgerichtet. Seit ein paar Jahren spielen sie eine andere Musik: Die Trommler wurden reduziert und durch Gitarre, Baß und Bläser erweitert. »Afrikanische Musik besteht nicht nur aus Trommeln. Wir orientieren uns an der aktuellen Musikszene in Afrika«, erklärt die Direktorin Vera Lacerda diese Veränderung in Richtung afrikanischer Popmusik. Malê Debalê aus Itapoãn – Ende der 70er Jahre nach Ilê Aiyê der größte Bloco – ist heute nach internen Streitigkeiten jedoch geschrumpft und musikalisch wenig ausdrucksstark.

Die Gruppe Olodum bei der Probe

Die Gruppe Olodum aus dem Maciel (Pelourinho-Viertel) ist nicht nur politisch (s. S. 130), sondern auch musikalisch der dynamischste Bloco Afro in Bahia. Mestre Neguinho do Samba, schafft »mit Hilfe der Orixás« unermüdlich aufregende Kombinationen: Candomblé-Rhythmen vermischen sich mit Reggae, Samba, Salsa und Merengue – immer ist die Musik rauh, aufwühlend, rebellisch. Seitdem der Amerikaner Paul Simon mit Olodum den Hit »Rhythm of the Saints« landen konnte, ist die Gruppe auch im Südosten Brasiliens und im Ausland populär geworden. Inzwischen haben auch die amerikanischen Jazzmusiker Wayne Shorter und Herbie Hancock sowie der Jamaikaner Jimmy Cliff mit den Trommlern von Olodum Platten aufgenommen. Der Erfolg dieses Bloco Afro hat dazu geführt, daß heute in Bahia immer mehr Gruppen, die vor kurzem noch Samba gespielt haben, zu Samba-Reggae übergehen. Überall in Bahia entstehen Blocos, die für die schwarzen Jugendlichen ähnlich attraktiv geworden sind, wie sonst nur Fußball oder Capoeira.

Pop Tropical

Die Bands der Trios Eléctricos, eine Art Karnevals-Popgruppe, lassen sich musikalisch nicht festlegen. Das Repertoire der ersten Musiker, Dodô und Osmar, bestand Anfang der 50er Jahre vor allem aus schnellen Frevos. Die Musik und der dazugehörige Tanz stammen aus dem Nachbarbundesstaat Pernambuco. Später mischten sie diese mit den schnellen Choros aus Rio, einer Musikrichtung mit Anklängen an den Ragtime, der um die Jahrhundertwende in den USA populär war. In den 70er Jahren integrierte dann die Gruppe Novos Baianos Rockklänge im Stil von Jimi Hendrix und Pink Floyd mit rückkoppelnden Gitarren und Synthesizern in die musikalische Melange. Auch vom Reggae waren die Trio-Gruppen zeitweise stark beeinflußt. Seit Mitte der 80er Jahre

feiern die Bandas de Trio mit den Popvariationen von Liedern der Blocos Afros große Erfolge. Die Gruppe Banda Mel wurde 1987 mit dem Olodum-Song »Faraó« schlagartig in ganz Brasilien bekannt. Und Daniela Mercury, »die weiße Muse der Axé-Music«, wie sie von den Medien gern tituliert wird, begann ihre Karriere mit einer Interpretation von Stücken der Ilê Aiyê. Daniela Mercury aus Bahia ist 1992 (vor allem im Südosten Brasiliens) zum Mega-Star avanciert. Von ihrer zweiten LP wurden zwischen Oktober und Dezember 1992 bereits 700 000 Platten verkauft.

Jedes Jahr entstehen in Bahia neue Musik- und Tanzstile, die sich teilweise nur eine Karnevalssaison halten, teilweise aber auch stilprägend werden. »Fricote« nannte Luiz Caldas die Musikmischung, mit der er Ende der 80er Jahre in Brasilien bekannt wurde. Einfallsreichtum und die Integration neuer Trends kennzeichnen auch die Kompositionen des bahianischen Musikers Gerônimo, der jedoch seit Jahren keinen größeren Hit auf dem brasilianischen Markt landen konnte. Anders die Gruppe Chiclete com Banana, die mit mehr als zehn LP's und einer bunten Mischung aus tropischer Popmusik die erfolgreichste bahianische Trio-Band ist.

Literatur und Malerei

Die Literatur Brasiliens war – wie die Malerei – über Jahrhunderte stark an Europa orientiert. Von dort kamen die Sprache, die Lehrer, die Bücher und die Schriftsteller. Bis Mitte des vergangenen Jahrhunderts wurde die Dichtkunst ausschließlich in Klöstern oder den Salons der Oberschicht gepflegt.

Zu Beginn der Kolonialisierung hatten die Jesuiten das Bildungsmonopol inne. Und natürlich gehörten auch die ersten bekannt(er)en Autoren aus Bahia dem Jesuitenorden an. Die Gedichte, Predigten und Lehrspiele von Padre José Anchieta (1534–1597) standen noch ganz im Dienste der Missionierung. Sein Ordensbruder, Padre Antônio Viera (1608–1697), der mit seinem ausgefeilten barocken Stil in Brasilien und Portugal gleichermaßen Beachtung fand, setzte sich hingegen kritisch mit den Fragen seiner Zeit auseinander. Er stritt für die Rechte der Indianer und verdammte die Inquisition.

Aufmüpfiger und provozierender war allerdings sein Zeitgenosse Gregório de Matos e Guerra (1636–1695), auch Höllenmaul – Boca de Inferno – genannt. Er hatte in Portugal die strenge Erziehung der Jesuiten genossen und war im Alter von 32 Jahren im Auftrag der Kirche nach Bahia entsandt worden. Dort wurde er bald aufgrund seiner »respektlosen« Texte über die Institution Kirche, die er als scheinheilig und korrupt beschreibt, exkommuniziert, wäre später beinahe der Inquisition zum Opfer gefallen und wurde mit 58 Jahren auf Lebenszeit aus Bahia verbannt. Er verbrachte ein Jahr in Angola im Exil und kam dann nach Brasilien zurück, diesmal nach Recife, wo er an einem afrikanischen Fieber starb.

Mit seinem vulgär pornographischen und wütenden Stil hatte er sich von der gepflegten Ausdrucksweise seiner Zeit entfernt, was die Wellen der Empörung hochschlagen ließ. Fast 400 Jahre später beschäftigte sich Ana Miranda, Schriftstellerin und Autorin, mit Leben und Werk des skandalösen Padre. »Höllenmaul« betitelte sie ihr Werk (1992 in deutscher Sprache erschienen), in dem sie ein Panorama des ausgehenden 17. Jh. entwirft, über Intrigen berichtet und die Machtkämpfe zwischen Kirche und Hof aufdeckt.

Bahia – wirtschaftlich, politisch und gesellschaftlich in die Bedeutungslosigkeit versunken, hatte dann auch auf literarischem Gebiet über eineinhalb Jahrhunderte wenig zu bieten. Europäische Dichter blieben selbst nach der Unabhängigkeit Brasiliens im Jahr 1822 die literarischen Vorbilder. Und so begannen einige brasilianische Autoren von der Romantik beeinflußt, die indianische Urbevölkerung zum Thema ihrer literarischen Projektion zu machen.

In dieser Zeit gelangte der junge und engagierte Dichter Castro Alves aus Bahia (1847–1871), der für die Abschaffung der Sklaverei kämpfte, mit dem Gedicht »Návio Negreiro« (»Sklavenschiff«) zu Berühmtheit. Seine Verse erfreuten sich größter Popularität und gingen, z. B. als vertonte Modinhas (= romantische, von einer Gitarre begleitete Liebeslieder, die vor dem Fenster der Angebeteten vorgetragen wurden), allmählich ins Volksgut über.

Um die Jahrhundertwende begannen die brasilianischen Schriftsteller, ihr Land realistischer zu beschreiben. Doch erst Mitte des 20. Jh. gelang Autoren wie z. B. Jorge Amado (s. S. 206 f.), die den harten Kampf der Landarbeiter ums Überleben und das menschliche Elend auf den Zucker- und Kakaoplantagen in all seiner Unbarmherzigkeit aufzeigten, auch überregional der Durchbruch.

In der aktuellen Literaturszene sind die Bahianer stark vertreten: Antônio Torres (*1940) z. B. beschreibt in »Essa Terra« (»Diese Erde«) den traurigen Lebensweg eines Mannes, der in der Hoffnung auf Arbeit aus seinem Dörfchen im bahianischen Sertão nach São Paulo auswandert und nach 20 Jahren arm, getreten und erfolglos zurückkehrt.

Zur gleichen Schriftsteller-Generation gehört João Ubaldo Ribeiro (*1941), neben Jorge Amado der derzeit bekannteste bahianische Autor. Der Politologe und Journalist hat mit seinem »Viva o Povo Brasileiro« (deutscher Titel: »Brasilien, Brasilien«) ein gewaltiges Epos geschaffen, in dem er die brasilianische Geschichte über Jahrhunderte neu schreibt. Vor allem thematisiert er die Rassen- und Klassenkämpfe in unzähligen Facetten und stellt die Auswirkungen auf das heutige Brasilien dar.

Doch der Erfolg dieser bahianischen Autoren darf nicht darüber hinwegtäuschen, daß es bis heute kaum Publikationen von schwarzen Schriftstellern gibt. Lokale Mäzenaten wie Baufirmen oder Supermarktketten treten lieber als Sponsoren für Musikgruppen auf, mit denen sie automatisch auch im Fernsehen erscheinen. In Salvador gibt es nur wenige Verlage, und selbst die Koryphäen wie Jorge Amado und Ubaldo Ribeira werden in Rio oder São Paulo verlegt.

Die kreative Herrenrunde

Bahia war bis in die 30er und 40er Jahre dieses Jahrhunderts für die tonangebenden Musiker, Literaten, Maler und Architekten aus Rio und São Paulo eine Provinz im Nordosten, die sie kaum kannten. Viele Künstler aus dem Nordosten emi-

Carybé und Pierre Verger im Gespräch

grierten in den Süden. Nur dort konnten sie von ihrer Kunst leben. Nur dort hatten sie eine Chance bekannt zu werden.

1922 fand in São Paulo die erste Ausstellung zur Modernen Kunst statt (Semana de Arte Moderna), die eine Neuorientierung einleitete: Brasilianische Künstler, für die bis dahin die Entwicklungen in Europa bestimmend waren, begannen, das europäische Vorbild zu hinterfragen und sich auf ihre brasilianische Identität zu besinnen. Zentren der neuen Kunst des Modernismo waren Rio und São Paulo – und nicht mehr Paris.

In den 30er Jahren formierte sich auch in Bahia ein Kreis junger Künstler, die Themen und Ausdrucksformen ihrer Region aufgriffen und ihre Inspiration im eigenen Land suchten. Und die »Regionalisten«, wie sie genannt wurden, hatten Erfolg – auf nationaler, ja teilweise sogar auf internationaler Ebene: Neben dem Maler, Zeichner und Reliefkünstler Carybé, dem Bildhauer Mário Cravo Junior, den Malern Carlos Bastos, Jenner Augusto und Rubem Valentim, dem Schöpfer von Wandteppichen Genaro de Carvalho gehörten auch der Schriftsteller Jorge Amado (s. S. 206 f.), der Sänger Dorival Caymmi, der französische Fotograf und Ethnologe Pierre Verger (s. S. 144 f.) und später der deutsche Schnitzer Karl-Heinz Hansen (s. S. 192) diesem Zirkel an. Gemeinsam ist dieser Gruppe, daß sie erstmalig die afrikanische Kultur

»Ich bin Lateinamerikaner«

Der Maler Carybé

Die Feste in den Candomblés, Prostituierte am Pelourinho-Platz, tanzende Paare, Wäscherinnen, Fischer, die ihre Ware auf dem Markt verkaufen – die Magie des Ortes und das afrikanische Erbe sind es, die den Maler Carybé faszinieren: »Es gibt so viel zu malen, warum soll ich da abstrakt werden?« Immer steht der Mensch im Mittelpunkt seiner kraftvollen und farbenfrohen Bilder, denn Landschaften sind für den weißhaarigen Herrn mit den lebendigen Augen eher von geringem Interesse.

Carybé arbeitet souverän mit diversen Materialien und Techniken – Öl, Tusche, Aquarelle, Zeichnungen, Holzreliefs, steinerne Friese und Wandmalereien – sowie in unterschiedlichsten Stilen – surrealistisch, expressionistisch, oder kubistisch – und vereint diese unbeschwert zu einer eigenen Bildsprache, die als magischer Realismus bezeichnet wird. Seine Lebensaufgabe sieht er in der Suche nach einer lateinamerikanischen Identität, die sich von den europäischen Vorbildern löst und die Kraft aus der eigenen Geschichte und Andersartigkeit schöpft.

»Ich bin Lateinamerikaner«, sagt Carybé schmunzelnd, und nichts zeigt dies besser als seine persönliche Geschichte: Hector Julio Paride Bernabó wird 1911 in einem Vorort von Buenos Aires geboren – die Mutter ist Brasilianerin, der Vater Italiener. Er wächst zunächst in Genua und Rom auf. Carybé ist acht Jahre alt, als die Familie nach Rio auswandert – eine tropische Stadt am Meer mit einer bunt durchmischten Bevölkerung aus Europäern, Afrikanern und Latinos. Mit 13

als bedeutenden und prägenden Teil der brasilianischen Identität erfaßten und darstellten. Bezogen sich die Modernisten, wie die Romantiker hundert Jahre zuvor, noch vorwiegend auf die indianischen Ursprünge, wenn sie das genuin Brasilianische ihrer Kultur zeigen wollten, verwiesen die Bahianer ihrerseits auf die afrikanischen Wurzeln – insbesondere auf den Einfluß der Religionen des Candomblé.

Um den Filmemacher Glauber Rocha entstand in den 50er Jahren eine zweite Generation bahianischer Künstler, deren Sprachrohr die Zeitschrift »Mapa« war. Sie beschäftigten sich mit dem Leben der einfachen Leute oder, wie Jorge Amado es ausdrückt, »sie brachten der bahianischen Kunst die Kennt-

beginnt Carybé zu malen, hilft seinem Bruder im Keramikatelier und kehrt 18jährig in seine Geburtsstadt Buenos Aires zurück, die während der 30er und 40er Jahre das kulturelle Zentrum Lateinamerikas ist. Carybé malt, fertigt Werbeplakate, zeichnet Cartoons für Zeitungen und Zeitschriften, schreibt Sketche, illustriert Bücher, dreht Dokumentarfilme, spielt Tamburin in der Band von Carmen Miranda und zeigt seine Bilder auf vielen Ausstellungen. Im Auftrag einer argentinischen Zeitung begibt er sich 1938 auf Weltreise. Als er nach Bahia kommt, ist die Zeitung pleite. Carybé bleibt sechs Monate in Salvador und kehrt mit der Gewißheit nach Argentinien zurück, in Bahia den idealen Ort zum Leben und Arbeiten gefunden zu haben.

Am Neujahrstag 1950 zieht Carybé nach Salvador, wo er noch heute lebt. Schon damals war er in ganz Lateinamerika bekannt. Er nimmt mit seinen Arbeiten an der ersten Biennale in São Paulo sowie der Biennale in Venedig 1956 teil und gewinnt 1960 mit seinem Wandgemälde den Wettbewerb um die künstlerische Gestaltung im heutigen Kennedy Airport in New York. Weitere Wand- und Deckengemälde sind in Bahia und Buenos Aires zu bewundern.

In Bahia lernt Carybé auch den Candomblé kennen und taucht ein in die magische Welt der afrobrasilianischen Religionen. Nach jahrzehntelangen Studien veröffentlicht er etliche Zeichnungen über die Riten, Figuren und Praktiken des Candomblé. Den 27 wichtigsten Orixás (Göttern) setzt er mit seinen meterhohen Holzreliefs ein einmaliges Denkmal (heute zu besichtigen im afrobrasilianischen Museum in Salvador). Warum er in Bahia geblieben ist? – wollen wir wissen. »Weil die Menschen hier fröhlich sind, viel singen und tanzen. Es gibt Sonne und Meer, Strand und Urwald – alles was man zum Glücklichsein braucht.«

nis der sozialen Probleme und das politische Bewußtsein«. Inzwischen gehören die Arbeiten der zweiten Generation zu den bekanntesten zeitgenössischen Werken in Brasilien: die Gemälde von Sante Scaldaferris, die Ölbilder und Gravuren von Calasans Neto oder die Skulpturen Tati Morenos.

Der Sprung in die internationale Kunstszene blieb den meisten Bahianern jedoch versagt, denn noch immer laufen die Kontakte ins Ausland hauptsächlich über Rio und São Paulo. Auch heute leben und arbeiten eine ganze Reihe junger, noch unbekannter Künstler in Bahia, die sich überwiegend vom afrobrasilianischen Alltag, insbesondere jedoch vom Candomblé, inspirieren lassen, wie Ronaldo Martins oder Francisco Santos.

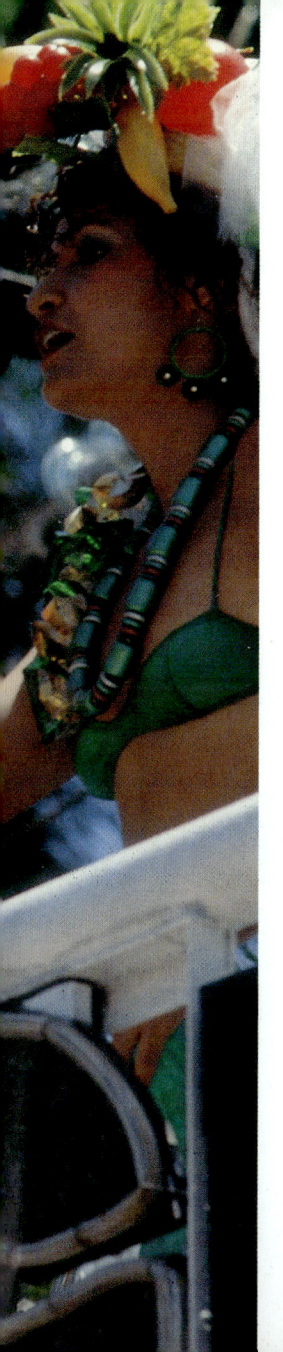

Karneval
in Bahia

Der größte Karneval
der Welt

Über 100 Jahre
Geschichte

Laut und bunt –
Blocos de Trio

Schwarze Schönheit –
Blocos Afros

Eine der lautstarken Blocos de Trio
im Karneval

Der größte Karneval der Welt

Der Karneval ist der Höhepunkt und das Ende der Sommersaison. In den drei Monaten zuvor jagt ein Fest das andere. Nach Neujahr wird Bahia zum beliebten Ferienziel für Brasilianer aus dem Süden und Südosten und – je nach Wechselkurs – auch für Argentinier. Salvador ist das Zentrum des größten Straßenkarnevals der Welt, der an Popularität und Beliebtheit inzwischen den Karneval in Rio und Olinda (Recife) überflügelt hat. Seit einigen Jahren etablierte sich auch in Südbahia, in Porto Seguro und Umgebung, ein von den Großstädtern aus Minas, Rio und São Paulo sehr geschätzter Karneval.

Anders als in Rio, wo die meisten Veranstaltungen in Clubs organisiert sind und die Karnevalsschulen durch ein Stadion ziehen, findet das Spektakel in Salvador fast ausschließlich auf der Straße statt. »Geschichtlich gesehen ist der bahianische Karneval schon getrennt entstanden«, schreibt der Dichter und Forscher Antonio Risério: »Auf der einen Seite der [weiße] Karneval der Salons mit Bällen in geschlossenen Klubs, wo Quadrillen und Walzer getanzt wurde. Auf der anderen Seite der Karneval der Schwarzen, der Karneval der Straße, zum Samba der Batuques, zwischen Muscheln und Rasseln.« Seither hat sich einiges geändert. Dennoch bleiben auch im Straßenkarneval Menschen unterschiedlicher Hautfarbe und Herkunft innerhalb der einzelnen Gruppen unter sich.

Dies meint wohl Risério, wenn er von »einer gewissen internen Homogenität der Rassen in den Blocos« spricht. So gibt es die fast ausschließlich »weißen« Blocos der Trios, wie Eva oder Mel, für deren billig gemachte, bunte Kostüme (Fantasías) und das Recht innerhalb der schwer bewachten Abgrenzungsseile (Cordas) mitzuhüpfen, mehrere Mindestlöhne bezahlt werden. Als Träger und Verteidiger der Absperrung werden allerdings kräftige, dunkelhäutige Jungs für kaum mehr als zehn Mark am Tag engagiert. Die Blocos Afros, die Afoxés und die Blocos de Indios sind fast ebenso ausschließlich »schwarz«. Einzige Ausnahme ist zur Zeit Olodum, der auch bei der weißen Mittelschicht in Mode gekommene Afro-Block.

Außerhalb der Cordas mischt sich auf den ersten Blick alles durcheinander. Sieht man genauer hin, fällt auf, daß im Stadtzentrum rund um die Praça Castro Alves kaum helle Gesichter zu finden sind, während umgekehrt auf der Straße in den Vierteln Barra und Ondina die helle oder sonnengebräunte Haut dominiert.

Zum Ablauf des Karnevals in Salvador: In den Tagen vor Beginn des Karnevals sind alle noch ein bißchen aufgekratzter und besser gelaunt als bei den Vorbereitungen zu den übrigen Festen. Schon Wochen vorher bauen städtische Angestellte Zuschauer- und Pressetribünen auf, zäunen Polizisten ihre Beobachtungsposten ab. Alle beteiligten Karnevalsgruppen ziehen irgendwann zwischen Freitag und Aschermittwoch über eine rund 8 km lange Straßenschleife zwischen Campo Grande und der Praça Castro Alves.

Am Donnerstag übergibt die Bürgermeisterin den Stadtschlüssel dem dicken Karnevalskönig Rei Momo (dafür werden immer schwergewichtige Männer ausgesucht), der die kommenden Tage das Treiben lenkt. Damit ist der Karneval in Salvador offiziell eröffnet. Meistens ist der Donnerstag noch etwas ruhiger, weil am Freitag noch bis Mittag gearbeitet wird, aber spätestens am frühen Abend füllt sich die Praça Castro Alves zwischen Altstadt und Bürozentrum.

Fast alle Karnevalsgruppen sind an mehreren Tagen auf der Straße. Die stärker der afrikanischen Tradition verbundenen Karnevalsgruppen, die Blocos Afros und die Afoxés, eröffnen die Umzüge meist mit einer religiösen Zeremonie in ihren Stadtteilen, bevor sie ins Zentrum ziehen. Freitag nacht beginnt der Zug von Olodum, es ist der bekannteste Bloco Afro. Samstag nacht zieht der älteste Bloco Afro, Ilê Aiyê, nach einer rituellen Zeremonie die schmale Rua do Curuzu in Liberdade entlang. Am Sonntag

nachmittag dann startet der Afoxé der Filhos de Gandhi vom Pelourinho aus.

An das vorgegebene Zeitprogramm hält sich niemand, d. h. alles beginnt immer Stunden später als vorgesehen. Täglich kommen die Menschen ab dem späten Vormittag aus dem ganzen Stadtgebiet und dem Umland ins Zentrum oder eben nach Barra zum Feiern und bleiben bis in die frühen Morgenstunden. Und es scheint, als strömten von Tag zu Tag mehr Leute herbei.

Aschermittwoch früh, wenn die Sonne schon längst aufgegangen ist, versammeln sich die größten Karnevalsgruppen mit den bekanntesten Stars auf der Praça Castro Alves zum gemeinsamen Abschlußkonzert. Während die Reinigungsmannschaften bereits in den Seitengassen den Müll wegräumen, wird auf der Praça noch getanzt – meist bis gegen neun Uhr. Diejenigen, die dann immer noch nicht genug haben, laufen runter bis nach Barra, um dort noch die letzten Klänge mitzubekommen. So gegen Nachmittag ist der Karneval dann zu Ende – vorerst. Denn schon Stunden später sitzen übermüdete Menschen singend an den Stränden, die Trommel unterm Arm, das Tamburin in der Hand. Niemand möchte aufhören zu feiern, denn das Ende des Karnevals bedeutet auch, daß der Sommer zu Ende ist. Im Pelourinho versammeln sich diejenigen, die während der Festtage gearbeitet haben zu

Was wäre Karneval ohne Musik

einem Umzug (Arrastão) und ziehen hinunter zum Mercado Modelo.

Jedes Jahr reklamiert die katholische Kirche in Zeitungskommentaren, daß die Fastenzeit nicht eingehalten wird, ohne viel Erfolg: Denn im Stadtteil Barra spielen bereits am Wochenende darauf die preisgekrönten Gruppen, und in einem großen Club am Meer findet der Kater-Tanz (Baile de Resaca) statt. Eine Woche nach Karnevalsende wird dann in Arembepe, 50 km nördlich von Salvador, bei einer Lavagem noch einmal kräftig gefeiert – fast wie im Karneval. Erst danach wird das Leben in Bahia ruhiger.

Über 100 Jahre Geschichte

Seit ungefähr 1840 kann man in den Zeitungen Bahias Artikel über den Karneval lesen. Zunächst wurden damit Bälle in der Vorfastenzeit (= Entrudo) bezeichnet, die in den Häusern der feinen Gesellschaft stattfanden. Im damaligen Theater São João an der Praça Castro Alves wurden ab 1860 die ersten Maskenbälle ausgerichtet, bei denen die Reichen in Quadrillen zu Opernmusik tanzten. Diese Feste entwickelten sich in den folgenden Jahren zu regelrechten Wettbewerben: Mit pompösen aus Europa importierten Kleidern, teurem Schmuck und Parfümen versuchten die wohlhabenden Familien sich gegenseitig zu übertreffen.

Der Entrudo war ein derbes Vergnügen. Er kam mit den Portugiesen ins Land. Am Sonntag vor Beginn der Fastenzeit erreichte er seinen Höhepunkt: Man bespritzte sich gegenseitig mit Wasser, bewarf sich mit mit Duftwasser gefüllten Wachsbällchen, schüttete Mehl übereinander oder leerte von den Balkonen Töpfe mit Flüssigkeiten über den Köpfen der Passanten aus. Viele Leute trauten sich in dieser Zeit nicht aus dem Haus. Trotz Verbot des Entrudo im Jahr 1853 und hoher Strafen für diejenigen, die das Verbot übertraten, gelang es der Obrigkeit nicht, die Situation unter Kontrolle zu bekommen. Also machte man aus der Not eine Tugend und initiierte schließlich in Zusammenarbeit mit der Kirche die Ausrichtung des Straßenkarnevals. Man hoffte, die Feiern in geordnetere Bahnen zu lenken. Der Polizeichef ernannte verschiedene Kommissionen, die Masken verteilten und bei der Beschaffung bunter Papierbögen oder der Zusammenstellung von Musikgruppen behilflich waren.

Der erste Straßenkarneval wurde 1884 in Salvador organisiert, der damals 170 000 Einwohner zählenden Stadt. Von Musikgruppen begleitet, die Fanfaren, Polkas und Opernarien spielten, präsentierte der bereits 1833 gegründete Karnevalsklub Cruz Vermelha seinen ersten prächtigen Umzug. Die Zeitungen jener Zeit berichteten begeistert über den Prunkwagen (Carro Alegórico), der reich mit aus Europa importierten Utensilien dekoriert war. Im gleichen Jahr gründete eine Gruppe junger Männer aus der Oberschicht den Klub Os Fantoches.

Von nun an konkurrierten die beiden Vereine bei den Umzügen um die Gunst der Zuschauer. Fast immer »gewann« der volkstümlichere Cruz Vermelha, der die Zuschauer zu begeistertem Applaus hinriß, vor den Fantoches, deren Darbietungen stets mit dem Triumphmarsch aus »Aida« begleitet wurden. Die Schaulustigen warteten am Straßenrand geduldig und korrekt in Leinenanzügen mit Hut und Gamaschen gekleidet. Es wurde weder getanzt, noch kam es zu Streitereien. Immer mehr Vereine wurden aus der Taufe gehoben, deren Mitglieder in den Karnevalstagen maskiert durch die Straßen zogen und sich auf dem Campo Grande trafen.

Karneval war gegen Ende des Jahrhunderts als geordnetes Straßenfest für die weißen Brasilianer gedacht, an dem die Afrikaner sich nicht beteiligen sollten. 1895, sieben Jahre nach Abschaffung der Sklaverei, gründeten Nachfahren der Sklaven den ersten Afoxé, den sie die Botschaft Afrikas (Embaixada Africana) nannten. Mit importierten Kleidern und Symbolen aus Afrika geschmückt, tanzten die Teilnehmer des Afoxé an Karneval zum Klang von Trommeln und Rasseln durch die Straßen.

Die Afoxés werden oft von hochrangigen Persönlichkeiten des Candomblé geleitet. Afoxé, so könnte man auch sagen, ist die Fortsetzung des Candomblé auf der Straße: hier kommen die gleichen Instrumente zum Einsatz wie bei den Festen im Terreiro, schlagen Trommler den Ijexá-Rhythmus, werden die Gesänge in der westafrikanischen Yorubá-Sprache angestimmt. Vor jedem Umzug wird ein Padê, eine religiöse Zeremonie für Exú, den Herrn der Wegkreuzungen und häufigen Störenfried, veranstaltet, damit das Fest in Ruhe und Harmonie ablaufen kann.

Der weißen Minderheit in Bahia mißfiel die »Afrikanisierung« des Karnevals: Als »geschmacklos«, »Ekel erregend« oder »dem Stand unserer Zivilisation nicht entsprechend« wurden die Afoxés bezeichnet, die man lieber verboten gesehen hätte. Nach ihrer Hochphase um die Jahrhundertwende verschwanden die Afoxés bis Mitte der 70er Jahre aus dem bahianischen Karneval.

Laut und bunt – Blocos de Trio

Man trifft in Salvador auch heute noch einige Leute, die erzählen, wie sie in den 40er und 50er Jahren Karneval erlebten: man saß im kühlen Schatten und war vornehm gekleidet, trug das feine Sommerkleid oder den hellen Leinenanzug sowie den passenden Panama-Hut und bestaunte die Parade der Samba-Schulen. Vorbild für die Umzüge des bahianischen Straßenkarnevals waren die Samba-Schulen aus Rio, und zwar sowohl in ästhetischer als auch in musikalischer Hinsicht. Die großen Karnevalsgruppen in Salvador versuchten diejenigen in Rio zu kopieren, während sich die kleinen Klubs aus den einzelnen Stadtteilen selbstgebastelte phantasievolle Verkleidungen ausdachten und zu einer Art Marschmusik durch die Straßen zogen.

1950 erlebte der Karneval eine Erneuerung, die einen durchschlagenden Erfolg erzielte und von da an aus dem bahianischen Karneval nicht mehr wegzudenken war: Der Radiotechniker Dodô und der Automechaniker Osmar ließen sich in einen mit Lautsprechern ausgerüsteten Transporter durch die Straßen im Zentrum fahren. Auf diese Weise konnten sie Gitarre und Cavaquinho (eine Art brasilianische Ukulele) an einen Verstärker anschließen und per Lautsprecher die akustische Reichweite enorm steigern.

Ihr Repertoire bestand zu Beginn vor allem aus schnellen Frevos. Diese Musik und der dazugehörige Tanz stammen aus Pernambuco. Dort hatten Capoeirista (s. S. 74 ff.) um die Jahrhundertwende ihre Kampfkunst zu einem Tanz weiterentwickelt, in welchen die musika-

lischen Formen der europäischen Marschmusik übernommen wurden. Der Name »Trio Eléctrico« setzte sich aber erst rund zwei Jahre später durch, als sich ihnen noch ein dritter Mann, ein Gitarrenspieler, anschloß und sie ihren Namen auf ihr Gefährt malten.

Inzwischen bestehen die Trios schon lange nicht mehr aus nur wenigen Interpreten auf einem Lastwagen. Fast ein Dutzend Musiker – Schlagzeuger, Gitarristen, Bassisten, Perkussionisten, Synthesizer – spielen auf den bis zu 18 m langen, fahrbaren Bühnen in luftiger Höhe. Anlagen mit bis zu 120 000 Watt werden eingesetzt und donnern die Hits aus den Boxen, daß Bauch und Boden in der Nähe vibrieren.

Der bahianische Karneval wird heute von den finanzkräftigen Blocos de Trio dominiert. Diese Vereine mit mehreren tausend Mitgliedern wie beispielsweise Mel, Eva oder Camaleão haben entweder eine eigene Musikgruppe oder sie nehmen Musiker immer wieder neu unter Vertrag.

In Bahia sind die Trios äußerst populär: Sie bieten laute, fetzige Musik, in deren Umkreis alle wie unter Strom gesetzt tanzen. Manchmal messen sich Jungs, seltener auch ein paar Mädchen beim schnellen Pogo-Hüpfen handgreiflich. Am Aschermittwochmorgen treffen sich die verschiedensten Trios auf der Praça Castro Alves – dies ist der Höhepunkt und das vorläufige Ende jeden Karnevals.

Schwarze Schönheit – Blocos Afros

»Welcher Bloco ist das, möchte ich gern wissen, es ist Ilê Aiyê, die schwarze Welt . . . wir sind verrückte Kreolen, und wir sind völlig o. k., wir haben krause Haare . . . Weißer, wenn du wüßtest welchen Wert der Schwarze hat, würdest du in Teer baden, um auch schwarz zu sein . . .«

Nur eine kleine Gruppe schwarzer Männer und Frauen war es, die im Karneval 1975 mit diesem Lied, mit Trommeln und Rasseln und in afrikanisch anmutenden Gewändern durch die Straßen zog. Die bahianische Öffentlichkeit war entsetzt und die Lokalzeitung hielt den »Block des Rassismus« für »ein besonders häßliches Schauspiel«.

Was war geschehen? In Curuzu (Liberdade), einem der populärsten Stadtteile Salvadors, hatte eine Gruppe von jungen Männern die Idee, einen Karnevalsklub nur für Schwarze zu gründen. Hintergrund war, daß schwarze Brasilianer in vielen der großen Vereine (wie etwa den Internacionais) nicht Mitglied werden durften. Am Karneval beteiligten sie sich bis dahin vor allem als nordamerikanische Indianer verkleidet in den sogenannten Indianergruppen. Von diesen Blocos de Indio gibt es heute nur noch zwei: die Apaches do Tororó und die Comanches do Pelô.

Der Bloco Afro Ilê Aiyê trat an, den schwarzen Bahianern einen Platz im von Weißen dominierten Karneval (zurück)zueruobern. Die Männer und Frauen des Bloco besannen sich auf ihre afrikanische Herkunft und brachten dies auch äußerlich zum Ausdruck: Sie tauschten die Jeans mit der weiten afrikanischen Bata und die Kraushaare wurden zu kunstvollen, mit Muscheln geschmückten Zopffrisuren geflochten. Von Anfang an war den Weißen die Mitgliedschaft bei Ilê verwehrt.

Vor allem die Jugendlichen in Liberdade unterstützten diese neue Bewegung und begannen sich aus der jahrhundertelangen Unterdrückung zu befreien. Sie nahmen die amerikanischen Schwarzen zum Vorbild, waren über die Neuigkeiten der Black Power-Bewegung ebenso informiert wie über die Unabhängigkeitskriege in Afrika, hörten James Brown und anderen Soul. Sie hielten ihre eigenen kulturellen Werte und Schönheitsideale hoch und machten dies auch in der Öffentlichkeit deutlich – ein Schritt zur Unabhängigkeit von den aufgezwungenen Denkmustern der Weißen war getan.

Jedes Jahr wählte der Bloco eine afrikanische Nation als Thema im Karneval und führte so zu einer Reihe von Aktivitäten, die mit einer Aufwertung der afrobrasilianischen Kultur einherging: Soziologen und Intellektuelle sammelten in Botschaften, Bibliotheken und bei Forschern das nötige Material, Komponisten schrieben ihre Lieder dazu, Schneider ließen sich für die

Karnevalskostüme von afrikanischen Mustern und Schnitten inspirieren, Tänzer versuchten Informationen über die afrikanischen Tanztraditionen zu bekommen. »Das war der große Verdienst der Blocos Afros«, meint rückblickend der Journalist und Kenner der brasilianischen Musikszene Antônio Medrado.

Mit Ilê Aiyê begann die Reafrikanisierung des bahianischen Karnevals. In den folgenden Jahren wurden eine Reihe weiterer Blocos Afros und Afoxés gegründet. Jede Gruppe entwickelte ihren eigenen Stil – musikalisch, politisch, kulturell. Die Guerilheiros da Jamaica (Krieger Jamaicas) von Muzenza beispielsweise orientieren sich am Reggae und verehren Bob Marley. Die Muzenzas, der auch einige Tänzer des staatlichen Balletts angehören, brillieren alljährlich mit aufwendigen Choreographien. Ara Ketu bringt in jedem Karneval ein Thema, das mit den Geschichten der Orixás und dem Candomblé in Verbindung steht. Die Musik dieser Gruppe hat sich bisher am weitesten vom ursprünglichen Samba-Reggae zu einer afrikanischen Popgruppe entfernt.

Olodum, deren Name aus der Yorubá-Kultur stammt und den allmächtigen Gott bezeichnet (Olodumaré), ist zur Zeit die musikalisch erfolgreichste Gruppe. Dieser Bloco Afro unter Leitung von Musikdirektor Neguinho do Samba geht inzwischen regelmäßig in Brasilien sowie im Ausland auf Tournee. Dennoch komponiert und produziert Neguinho unermüdlich neue Stücke. Tenor fast aller Lieder ist der Kampf gegen den Rassismus und die Identifikation mit der eigenen Kultur. Die Unternehmungen Olodums gehen heute weit über die einer Karnevalsgruppe hinaus und machen ihren politischen Anspruch deutlich: »Eines unserer ersten Anliegen war es, die Kinder von der Straße zu holen und in kulturelle Aktivitäten einzubinden, die zur Ausbildung eines schwarzen, eines politischen Bewußtseins beitragen können«, erzählt João Jorge, Präsident der Grupo Cultural Olodum.

Das ganze Jahr über lernen Kinder in der Escola Criativa trommeln, tanzen und singen, spielen Theater, fabrizieren Masken und lernen jene »schwarze« Geschichte Brasiliens kennen, die nicht in den Schulbüchern steht. Inzwischen nehmen am Umzug der Banda Mirim rund 1000 Kinder teil. Im Maciel (Pelourinho) befindet sich eine »Fabrik« genannte Produktionsstätte für Karnevalskostüme und T-Shirts, in der hauptsächlich Bewohner aus dem Viertel beschäftigt sind. Die Theatergruppe Olodum reist erfolgreich mit verschiedenen Inszenierungen durch Brasilien. Neben eigenen Stücken über das Leben am Pelourinho hat die Truppe auch Werke von Georg Büchner und von Heiner Müller im Programm, wobei sie diese entsprechend der bahianischen Realität interpretieren.

Unterwegs in Bahia

Salvador – Stadt der Geheimnisse

Recôncavo – Ausflüge in die Umgebung

Der Süden »Wie Zimt und Nelken«

Agreste und Sertão – Das sagenumwogene
Hinterland

Salvador da Bahia

Das historische
Zentrum

Die interessantesten
Viertel

Die schönsten
Stadtstrände

Blick auf die Cidade Baixa (Unterstadt)

Salvador – Stadt der Geheimnisse

Farbige Volksfeste, religiöse Feiern, der größte Straßenkarneval der Welt, kulinarische Genüsse mit dem Aroma von Palmöl und Kokosmilch – und Menschen, die bekannt sind für ihre Lebensfreude, ihre Lust am Musikmachen, am Tanzen und ihre starke Verbundenheit mit den afrikanischen Traditionen

Das ist die Welt, deren Geschichten der große bahianische Romancier Jorge Amado in seinen Büchern beschreibt, die der argentinische Maler Carybé in seinen Werken darstellt, der französische Ethnologe und Fotograf Pierre Verger in Fotos und wissenschaftlichen Werken dokumentiert und die auch den norddeutschen Holzschnittmacher Hansen Bahia faszinierte. Das ist Bahia.

Hauptstadt Bahias, des brasilianischen Bundesstaates im Nordosten, ist Salvador da Bahia de Todos os Santos. Salvador ist das politische, kulturelle, wirtschaftliche und touristische Zentrum Bahias. Die Stadt an der Allerheiligenbucht war die erste Kapitale in der neuen portugiesischen Kolonie Brasilien. Hier kam der größte Teil der rund fünf Millionen Afrikaner an, die von den Portugiesen nach Brasilien in die Sklaverei verschleppt wurden. Auf den Tabakplantagen und Zuckerrohrfeldern des fruchtbaren Umlandes Recôncavo erarbeiteten die afrikanischen Sklaven den Reichtum der Kolonialhauptstadt Salvador da Bahia die im 16. Jh. die größte Metropole südlich des Äquators war. Heute bilden die zahlreichen barocken Kirchen und Klöster, die trutzigen Forts und eleganten farbigen Stadthäuser der Portugiesen die Kulisse für das bedeutendste Zentrum der afrikanischen Kulturen in der Neuen Welt.

Bahia – etwa so groß wie Frankreich – bietet neben der reichen Kultur eine atemberaubende Natur: Über tausend Kilometer palmengesäumte Strände, dunkelblaues Meer und einsame Lagunen, einen Überfluß an Blumen, Früchten und Gewürzen. Der Recôncavo mit seinen verschlafenen, kolonialen Städten und seiner ausgeprägten afrobrasilianischen Kultur gilt als die Wiege der bahianischen Kultur. Im trockenen Hinterland, dem Sertão, wo es jahrelang nicht regnet, entstehen jene Mythen und Sagen, die seit Jahrhunderten Brasiliens Künstler inspirieren.

In der Oberstadt (= Cidade Alta) begann mit der Stadtgründung 1549 durch Gouverneur Tomé de Souza die wechselhafte Geschichte Salvadors. Damals umspülte das Wasser der Allerheiligenbucht (= Bahia de Todos os Santos) bis auf einen schmalen Streifen die Felsen, auf denen das historische Zentrum (Centro Histórico, Karte s. hintere Umschlaginnenklappe) der Millionenstadt liegt. Die Lage auf den Felsen war strategisch günstig, denn von hier oben konnten die Portugiesen die gesamte Bucht überblicken. Dicke Stadtmauern sicherten den neuen Sitz der Kolonialverwaltung vor Angriffen französischer und holländischer Invasoren, aber auch vor den Indianern, die auf den umliegenden Hügeln siedelten. Nur über steile Wege und Treppen gelangte man vom Hafen in die Stadt, die zu Beginn der Kolonisation von der heutigen Praça Castro Alves bis zum Terreiro de Jesus mit der von den Jesuiten errichteten Kathedrale reichte.

Die Oberstadt dehnte sich bald auf die umliegenden Hügel aus. Die verschiedenen katholischen Orden, allen voran die Jesuiten, dann aber auch die Franziskaner, Karmeliter und Benediktiner, begannen mit dem Bau ihrer Kirchen und Klöster. Das Gebiet um den Pelourinho wurde ab dem 17. Jh. zum bevorzugten Viertel der portugiesischen Kolonialherren, die hier ihre zwei- bis dreistöckigen Wohnhäuser (= Sobrados) erbauen lie-

ßen. Die Altstadt, die als das größte zusammenhängende Barockviertel der Neuen Welt gilt, wurde 1985 von der UNESCO zum schützenswerten Kulturgut erklärt.

Am Hafen in der Unterstadt (= Cidade Baixa), dem heutigen Comércio, errichteten die Portugiesen auf einem schmalen Strandstreifen ihre Lager und Handelskontore. Erst im 19. Jh. wurde der Strand aufgeschüttet und das Handelszentrum dehnte sich ins Innere der Bucht aus. Das Gelände im heutigen Hafen etwa wurde erst in unserem Jahrhundert dem Meer abgerungen und die Einweihung des Hafengebäudes fand erst in den 40er Jahren statt. Bis heute ist Comércio, das teilweise an Lissabon, teilweise an die Copacabana von Rio de Janeiro erinnert, das Geschäfts- und Bürozentrum Salvadors. Als Ende des 18. Jh. Pest und Gelbfieber in der Stadt an der Allerheiligenbucht grassierten, zogen die reichen Familien aus der engen, stickigen Oberstadt weg in die weiter südlich gelegenen Viertel Vitória und Graça. Am Corredor da Vitória entstanden zahlreiche Villen, eine prächtiger als die andere. In die Sobrados des Pelourinho/Maciel-Viertel zogen kleine Händler, Handwerker und Arbeiter ein. Und auch auf den Hügeln nördlich und westlich davon, in Stadtteilen wie Pau Miudo oder Liberdade lebten die weniger begüterten Leute.

Im wesentlichen hat sich diese Siedlungsstruktur bis heute so ge-

Ilha de Maré
Ribeira
Bonfim
Igreja de N. S. do Bonfim
Igreja de N. S. de Monte Serrat
Monserrat
Alagados
Igreja da Boa Viagem
Forte Monte Serrat
Roma
Liberdada
Calçada
Centro Administrativo
Feira São Jaoquim
Ferry Boat (Fährhafen)
Av. de França
Av. César Pontes
Cabula
Pernambués
Busbahnhof
Armaçã
Centro de Convençoes
Forte São Marcelo
Comércio
Cosme de Farias
Shopping Itaguami
Nazaré
Itaigara
Costa Azul
Fonte Nova
Shopping Itaigara
Av. Otávio Man
Shopping Piedade
Praia
Hauptpost
de
Teatro Castro Alves
Brotas
Pituba
Praia Jardim dos Namora
Av. Contorno
Garcia
Graça
Federação
Rio Vermelho
Amaralina
Praia da Pituba
Av. Sete de Setembro
R. Borges dos Reis
Shopping Barra
Ondina
Barra
Av. Presidente Vargas
Praia de Ondina
Praia da Paciência
Largo da Mariquita
Farol da Barra

halten: Die Wohngebiete der Mittelklasse und wohlhabenden Soterapolitanos, wie die Einwohner Salvadors genannt werden, liegen südlich des Campo Grande. Sie haben sich von Vitória über die in die Bucht ragende Landspitze Barra, über Ondina, Rio Vernelho, Pituba bis zum früheren Fischerdorf Itapoãn und neuerdings noch weiter bis Vilas do Atlântico an der Atlantikküste ausgebreitet. Nördlich und westlich des Zentrums, in Richtung zur Bucht und im hügeligen Inland, reihen sich auf engem Raum die einfachen Häuschen und instabilen Baracken der ärmeren Soterapolitanos in Vierteln wie Liberdade, Pau da Lima, Massaranduba oder den Alagados aneinander –

Stadtviertel bestehen teilweise aus Betonhausblocks, von denen einige zur Orientierung einfach durchnumeriert werden (Cabula I, II, III etc.). In anderen Vierteln dominieren die kleinen im Eigenbau hergestellten billigen Häuser.

Der Miolo wird von einer großen vierspurigen Straße durchschnitten, die das Zentrum mit dem Busbahnhof (Rodoviária) und dem Flughafen verbindet. An dieser Verkehrsader, die Parallela genannt wird, liegt auch das großflächig angelegte, avantgardistische Verwaltungszentrum (Centro Administrativo) des Gouverneurs, das 1978 hierher verlegt wurde.

Verkehrsverbindungen vom Flughafen in die Stadt.: Der Aeroporto Internacional Dois de Julho, (Praça Gago Coutinho, São Cristóvão, ✆ 2 04-10 10) liegt 25 km nördlich vom Stadtzentrum. Normale Busse und Schnellbusse, Frescão oder Executivo genannt, verbinden den Flughafen mit der Praça da Sé im Zentrum. Entweder fährt der Bus über Itapoän, Pituba und Barra am Strand entlang oder durchs Hinterland zum Busbahnhof (Rodoviária). Nach 23 Uhr verkehren nur noch Taxis. Bis zum Touristenstadtteil Barra oder zum Zentrum kostet die Fahrt um die 30 US $. Wer ein Taxi nimmt und sich in Salvador nicht auskennt, sollte eines der teureren Taxis (weiß mit blauen Streifen) wählen, für die man den Fahrtpreis im Flughafen bezahlt.

sowie entlang der Ausfallstraße Suburbana in den Stadtteilen Paripe und Períperí.

Als Miolo (Kern) wird das hügelige Inland zwischen Bucht und Atlantikküste bezeichnet, das westlich vom Zentrum liegt. Seit dem Wachstumsschub der Stadt in den 70er Jahren entstanden hier zahlreiche neue Siedlungen. Diese

Busse: Vom zentralen Busbahnhof, der Rodoviária (Av. Antônio Carlos Magalhães, 20, Iguatemi, ☎ 3 58-66 33) fahren Busse nach Barra, Campo Grande und in die Cidade Baixa, von wo aus man mit dem Aufzug in das Centro Histórico gelangt. Taxis von der Rodoviária zu den Touristenpunkten kosten rund 10 $. Über den ungefähren Fahrtpreis informiert der Bahiatursa-Stand am Eingang des Busbahnhofes. Im Stadtzentrum gibt es mehrere Busbahnhöfe: Von der zentralen Estação da Lapa, in der Nähe der Praça Piedade, fahren Busse in alle Richtungen der Stadt. Andere zentrale Bushaltestellen sind: Campo Grande, Sé, França (in der Nähe des Mercado Modelo)

Taxi: Neben den normalen Taxis – weiß mit blauen und rotem Streifen – gibt es auch die teureren Funk-Taxis: Rádio Táxi ☎ 2 43-43 33; Comtas ☎ 2 45-63 11

Leihwagen: Im Flughafen gibt es Filialen mehrerer internationaler Mietwagen-Agenturen, Avis ☎ 2 37-01 54, Hertz und einige lokale Firmen, z. B.: Auto Locador Nacional ☎ 2 82-74 35; Locadora Porto ☎ 2 45-54 79

Vorwahl: 071; Tourismusinfo: 131; Notfall/Polizei: 197/190; Erste Hilfe: 192

Krankenhäuser: Português, Av. Princesa Isabel 2, Barra, ☎ 2 03-55 55; Sanatório Espanhol, Av. 7 de Setembro, 4161, Barra, ☎ 2 47-53 55, Hospital Geral da Bahia, Av. Vasco da Gama, ☎ 3 57-40 11

Das historische Zentrum

Einst wurden die Kolonisatoren in Sänften von Sklaven aus der Unterstadt in die Oberstadt getragen (Karte s. hintere Umschlaginnenklappe). Seit 1930 gibt es den **Elevador Lacerda** (5–24 Uhr), mit dem man für ein paar Pfennige die ca. 70 m Höhenunterschied überwinden kann. Vor dem Aufzug hat man von der **Praça Tomé de Souza** – benannt nach dem ersten Gouverneur der Kolonie – einen schönen Blick über Unterstadt, Hafen und Bucht auf die Itaparica-Insel. Abends treffen sich hier Liebespärchen, um den Sonnenuntergang zu genießen.

Die Praça Municipal, wie der Platz ebenfalls heißt, war Zentrum der ersten Stadtgründung Salvadors. An der Stelle des schneeweiß getünchten **Palácio Rio Branco** mit den Stuckadlern, den griechisch-römischen Säulen und seinem verglasten Rundkuppelturm stand einst die Casa do Governo (1549), der Regierungs- und Wohnsitz des ersten Gouverneurs Brasiliens. Der flache Bau aus Lehm und Ziegeln ähnelte in Struktur und Proportionen, nicht jedoch in seiner Größe bereits dem heutigen Palácio. Im Jahre 1890 ließ Manuel Victorino

Der Palácio Rio Branco

Pereira die inzwischen ausgebaute Casa do Governo abreißen und den Palast im Renaissance-Stil neu errichten. Im Inneren des Regierungssitzes vermischte der Architekt Filinto Santoro italienische Renaissance mit französischem Barock und ließ – auf besonderen Wunsch des damaligen Gouverneurs – in dessen Kabinett Wandmalereien im Pompeischen Stil anbringen. Als der Gouverneurssitz 1979 in das neu errichtete Centro Administrativo in der Nähe des Busbahnhofs verlegt wurde, gab man den Palast dem Verfall preis. Ab 1983 wurde er grundlegend renoviert und 1986 neu eröffnet. Heute können die verschiedenen Räume des Palácio besichtigt werden (Mo–Fr 14–17 Uhr).

Sehenswert ist die Ausstattung im Inneren: etwa die aus Belgien importierte Treppe der Eingangshalle mit gläsernen Stufen, der Spiegelsaal mit einer in die Wand eingelassenen, leicht erhöhten Nische für das Orchester, das bei

◁ Die Altstadt erstrahlt in neuem Glanz

Empfängen aufspielte oder die Stuckdecke im Empfangssaal, deren Bemalung den Eindruck von Holzschnitzereien erweckt. Im ersten Stock des Palácio ist auf der rechten Seite das **Memorial dos Governadores** untergebracht, ein Museum, in dem von jedem republikanischen Gouverneur Bahias ein paar Ausstellungsstücke zu sehen sind. Guilherme Figueiredo Castro, der Museumsleiter, führt Interessierte gerne durch die Räume des Palastes (nur in portugiesisch!).

Auch die **Bahiatursa** (Mo–Sa 8–18 Uhr, ✆ 2 41-43 33 und 2 41-40 47), die bundesstaatliche Tourismusbehörde, unterhält im Palast ein kleines Informationsbüro (der Eingang befindet sich jedoch in der Rua Chile). Gegenüber dem Palast steht auf der Praça Municipal ein flacher, auf Metallstelzen errichteter Betonbau, der 1986 fertiggestellt wurde und nicht so recht in die koloniale Umgebung der Oberstadt paßt. Es ist der **Palácio Tomé de Souza**, in dem die Stadtverwaltung und die staatliche Tourismusbehörde Emtursa (noch nicht eröffnet) ihre Räume haben. An der Stelle der Prefeitura (Stadtverwaltung) stand zu Beginn der Kolonialisierung das Zollhaus (Alfândega), später die Moeda (= Münze) und bis Mitte dieses Jahrhunderts die Stadtbibliothek mit dem Archiv der Stadt, das später abbrannte. Dadurch wurde die Geschichtsforschung in Bahia ungemein erschwert, denn vor dem Stadtarchiv waren bereits die Bibliothek der Jesuiten – bei deren Vertreibung Anfang des 18. Jh. – und Ende des 19. Jh. das Handelsarchiv mit den Daten über die Herkunft der Sklaven den Flammen zum Opfer gefallen.

Ebenfalls an der Praça Tomé de Souza, direkt gegenüber dem Eingang zum Elevador Lacerda, befindet sich der **Paço Municipal**. Das breite, einstöckige Gebäude mit einem Säulengang und einem rechteckigen Turm in der Mitte entstand zwischen 1660–1707. Es erinnert seiner Trutzigkeit und der schlichten Ausführung wegen an die Bauweise der spanischen Kolonialmacht in Südamerika. Heute tagt hier der Stadtrat, früher diente es als Gefängnis. Der getäfelte Plenarsaal kann besichtigt werden (Mo–Mi 14.30–17, Do 9.30–12.00 Uhr). Neben dem Stelzenbau der Stadtverwaltung, die Rua Chile leicht ansteigend, befindet sich die von Benediktinermönchen errichtete **Santa Casa de Misericórdia** (1654), die Mitte des 18. Jh. nachträglich spätbarock ausgeschmückt wurde.

Das Hauptportal der Kirche ist selten geöffnet, man kann aber durch eine Tür rechts davon über den Kreuzgang eintreten. Im Inneren befindet sich eine Christus-Figur aus Elfenbein (86 cm), die zu den feinsten Arbeiten ihrer Art gehört. Heute ist die Kirche ein beliebter Ort für Hochzeiten der

Oberschicht geworden. Das dazugehörige Museum ist auf unbestimmte Zeit geschlossen.

Die Rua Chile führt hier auf die
Praça da Sé mit der Büste des ersten Erzbischofs Brasiliens, Dom
Pedro Fernandes Sardinha, der
1556 kurz vor seiner Heimreise
nach Portugal in Olinda (Bundesstaat Pernambuco) von Indianern
getötet und verspeist wurde. Die
Praça da Sé ist heute Endhaltestell-
te zahlreicher Buslinien. Bis 1933
stand hier noch die Sé-Kirche, die
der korrupte Bischof Dom Augusto
jedoch komplett abreißen ließ, da-

mit die Straßenbahngesellschaft an
dieser Stelle ihren Wendeplatz errichten konnte. Die Erlaubnis des
Vatikans erschlich er sich, indem er
mit Photos einer anderen heruntergekommenen Kirche Salvadors die
angebliche Baufälligkeit demon-
strierte.

Im unscheinbaren **Paço Ar-
quiepiscopal** aus dem Jahr 1715
(vor den Bushaltestellen) befindet
sich heute u. a. die Verwaltung der
Erzdiözese. Am hinteren Ende des
Platzes führt eine kleine Gasse
nach links zum **Plano Inclinado
Gonçalves**, über den man während
der Geschäftszeiten (5–20 Uhr, So
geschlossen) mit der Seilbahn in
die Unterstadt fahren kann. Wenn
man die Praça da Sé nach rechts
über den schmalen Straßendurch-

Maler am Pelourinho

laß verläßt, kommt man auf den Platz Terreiro de Jesus.

Gleich links steht die **Catedral Basílica**, oft einfach nur Sé genannt: ein mit weißem Marmor verkleideter, kastenförmiger Bau mit zwei kleinen Türmen. Die ehemalige Jesuitenkirche entstand in der zweiten Hälfte des 17. Jh. Die Kathedrale war Teil des größten Jesuitenseminars, das der Orden außerhalb von Rom errichtete. Nach den Plänen der Jesuiten sollten die Bauten von der Kathedrale über den Terreiro de Jesus hinunter bis auf den Pelourinho-Platz und den Maciel wieder hinauf einen riesigen Bogen bilden. Bis zu ihrer Vertreibung Anfang des 18. Jh. gelang es ihnen jedoch nur, die der Bucht zugewandten Gebäude, wie die Kathedrale, die Bibliothek und die Seminare zu erbauen, die heute zum Teil nicht mehr in der ursprünglichen Form erhalten sind. Nach dem Abzug der Jesuiten verlegte der Erzbischof seinen Sitz in die Catedral Basílica und ließ dort seinen »Stuhl« aufstellen. Damit wurde die Catedral zur Sé (= Sitz) und zur offiziellen Vertretung des Vatikans in der brasilianischen Kolonie.

Im Gegensatz zu den Bauten der Franziskaner ist die schmucklos gehaltene Basílica streng. Auch die Statuen der drei Ordensheiligen Ignatius von Loyola, Francisco Xavier und Francisco Borja tragen trotz der aus Italien importierten Marmorverkleidung – ein einzigartiger Luxus in der Kolonie – zu die-

ser kühlen Atmosphäre bei. Selbst die vergoldete barocke Kassettendecke im hohen Innenraum mit der großen, vergoldeten Holzsonne wirkt eher nüchtern. Der Hochaltar und das Chorgestühl sowie die Sakristei sind dagegen reich verziert. Letztere mit zwei eigenen Altären, Lüstern und den großen Kleidertruhen der Geistlichen ausgestattet, erreicht man durch einen kleinen Gang rechts vom Altar. Über der Sakristei ist die Bibliothek der Kathedrale untergebracht, deren Decken perspektivische Malereien zeigen (Mitte 1993 wegen Renovierung geschlossen, Wiedereröffnung voraussichtlich noch in diesem Jahr). Vor dem Altar ist Mem de Sá, der dritte Generalgouverneur Brasiliens (1557–1570), beerdigt, der 1567 die Franzosen aus dem Gebiet des heutigen Rio de Janeiro vertrieb. In seiner Regierungszeit wurde die Kolonie erstmalig zentral verwaltet und die Jesuitenmissionen unterstützt. Die Wände des Chorraums vor dem vergoldeten Bischofsstuhl sind mit 18 biblischen Bildszenen geschmückt.

Das seitlich an die Kathedrale angebaute Kolleg der Jesuiten wurde nach deren Ausweisung größtenteils zerstört. Das Baumaterial fand bei anderen Kolonialbauten Verwendung. Später, im 19. Jh., trug man weitere Teile des ehemaligen Kollegs ab, um die medizinische Fakultät zu errichten, von der nur noch Ruinen übriggeblieben sind. Die Reste des ursprünglichen

Jesuitenseminars erreicht man über den Eingang zum **Museu Afro-Brasileiro** (Di–Sa 9–12 Uhr). Interessanter sind allerdings die Ausstellungsstücke der afrobrasilianischen Kultur **im** Museum: zum Beispiel die Kleider der Orixás, die von den Heiligentöchtern bei den Festen im Terreiro getragen werden, oder die Fotos über den Kampf-Tanz Capoeira. Vom bekannten bahianischen Künstler Carybé sind hölzerne Wandtafeln zu sehen. Carybé schnitzte 27 Zedernholztafeln mit Einlegearbeiten aus Gold, Silber, Kaurimuscheln, Kupfer, Glas und Eisen und setzte damit den Göttern der Candomblé-Religion ein Denkmal beeindruckender Schönheit.

Im **Núcleo Sertão** (Mo–Fr 8–14 Uhr), dem hinteren Teil des Gebäudes, kann man sich in Büchern und Zeitdokumenten ausführlich über den Aufstand in Canudos (s. S. 226 f.), über das Banditentum des Hinterlandes und über soziale und politische Aspekte des Sertão informieren. Der Historiker José Calazans hat dort sein privates Archiv über Canudos eingerichtet. Im Keller des Gebäudes ist außerdem das **Museu Arqueológico e Etnológico** (Mo–Fr 9–12 Uhr) untergebracht. Die Ausstellungsräume befinden sich im einzig noch intakten Teil des Jesuitenkollegs. An die Museen grenzt die Medizinische Fakultät, deren Hinterhof allmählich von der tropischen Vegetation zurückerobert wird.

Der **Terreiro de Jesus** ist einer der zentralen Plätze der Altstadt Salvadors. Händler verkaufen an kleinen Ständen ihre Souvenirs – insbesondere Hängematten, Spitzendecken und -kleider, Musikinstrumente, Ketten aus Muscheln oder Samen; Schuhputzer warten auf Kunden; Capoeirista zeigen ihre Geschicklichkeit im Kampf und lassen sich gegen Bezahlung fotografieren. Um den Platz herum bieten zahlreiche Bestattungsinstitute Särge in allen Größen und Ausführungen an. Daneben präsentieren Schmuckläden ihre Schätze. In der Mitte des Platzes sprudelt Wasser aus einem Brunnen über vier Statuen, die die vier wichtigsten Ströme Bahias darstellen.

Populärer Treffpunkt von Touristen und Einheimischen ist seit Jahren die **Cantina da Lua** auf dem Terreiro. Auf dem Platz vor dem restaurierten einstöckigen Gebäude stehen Tische und Stühle, abends finden im ersten Stock Musikveranstaltungen statt. Seitdem Clarindo da Silva 1978 seine Cantina eröffnet hat, organisiert er unermüdlich kulturelle Veranstaltungen. Als Anfang der 80er Jahre immer mehr Kleinunternehmen und Behörden aus der Altstadt wegzogen, weil das Viertel zu einem unsicheren Pflaster und Rotlichtbezirk wurde, schuf Clarindo mit der Cantina einen Intellektuellentreff. Über 60 Bücher, 6 Langspielplatten und 4 Spielfilme wurden inzwischen in der kleinen Kneipe lanciert. Darüber hinaus setzt sich ihr Besitzer seit Jahren für Obdachlose, Kranke und Straßenkinder ein.

Rechts, direkt neben dem Vorplatz der Cantina, befindet sich die Kirche **São Pedro dos Clérigos** (nur sonntags von 8–9.30 Uhr geöffnet) aus dem 18. Jh., in der Rokoko und neuklassischer Stil vermischt sind. Am Ende des Platzes Terreiro de Jesus steht die **Igreja Ordem Terceira de São Domingos** (1731), deren rechter Turm fehlt. Es ist ein schlichter, außen wie innen wenig verzierter Bau mit einer Perspektivmalerei an der Decke, den der Laienorden der Dominikaner errichtet hat.

Neben der Dominikanerkirche öffnet sich der Terreiro zu einem kleineren Platz, der Praça Anchieta. An ihrem Ende liegen die berühmte Kirche und das Kloster der Franziskaner **Igreja e Convento de São Francisco** (1703–1713). Der Sakralbau ist eine Kopie der nordportugiesischen Kirche von Miragaia in der Nähe von Porto. Wenn die Kirchenportale geschlossen sind, kann man durch die Tür zur Portaría (= Pförtnerei), rechts neben dem Haupteingang, ins Innere gelangen. Die Goldverzierungen der Chorkapelle sowie der beiden großen Altäre und der Decke sind pompös und überladen mit Schnitzereien, Putten und Heiligenfiguren. »Typisch portugiesischer Barock«, urteilt Carlos Ott, ein Fachmann bahianischer Kunstgeschichte, »die ganze Sinnlichkeit der Epoche kommt hier zum Ausdruck.« Holzskulpturen aus schwarzem Jacandará-Holz verzieren die Balustraden; vollbrüstige Engel hängen an der Kanzel. »Den

Pfarrern ist es vermutlich schwer gefallen, auf einer solchen Kanzel von Enthaltsamkeit zu predigen.« Doch die Vermischung von Profanem und Religiösem hat sich bis heute gehalten: Die Messe jeden Dienstag um 18 Uhr ist bei vielen Jugendlichen bis heute beliebtes Rendezvous, bei dem man flirtet und sich für später verabredet. Zurück in der Portaría, gelangt man in den öffentlich zugänglichen Teil des Klosters.

Interessant sind die Wandbildnisse aus blau-weiß bemalten Kacheln *(Azulejos),* die weite Teile des Kreuzgangs bedecken. Der portugiesische Maler Bartholomeu Antunes hat sie um 1737 in Lissabon nach Vorlagen des holländischen Malers Otto van Veen, einem Lehrer von Rubens, gemalt. Auf jeder Seite des Kreuzgangs wird ein religiös-philosophisches Thema in neun Variationen dargestellt. So etwa die Vergänglichkeit der Zeit, die Unvermeidbarkeit des Todes, der Wert des Menschen, der die Moral über den Reichtum stellt etc. Die Kachelbildnisse, die jeweils mit einem lateinischen Gebetsspruch überschrieben sind, stellten für die Studenten der franziskanischen Fakultät Anschauungsmaterial dar.

Links neben der Franziskaner-Kirche schließt sich die **Igreja da Terceira Ordem de São Francisco** an. Sie war vom gleichnamigen Laienorden errichtet und 1703 beendet worden. Die Fassade des Sakralbaus ist mit feinsten barocken

Azulejos in der Igreja de São Francisco

Steinmetzarbeiten verziert. 150 Jahre waren sie verdeckt, bis ein Handwerker 1936 aus Versehen einen Teil der zweiten Stuckschickt abschlug und die Ornamente freilegte. Dieser Fassadenstil wird auch als Plateresco bezeichnet. Entstanden ist er auf der iberischen Halbinsel unter maurischem Einfluß: Goldschmiede betätigten sich damals auch als Architekten und wandten ihre Materialkenntnisse bei Kirchenbauten an. Die Fassade scheint aus Holz geschnitzt, so fein sind ihre Verzierungen, dabei handelt es sich um portugiesischen Sandstein.

Wir treten durch das links der Fassade gelegene Portal in die Kirche ein. Sie ist im Vergleich zur São Francisco-Kirche fast als schlicht zu bezeichnen. Durch einen Gang gelangt man am Ossuario (Knochenhaus) vorbei, wo verstorbene Mitglieder des Drittordens in Grabtruhen aus weißem Marmor beerdigt sind, in einen wunderschönen Hinterhof. An heißen Tagen ist es hier unter den riesigen Mangobäumen angenehm kühl.

Sehenswert ist auch die Sakristei mit verschiedenen Bildnissen und einer Tonstatue des Heiligen Franziskus. In der Sala Consistorial im ersten Stock wird der »Clubcharakter« des Laienordens besonders deutlich: In einem Vorraum, nur ein paar Meter von der Kirche getrennt, stehen Grammophon, einige Schachbretter und die sog. Conservatórios, drei fein geschnitzte Holzstühle, in Form eines zusammenhängenden Kleeblatts, auf denen man sich zur Unterhaltung nicht gegenüber sitzt, sondern halbseitlich.

Die portugiesischen Azulejos im Versammlungsraum des Laienordens sind eine Rarität: Sie zeigen realitätsnah und detailgetreu Ansichten Lissabons (Ribeiras de Lisboa) vom Anfang des 18. Jh. und sind damit ein seltenes Zeitdokument der europäischen Metropole, die 1755 bei einem Erdbeben fast vollständig zerstört wurde. Im zweiten Stock des Ordens befindet sich ein kleines Museum mit Vasen-, Kerzenständer- und Kruzifixsammlungen. Von einem Balkon kann man direkt auf den Altar der Kirche blicken. Anschließend gehen wir zum Terreio de Jesus zurück.

Unterkunft: In diesem Teil des historischen Zentrums gibt es nur sehr einfache Unterkünfte. In der Nähe liegt das **Palace Hotel, Rua Chile, 20, ✆ 2 43-11 55

Bars/Treffs: Cantina da Lua, Terreiro de Jesus, abends oft Musikveranstaltungen. Cravinho, Terreiro de Jesus, kleine Bar, die um 21 Uhr schließt und für ihre verschiedenen Sorten Zuckerrohrschnaps (Cachaça) berühmt ist.

Einkaufen: Auf dem Terreiro de Jesus, dem Pelourinho und den Straßen dazwischen gibt es zahlreiche Stände und Läden mit bahianischen Handarbeiten: Musikinstrumente, Edelsteine, Schmuck, bedruckte T-Shirts, Spitze, Gemälde, Schnitzereien etc.

Das Pelourinho/Maciel-Viertel

Der im folgenden beschriebene Teil des Pelourinho hat sich seit 1993 vollständig verändert. Der Maciel, wie die Straßenzüge zwischen Terreiro de Jesus und Pelourinho-Platz auch heißen, war bis vor kurzem ein Viertel armer Leute. Sie lebten in heruntergekommenen Häusern, die schon seit Jahrzehnten von ihren Besitzern nicht mehr instandgehalten wurden und verfügten vielfach weder über Wasser- noch Stromanschlüsse. Maciel galt als Rotlichtbezirk und Drogenumschlagplatz – was zum Teil auch zutraf. Dieser Ruf bewirkte, daß sich über Jahrzehnte niemand für den Erhalt der Barockbauten einsetzte, die den größten zusammenhängenden Komplex kolonialer Architektur in Lateinamerika darstellen. Als in den 70er Jahren Firmen, Kinos, Banken und die Medizinische Fakultät aus dem Viertel wegzogen, drothe der Pelourinho vollends zu verfallen. Allein 1991 brannten 18 historische Häuser aus.

Erst in den letzten Jahren ist ein Wandel zu spüren. Nachdem Olodum, der aus diesem Viertel stammende Bloco-Afro, mit dem amerikanischen Musiker Paul Simon den Welthit »Rhythm of the Saints« hier aufgenommen hatte, wurden die Proben der Trommelgruppe schlagartig auch für Brasilianer aus der Mittelschicht und bei in- und ausländische Touristen populär. Dadurch setzte ab 1991 ein wirtschaftlicher Aufschwung in Maciel ein. Nach seinem Amtsantritt Ende 1992 begann der bahianische Gouverneur Antônio Carlos Magalhães mit der Renovierung des Centro Histórico. In einer ersten Phase wurden ca. 110 Häuser zwischen dem Pelourinho-Platz und Terreiro de Jesus restauriert. In einer zweiten Phase, die Ende 1993 ihren Abschluß finden soll, werden 109 Häuser im Carmo-Viertel der Altstadt renoviert. Bis Mitte 1994 will der Gouverneur – in einer dritten Phase – die Bauten zwischen São Francisco-Kirche und der Praça Municipal wiederherstellen. Heute ist der Maciel, der noch vor wenigen Jahren nachts und am Wochenende wie ausgestorben war, bis in die frühen Morgenstunden ein lebhaftes von Brasilianern und Touristen gleichermaßen besuchtes Altstadtviertel.

Wir gehen von der São Francisco-Kirche auf den Terreiro de Jesus zurück. Durch die kleine, mit Kopfsteinen gepflasterte Rua Alfredo Brito, die zwischen dem Museu Afro-Brasileiro und der Cantina da Lua hinunter zum Pelourinho führt, verlassen wir den Terreiro. Links befinden sich die von Grünpflanzen bewachsenen Ruinen der ehemaligen Medizinischen Fakultät. Nach rund 50 m gehen wir am ehemaligen Eingangstor der Medizinischen Fakultät vorbei, die bis Mitte dieses Jahrhunderts die größte dieser Fachrichtung in Brasilien war. In der kleinen Gasse, die auch Ladeira do Pelô genannt wird, passieren wir Juweliere, Souvenirläden und Restaurants. An der ersten Wegkreuzung, wo die Rua J. Castro Rabelo auf die Ladeira mündet, befindet sich rechts das **Museum Eugênio Teixeira Leal** der größten Privatbank Bahias (Banco Econômico), in dem regelmäßig Ausstellungen zu Themen aus Bahias Geschichte stattfinden (Mitte 1993 z. B. eine Fotoausstellung zum Aufstand von Canudos). Im dritten Stock des schön restaurierten Gebäudes ist eines der umfangreichsten Archive Bahias zur Sozial- und Wirtschaftsgeschichte untergebracht.

Die Ladeira weiter hinunter reihen sich auf der rechten Seite mehrere renovierte Restaurants aneinander, daneben Ateliers, eine Buchhandlung und eine alte Lederreparaturwerkstatt. Kurz bevor die

Restaurant am Pelourinho ▷

Gasse auf den großen Pelourinho-Platz mündet, ist rechts der Eingang zur **Fundação Casa de Jorge Amado** (Mo–Fr 9–18 Uhr). In dem kleinen Museum sind Fotos des bahianischen Romanciers zu sehen, die ihn mit berühmten Persönlichkeiten im Laufe seiner 60jährigen Karriere zeigen. Im zweiten Stock des Hauses zeigt die Fundação Jorge Amado regelmäßig Ausstellungen bahianischer Künstler. Im dritten Stock befindet sich das Jorge Amado-Archiv mit der kompletten Bibliographie zu Werk und Leben des großen bahianischen Künstlers. Auch alle fremdsprachigen Übersetzungen seiner Werke sind vorhanden. Die Casa Jorge Amado ist Teil eines großen Gebäudes, das die Kopfseite des abschüssigen und grob gepflasterten Pelourinho-Platzes einnimmt. Bis zur Abschaffung der Sklaverei stand hier der Pranger (= Pelourinho), an dem die Sklaven zur Strafe und Abschreckung gefoltert wurden. Heute finden auf dem Platz in der Vorkarnevalszeit (dienstags und an Wochenenden) Konzerte statt. Hier probt auch die Gruppe Olodum jeden Sonntag und dienstags die Trommler der Levada do Pelô.

Neben dem Jorge Amado-Museum ist in dem renovierten gelben Gebäude eine Touristeninformationsstelle (Mo–Fr 9–17 Uhr, erst wieder ab Ende 1993) und das **Museu da Cidade** (Mo–Fr 8–12 und 14–17 Uhr) untergebracht. Außer den ständig wechselnden Ausstellungen sind vor allem die menschengroßen Puppen der Orixás und eine Sammlung von Exvotos interessant. Auch eine kleine Auswahl an Teppichknüpfereien, Drucken und Holzschnitzereien bahianischer Künstler lohnt den Besuch. Besonders schön ist der Blick aus dem Fenster auf den Pelourinho.

In der kleinen Gasse, Gregório de Matos, die neben dem Museum vom Pelourinho wegführt, hat eine der bekanntesten Karnevalsgruppen der Stadt, der Afoxé Filhos de Gandhi (Probe: So nachmittag), ihre Räume. Rechts daneben sind die Eingänge zum **Theater Miguel Santana**, in dessen Hinterhof Olodum probt (Di abend, Eintritt). Gegenüber dem Teatro Miguel Santana hat der Preto Velho, eine stadtbekannte Persönlichkeit und Begründer des Afoxés Filhos de Gandhi seine Bar. Er lebt schon seit über 50 Jahren in diesem Viertel. Die Gasse gabelt sich an der Bar Estação do Pelô. Wir gehen links die Gregório de Matos etwas weiter hoch bis zu einem Bürgerhaus auf der linken Seite, dem **Solar do Ferrão** aus dem 18. Jh. Es ist eines der wenigen Häuser, die die Jesuiten – neben der Basílica und dem Kolleg – noch fertigstellen konnten, bevor sie ausgewiesen wurden. Heute ist hier das **Museu Abelardo Rodrigues** (Di–Fr 9–17 Uhr, Sa/So 14–17 Uhr) untergebracht (benannt nach seinem Stifter, einem pernambukanischen Sammler), in dem man eine große Anzahl von Barockfiguren, religiösen Gemälden und

Skulpturen besichtigen kann (z. B. seltene Prozessionsfiguren), welche bei den Volksfesten im 16. Jh. eine große Rolle spielten und die zeitweise von der katholischen Kirche als Fetische gebrandmarkt und verboten waren. Neben diesen permanenten Exponaten werden auch Ausstellungen zu wechselnden Themen organisiert. Noch etwas weiter die Gregório de Matos hoch (auf der rechten Seite) hat Olodum ein altes Bürgerhaus renoviert. Die berühmte brasilianische Architektin Lina Bo Bardi (einer ihrer bekanntesten Bauten ist das avantgardistische Kunstmuseum in São Paulo) gestaltete das Gebäude im Inneren völlig um. Gegenüber der Casa de Olodum befindet sich die Reggae-Bar Cravo Rastafari. Die Wände sind gepflastert mit Ausschnitten und Andenken an Bob Marley, dem jamaikanischen Reggae-Musiker, der in Bahia sehr beliebt ist. Jeden Dienstag abend versammeln sich Hunderte von Fans vor der Bar und tanzen zu den Reggae-Klängen.

An der nächsten Straßenecke befindet sich auf der linken Seite in einem dreistöckigen Bürgerhaus das **Centro de Artesanato do Pelourinho Instituto Mauá** (Mo–Fr 9–18 Uhr, Sa 10–16 Uhr) – eine umfangreiche und detaillierte Ausstellung bahianischer Kunsthandwerker. Für Touristen bietet das Instituto Mauá eine einzigartige Möglichkeit, die verschiedenen traditionellen Erzeugnisse des bahianischen Kunsthandwerks wie Spitzen, Musikinstrumente, Gebrauchskeramik, Flechtwaren, aus Ton geformte Figurenensembles, kunstvoll mit farbigem Sand gefüllte Flaschen etc. kennenzulernen und teilweise auch zu erwerben (der dazugehörige Laden ist auch So geöffnet von 10–16 Uhr). Einige der Ausstellungsstücke werden heute nicht mehr hergestellt, die Berufszweige sind verschwunden oder die wenigen Kunsthandwerker verstorben. Die hilfsbereiten Angestellten des Instituts informieren gerne über die Künstler und Künstlerinnen und vermitteln auch direkte Kontakte.

Wir gehen die Gregório de Matos-Gasse weiter bergan. Auf der linken Seite (Nr. 19) hat einer der bekanntesten brasilianischen Maler, der Bahianer **Sante Scaldaferri,** sein Atelier und eine **Galerie** (Mo–Sa, 9–18 Uhr). Gegenüber dem Atelier, also rechts von der Gregório de Matos, führt eine Treppe auf einen freien Platz. Bis Ende 1992 hatten hier noch die Bewohner der verfallenen Bürgerhäuser ihre Innenhofgärten. Heute stellen auf dem betonierten Platz Bars und Restaurants ihre Stühle und Tische hinaus. Im großen Gebäudekomplex auf der linken Seite des Platzes hat der SEBRAE, eine Art Handelskammer von Kleinst- und Kleinunternehmen ein **Shopping-Center** eingerichtet, in dem Firmen zu häufig wechselnden Themenbereichen, z. B. Mode, Textil, Schmuck etc. ihre Produkte ausstellen und verkaufen (Di 10–18 Uhr, Mi–So 10–20 Uhr). Wir betre-

Aufputschend, eindringlich, einnehmend

Olodum probt auf dem Pelourinho

Jeden Sonntag ab acht Uhr abends ist der Pelourinho im Zentrum der Altstadt Salvadors so voll, daß man nur noch drängelnd durchkommt. Hunderte, manchmal mehrere tausend Menschen tanzen auf dem Kopfsteinpflaster des abschüssigen Platzes. Jeden Sonntag abend probt hier Olodum, zur Zeit Salvadors populärster Bloco Afro, eine Trommelgruppe, die jedes Jahr zu Karneval durch die Straßen der Stadt ziehen. Ein Dutzend Jungs – manchmal auch ein paar Mädchen – sind es, die meistens von ihrem Meister Neguinho do Samba an den Trommeln dirigiert werden.

Sie spielen eine rauhe, energiegeladene Musik. Samba-Reggae, hat jemand die Musik genannt, doch es ist viel mehr als Samba und Reggae: Mit dünnen Gerten schlagen sie hart auf die Trommeln, die kleinen Repiques und die etwas größeren Caixas, so daß diese fast klingen als wären es die schweren Trommeln (Atabaques), die bei den Candomblé-Festen in den afrobrasilianischen Tempeln gespielt werden: prasselnd wie Regentropfen auf ein Blechdach, aufputschend, eindringlich, einnehmend. Sie mischen die afrikanischen Rhythmen mit dem wiegenden, etwas schleppenden Reggae, aber auch mit karibischem Salsa wie Merengue, Bolero oder Rumba. Darunter legen sie den tiefen Wechselbaß der Baßtrommeln (Surdos), die manchmal wie beim Samba klingen.

Auf einer wackeligen Holzbühne wechseln sich die Sänger ab, tragen ihre neu komponierten Lieder vor. Manchmal begleitet sie Bira Reis, der Arrangeur und Instrumentalist Olodums, auf dem Saxophon

ten das Shopping-Center durch einen Raum, in dem SEBRAE zusammen mit der Fundação Jorge Amado Ausstellungen veranstaltet (1993 z. B. über den bekannten bahianischen Künstler Mário Cravo Júnior) und verlassen es durch eine der Ausgangstüren, die auf die kleine Gasse Rua Francisco Muniz Barreto führt.

Jeden frühen Abend hört man hier die metallischen Klänge von

Mestre Neguinho
do Samba

dazu. Das näselnde Sopran- und das hohe, flinke Altsaxophon bekommen bei ihm zusammen mit den Trommlern etwas Kämpferisches, Triumphales, wie die Posaunen von Jericho im Alten Testament. Das Publikum übernimmt die Rolle des Chors. Ständig finden sich Gruppen von Tanzenden zu spontanen Choreographien zusammen. Herausgeputzte Paare stehen engumschlungen in der Menge, Taschendiebe versuchen ihr Glück, ein paar Touristen weiß und groß ragen aus den Tanzenden heraus. Ab und zu gibt es Schlägereien, dann stoppt die Musik und die Sänger versuchen die Streithähne zu besänftigen. Kurz vor Mitternacht gibt Mestre Neguinho der Gruppe ein Zeichen und Olodum verschwindet – immer noch trommelnd – in eine Seitengasse. Eine halbe Stunde später gehört der verlassene Pelourinho wieder den Katzen und den letzten Spätheimkehrern aus dem Viertel.

Berimbaus und die dumpfen Schläge des Atabaque, die aus dem zweiten Stock des gegenüberliegenden Hauses nach außen dringen. Es handelt sich um die **Academía de Mestre Bimba** (Fr abend öffentliche Roda ab 19 Uhr, sonst jeden Abend Unterricht), die Schule eines der berühmtesten Capoeira-Meister, die seit seinem Tod 1974 von verschiedenen Lehrern weitergeführt wird.

Wir gehen die Rua Francisco Muniz Barreto hinauf, bis wir fast wieder auf den Terreiro de Jesus stoßen, biegen dann nach rechts ab in die Rua João de Deus und steigen die Gasse hinunter bis zur ersten Straßenkreuzung. Nach links führt die Rua J. Castro Rabelo zu einigen Galerien und Ateliers (etwa Francisco dos Santos, Nr. 8, zweiter Stock). An der Ecke liegt die Galerie Prova do Artista (João de Deus/Castro Rabelo), in der einige der wichtigsten brasilianischen Künstler ausstellen. Nach rechts führt die Rua Frei Vicente zu einigen Restaurants und Bars mit bahianischen Spezialitäten – z. B. Tempero de Dada, die für ihr Bobó de Camarão und Moquecas (= Krabben- und Fischgerichte) berühmt ist, sowie Abará da Ró.

Auch die Gasse João de Deus weiter hinunter reihen sich verschiedene Etablissements aneinander: Im Cravinho do Carlinhos gibt es eine große Auswahl an Zuckerrohrschnäpsen mit Kräutern, Wurzeln und Gewürzen angesetzt.

Beim Bacalhau de Firminho wird Stockfisch (= Bacalhau) serviert – eine besondere Delikatesse.

🛏 **Unterkunft**: Im historischen Zentrum gibt es nur einfache Unterkünfte. Schön gelegen ist das *Pelourinho, Rua Alfredo Brito, 20, ☎ 3 21-90 22

🍴 **Restaurants**: Catarina Paraguassú, Rua Alfredo Brito, verfeinerte bahianische Küche mit wechselnder Karte; Uauá, Rua Gregório de Matos, 36, Carne do Sol (s. S. 244) und andere Spezialitäten

🍸 **Bars/Treffs**: Preto Velho, Rua Gregório de Matos, Bar mit folkloristischer Kunst geschmückt, Abará da Ró, Rua Frei Vicente, 4, Abará und Acarajé zum Bier

🛍 **Einkaufen**: Es gibt zahlreiche Läden mit bahianischer Kunst, Folklore und Kleidung: Kaufman Gems (Edelsteine), Rua Alfredo Brito; Litoral Norte (T-Shirts), Rua Gregório de Matos, sowie die Läden der Blocos Afros Olodum, Pelourinho, Ilê Aiyê und Muzenza, beide Rua F. Muniz Barreto

Vom Carmo-Platz zum Forte Santo Antônio

Der Pelourinho wird von mehreren kleinen Boutiquen, Schmuckläden und Restaurants begrenzt, u. a. vom Senac, einer Gastronomieschule, in der man an einem großen Buffet bahianische Spezialitäten probieren kann. Direkt neben dem Restaurant befindet sich die Kirche **Igreja Nossa Senhora do Rosário dos Pretos** (wörtlich übersetzt: Unsere Frau des Rosenkranzes der Schwarzen). Die Bruderschaft der Schwarzen vom Kongo und Angola, Sklaven und freigelassene Afrikaner bauten diese Kirche im 18. Jh. für ihre schwarzen Glaubensbrüder. Der bahianische Geschichtskenner Guilherme Figueiredo Castro nimmt an, daß Afrikaner, die in ihrer Heimat bereits von Franziskanern missioniert worden waren und später als Sklaven nach Brasilien kamen, den Bau der Kirche angeregt hätten, weil ihnen nicht erlaubt war, die Kirchen der weißen Kolonialherren zu betreten. Ihre Schutzheilige war die Nossa Senhora do Rosário. Ein anderes Motiv dafür, nach der harten Tagesarbeit ein Gotteshaus zu errichten, dürfte das Bedürfnis der Afrikaner gewesen sein, die Feierabende unbehelligt unter sich verbringen zu können. Die Sklaven engagierten den damals hochgeschätzten Maurermeister Caetano José da Costa, der eine wunderschöne Fassade schuf. Die Figur der Nossa Senhora do Rosário im Hochaltar ist weiß, während die Heiligenstatuen in den Seitenaltären schwarzer Hautfarbe sind. Die Kirche hat eine bemalte Holzdecke und ist im Vergleich zu den Ordenskirchen der Franziskaner bescheiden ausgeschmückt.

Gegenüber der Kirche befindet sich das Büro der **Emtursa,** der städtischen Touristeninformation (☎ 2 43-65 55, Mo–Fr 8–12 und 14–18 Uhr). Die Emtursa vermittelt Guía Mirims, Kinder-Fremdenführer, die von der Stadt ausgebildet und bezahlt werden.

Am unteren Ende des Largo de Pelourinho steht auf der Ecke die **Casa do Benin** (Mo–Fr 9–17 Uhr), ein restauriertes Kulturhaus, das auf Initiative des Ethnologen Pierre Verger eingerichtet wurde. Aus Benin – dem damaligen Dahomey, auch Sklavenküste genannt – wurden selbst dann noch viele Afrikaner nach Brasilien verschleppt, als die Engländer die Sklaverei schon verboten hatten und die Sklavenschiffe auf dem Atlantik abfingen.

Eine Gruppe von bahianischen Künstlern reiste Mitte der 80er Jahre nach Benin und brachte von dort Musikinstrumente, Pflanzenblätter und Gewürze mit, aber auch Spielzeug und Kochgeräte etc., die im Museum ausgestellt werden. Daneben dokumentieren Fotos von Verger die Ähnlichkeiten zwischen den westafrikanischen und bahianischen Zeremonien bei Kulthandlungen. Auch ein hübsches Restaurant ist hier untergebracht, in dem afrikanische Speisen angeboten werden. Die Casa do Benin liegt an einer Ecke, von der aus mehrere Stadtteile zu erreichen sind: die breite Straße nach rechts führt in die quirlige Geschäftsgegend der Baixa dos Sapateiros mit ihren billigen Läden und den zahlreichen Straßenverkäufern (Camelôs). Links geht es über den Taboão mit seinen zahlreichen Schuhreparatur- und Matratzenläden eine steile Gasse hinunter zur Unterstadt.

Wir wählen jedoch die steil ansteigende Ladeira do Carmo. Auf halber Höhe führt nach links eine steile Treppe zur Nossa Senhora do Paço. Wir gehen die Ladeira weiter hoch und gelangen so zur **Igreja da Ordem Terceira do Carmo** (1807), der Kirche des Laienordens der Karmeliter. Der Bau wurde an der Stelle einer ehemaligen Kapelle errichtet, die 1788 abgebrannt war. Statuen in den sechs Seitenaltären stellen den Leidensweg Christi dar. In einem Raum neben der Sakristei befindet sich in einem Glaskasten eine geschnitzte Jesusfigur aus dem Jahre 1758. Sie wurde vom indianischstämmigen Bildhauer Francisco Chagas, einem ehemaligen Sklaven, geschaffen. Der Bildhauer war Mitte des 18. Jh. einer der gefragtesten Künstler Salvadors, bei dem Orden und reiche Portugiesen Schnitzereien und Skulpturen in Auftrag gaben. Es ist ein ungemein realitätsnahes Kunstwerk aus dunklem Holz. Die Wunde in der Brust, die abgeschürften Knie und Gelenke wirken täuschend echt; und die Blutstropfen des gekreuzigten Jesus sind mit Tausenden von Rubinsplittern dargestellt. Die Arme der Statue sind mit Leder an den Torso befestigt, weil die Figur jeden Karfreitag symbolisch gekreuzigt und danach bei einer feierlichen Prozession durch die Straßen Salvadors getragen wird.

Wieder auf der Rua do Carmo treten wir in den ersten Kreuzgang des Convento do Carmo ein. In diesem Teil leben noch die letzten Karmeliter des Klosters. Von hier aus gelangen wir nach rechts in die

Nossa Senhora do Rosário dos Pretos

Igreja e Covento do Carmo (1709–1720). Im Innern der Kirche fallen das fein geschnitzte Chorgestühl aus dunklem Jacandará-Holz und die silberne Altarplatte ins Auge. Die Sakristei (1726) der Carmo-Kirche gilt als eine der prächtigsten Brasiliens. Der Boden ist aus portugiesischem Marmor, die Wände und Seitenaltäre sind vollständig mit Gold überzogen und die Decke mit zahlreichen goldgerahmten Gemälden verziert.

Bis vor kurzem befand sich noch ein Museum in den Kreuzgängen des Klosters, in dem Heiligenfiguren, Möbel und Münzen ausgestellt

Das Forte Santo Antônio Além do Carmo wurde 1638 gebaut, weil die Portugiesen erneute Angriffe der Holländer befürchteten. Von hier aus sollten die Attacken aus der Bucht abgewehrt werden. Später diente es auch als Gefängnis. Heute ist das Forte Santo Antônio ein afrobrasilianisches Kulturzentrum. Samstag nachts spielt hier in der Vorkarnevalszeit der Bloco Afro Ilê Aiyê. Instrumentenbauer, Modeschöpfer und Künstler arbeiten und verkaufen ihre Produkte. In einem der dickwandigen Räume unterrichtet einer der ältesten Capoeira-Meister Bahias, Mestre João Pequeno – Sonntag nachmittags kann man bei der Roda zuschauen. Ein Stockwerk darüber befindet sich die Schule der Grupo de Capoeira Angola Pelourinho, die u. a. Mestre Morães leitet. Wie João Pequeno ist auch Morães Schüler des berühmten Lehrers Mestre Pastinha.

Wem der Weg zu Fuß zum Pelourinho zu weit ist, kann auf dem Santo Antônio-Platz einen Bus zum Campo Grande oder auch ein Taxi nehmen.

wurden. Es ist jedoch auf unbestimmte Zeit geschlossen.

Die Rua do Carmo führt weiter auf der Höhe bis zu einer kleinen Straßengabelung mit einem Kreuz in der Mitte (= Largo Cruz Paschoal), geht dann in die Rua J. Távora und später in die Rua Direita de Santo Antônio über. Wir passieren die **Igreja Boqueirão** mit ihrer schönen Fassade und gelangen zum **Forte Santo Antônio Além do Carmo** auf dem gleichnamigen Platz. Der Spaziergang vom Fuße des Pelourinho bis zum Fort dauert rund eine halbe Stunde und führt durch einen schönen und ruhigen Stadtteil. Auf dem Largo de Santo Antônio hat man einen wunderschönen Blick über die Bucht und Unterstadt.

Restaurants: Senac, Largo de Pelourinho, Restaurantschule mit bahianischem Buffet, abends Folkloreshow, So geschlossen, ☎ 3 21-55 02; Casa do Benin, Pelourinho, afrikanisch-bahianische Küche; Casa das Farinhas, Rua Direita de Santo Antônio, schickes Restaurant im restaurierten Keller eines alten Bürgerhauses, feine Küche, auch bahianisch

Die Cidade Baixa

Seit Kolonialzeiten haben sich in der Cidade Baixa um die Hafengegend Handel und Gewerbe etabliert. Bis ins 18. Jh. bestand die Unterstadt nur aus einem einzigen Straßenzug, erst danach wurde das Handelsviertel durch Aufschüttungen verbreitert.

In den engen Straßenzügen wohnen nur wenige Menschen. Nachts ist es hier menschenleer. Für Touristen ist nur die Gegend in der Nähe des Hafens interessant, denn weiter buchteinwärts wechseln sich lediglich Kasernen, Lagerhallen, Industrieanlagen und Tankstellen ab.

Wir beginnen unseren Rundgang wieder am Elevador Lacerda, diesmal jedoch am unteren Ausgang. Nach links sind es rund 200 m bis zur **Igreja Conceição da Praia** (1739–1870), deren Name »Kirche der Unbefleckten Empfängnis am Strand« auf ihren ehemaligen Standort hinweist. Erst Anfang des 20. Jh. wurde dem Meer dann nochmals Land abgerungen und 1948 schließlich das Hafengebäude eingeweiht, von dem heute die Schiffe zu den Inseln ablegen. Ein einfaches Schild auf der Eingangsschwelle zeigt an, daß die Kirche nur 10 m über dem Meeresspiegel liegt. Die Marmorsteine kamen alle bereits behauen und numeriert aus einem Steinbruch bei Lissabon. Vier bis sieben Meter dick sind die Außenmauern. Diese

waren auch notwendig, denn aufgrund der exponierten Lage mußte die Kirche den verschiedenen feindlichen Invasionen standhalten. Die beiden Glockentürme sind schräggestellt, was in Bahia selten ist und an deutsche Barockbauten erinnert. Diese Ähnlichkeiten zum deutschen Barock mag auf den Baumeister Manoel Cardozo Saldanha zurückzuführen sein. Cardozo Saldanha war Schüler des deutschen Architekten Johann Friedrich Ludwig, der Anfang des 18. Jh. in Portugal zahlreiche Kirchen und Klöster konstruierte. Die Glocken in der Conceição lassen sich durch ein Seil zum Läuten bringen – im Unterschied zu den meisten bahianischen Kirchen, in denen die Glocken fest hängen und der Küster sie mit einem Schlegel im Gestühl anschlagen muß. Interessant sind die Perspektivmalereien an der Decke des Innenraums, die vom portugiesischen Maler José Joaquim da Rocha (1772) stammen.

Die Igreja Conceição spielt eine wichtige Rolle bei zahlreichen religiösen Feiern in Salvador. Hier findet jedes Jahr am 8. Dezember das Fest zu Ehren der Unbefleckten Empfängnis statt. Hier beginnt am 1. Januar auch die Schiffsprozession zur Igreja da Boa Viagem auf der Halbinsel Itapagipe und die Lavagem de Bonfim am vorletzten Donnerstag im Januar. Vorne rechts in der Kirche ist die katholische Ordensschwester Irmã Dulce, die »Mutter Teresa Bahias«, beerdigt. Als sie 1992 nach langer Krankheit verstarb, zog sich die Schlange der Menschen, die sich von ihr verabschieden wollten, kilometerlang durch die Unterstadt.

Richtung Barra, etwa einen Kilometer eine vielbefahrene Schnellstraße bergauf, liegt das **Museu de Arte Moderna** in einem größeren Komplex, dem Solar do Unhão (am besten ein Taxi nehmen, weil der Fußweg auf der ungeschützten Straße beschwerlich und auch nicht ganz sicher ist). Der Solar besteht aus der Casa Grande, dem zweistöckigen Herrenhaus aus dem 17. Jh. (vor dem an einem Pier Schiffe anlegen können), und aus vier verschiedenen *Galpões* (Schuppen), die auch *Senzalas* (Sklavenhäuser) genannt werden, weil dort unter den verschiedenen Besitzern Sklaven wohnten und arbeiteten. Ab dem 18. Jh. diente der Solar als Zuckersiederei, später als Reisschälerei und im 19. Jh. als Manufaktur für Schnupftabak *(Rapé)*.

Seit 1960 ist hier nun das Museum der Modernen Kunst untergebracht (Di–So 13–18 Uhr). 1993 wurde es dann nach mehrjähriger Schließung in der renovierten Anlage wiedereröffnet. Im Hauptgebäude, der Casa Grande, ist heute die permanente Ausstellung mit Werken vieler bedeutender zeitgenössischer Maler in Brasilien – von Tarsila Amaral über Rubem Valentim bis zu Carybé etc. zu sehen. Im zweiten Stock der Casa, in den Galpões und der Kapelle sind jeweils zweimonatige Ausstellungen geplant. Seit neuestem besitzt das Museum auch ein kleines Auditorium für Veranstaltungen. Im Erdgeschoß der Casa Grande befindet sich ein Restaurant, in dem Folkloreveranstaltungen stattfinden.

Wir gehen von hier zur Igreja Conceição da Praia zurück. Gegenüber der Kirche, direkt am Wasser, liegt das Hafenamt, stets bewacht von Kadetten in weißen Uniformen. Daneben steht die große **Brunnenplastik** aus dem Jahre 1970 von Mário Cravo Júnior. Im Volksmund wird die pralle Skulptur »A bunda do prefeito« – »Der Hintern des Bürgermeisters« genannt. Im kleinen Hafen legen heute nur noch Segel- und Fischerboote an. In der Mitte des Hafenbeckens ragt eine flache, runde Festung aus dem Wasser, das **Forte São Marcelo** (1650), dessen Festungsturm nicht höher als die ihn umgebende Mauer ist. Im Forte Nossa Senhora do Pópulo, wie es auch heißt, wurde einst der morgendliche Weckschuß für die Stadt abgegeben, bei Feueralarm wurde dreimal geschossen. Trauungen und Taufen fanden in der dazugehörigen Kapelle statt. Später wurde die Kaserne zum Gefängnis für politische Gefangene umgebaut: Rebellen, Republikaner, aber auch portugiesische Truppenführer aus anderen Bundesstaaten saßen dort ein. Direkt an der Hafenstraße befindet sich der **Mercado Modelo** (Mo–Fr 8–18, So 8–12

Uhr) auf der Praça Cairu. Dieser Folkloremarkt fiel bereits zweimal den Flammen zum Opfer. Früher wurde er auf dem Platz abgehalten, wo heute die Plastik von Mário Cravo steht. Die Tourismusbehörde verlegte 1971 den Mercado Modelo dann in die Alfândega (1843–1861), das klotzige Zollhaus mit dem zur Bucht anschließenden Rundbau. Als der Markt auch dort ausbrannte, wurde er innen mit einer feuersicheren Stahlkonstruktion ausgebaut. Heute finden sich unter dem Dach des alten Zollhauses ein riesiges touristisches Einkaufszentrum für Folklore, eine Bahiatursa-Information (Mo–Fr 9–18 Uhr, ☎ 2 41-02 42), ein paar Stehbars seitlich des Eingangs, zwei Restaurants mit bahianischer Küche, von deren Terrasse man einen schönen Blick auf den Hafen genießt, sowie eine Bühne, auf der Capoeiristas ihre Kunst für Touristen aufführen.

Vor dem Mercado, am Hafenausgang, befindet sich das **Terminal Marítimo**, von wo aus Boote zu den Inseln im Recôncavo ablegen. In der Cidade Baixa gibt es sonst wenig Attraktionen. Sehenswert sind jedoch die kleinen rechtwinklig angelegten Straßen zwischen dem Elevador Lacerda und dem Plano Inclinado. Noch heute sind die Händler in diesem Viertel nach ihrem Gewerbe angesiedelt. Meist finden sich mehrere Textilläden, Schneidereien oder Schuhgeschäfte in einer Straße. Dazwischen trifft man auf Handelskontore, heruntergekommene Bürohäuser sowie portugiesische und spanische Restaurants, die Angestellte und Arbeiter verköstigen und nur in der Mittagspause öffnen. In den breiteren Autostraßen, die nach westlichen Nationen benannt sind (Rua França, Estados Unidos, Espanha etc.) ragen zehnstöckige Hochhäuser in den Himmel, wie sie in den 60er Jahren in allen brasilianischen Großstädten gebaut wurden. Eines der wenigen noch aus der Kolonialzeit erhaltenen Gebäude ist der klassizistische **Palácio da Associação Comercial** (1816), der Sitz der bahianischen Handelsvereinigung, den man, wenn keine Tagung stattfindet, auch besichtigen kann (Mo–Fr 9–18 Uhr). Interessant im Inneren des großen Versammlungsraumes ist die kleine Bilddokumentation, die erkennen läßt, daß der Palast noch bis 1873 direkt an der Bucht lag. An der Treppe vor dem heutigen Eingang gingen die Schiffe vor Anker, und das repräsentative Portal befand sich auf der anderen Seite des Gebäudes. Erst gegen Anfang dieses Jahrhunderts wurden vor dem Palácio dem Meer nochmals Land abgerungen und neue Straßen angelegt.

Restaurants: Camafeu de Oxóssi, ☎ 2 42-97 51 und Maria de São Pedro, ☎ 2 42-52 62, beide im Mercado Modelo, bahianische Küche; Torremolinos, Rua Rodrigues Alves, 9, 1. Stock, einfache spanische Küche, nur mittags und werktags geöffnet.

Zur Halbinsel Itapagipe

Vor dem Elevador Lacerda starten die Busse in die Stadtteile Boa Viagem und Bonfim, die dann durch das Geschäftsviertel der Cidade Baixa weiter Richtung Bucht fahren. Etwa auf der Hälfte der Strecke, wenn an der Straße die ersten Marktstände der Feira de São Joaquim zu sehen sind (je nach Verkehr dauert es zwischen 15–30 Min.), lohnt es sich auszusteigen (evtl. den Kassierer im Bus bitten, daß er Bescheid gibt). Die Feira ist einer der größten Märkte in Salvador, Umschlagplatz für Gemüse, Obst, Fleisch und Fisch aus dem Recôncavo. Auf engem Raum werden hier die Zutaten für die afrobahianischen Gerichte angeboten: getrocknete Krabben, Dendê-Öl, Cashewnüsse, Okraschoten. Daneben gibt es aber auch Ton- sowie Flechtwaren und die verschiedensten Heilpflanzen. Morgens ist auf dem Markt am meisten los und die Waren sind am frischesten.

Danach fahren wir weiter bis der Bus auf der Halbinsel Itapagipe vor der kleinen **Igreja da Boa Viagem** (etwa: Kirche zur Guten Reise) anhält. Den Sakralbau (1746) im Renaissance-Stil errichteten die Franziskaner auf dem Gebiet eines Sandsteinbruchs, aus dem sie das Material für ihre Kirche, São Francisco, in der Oberstadt holten. Boa

Markstand der Feira de Saõ Joaquim

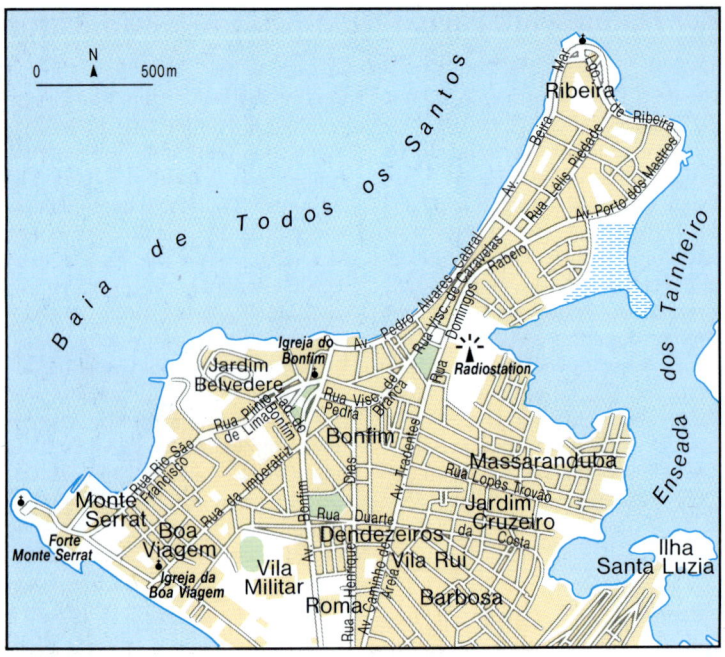

Die Halbinsel Itapagipe

Viagem ist Ziel der jährlich am 1. Januar stattfindenden Schiffsprozession zu Ehren der beiden Schutzheiligen der Seefahrer – Nosso Senhor dos Navegantes und Nossa Senhora da Conceição. Auf einem festlich geschmückten Schiff und von unzähligen Kähnen, Ruderbooten und Einbäumen begleitet, werden die beiden Statuen vom Hafen in der Cidade Baixa hierher gebracht. Anschließend findet am Strand von Boa Viagem ein populäres Volksfest statt.

Nicht weit entfernt, auf der Landspitze der Halbinsel, bietet sich ein schöner Blick über die Bucht auf das Zentrum Salvadors bis hin zu den weißen Hochhaussiedlungen von Barra. Dort steht die kleine **Igreja de Nossa Senhora do Monte Serrat**, ehemals eine Eremitage der Benediktiner, die ihr Kloster (São Bento) in der Oberstadt hatten. Etwas erhöht liegt das **Forte de Monte Serrat**, eine der ältesten Festungen Bahias, die die Stadt vor feindlichen Invasoren schützen sollte. Doch das Fort wurde zum schwachen Glied in der Verteidigungskette der Portugiesen:

Igreja do
Bonfim

1638 nahmen die Holländer mit ihren überlegen bewaffneten Kriegs-
schiffen die Feste ein. Diesmal
konnten sie sich allerdings nicht so
lange halten wie bei ihrem ersten
Angriff 1624, als sie Salvador fast
ein Jahr belagert hatten. Beim
zweiten Mal waren die Truppen
der Stadt auf den Angriff vorberei-
tet und konnten zumindest verhindern, daß die holländischen Invasoren auch die Festung Santo Antônio einnahmen. Nach einem Monat zogen die Angreifer wieder ab.
Heute stehen Festung und Kirche
unter Denkmalschutz und können
nicht besucht werden.

Nicht weit entfernt (15 Min. zu
Fuß) steht auf einer der Erhebungen
der Halbinsel die palmenumsäum-
te Wallfahrtskirche **Igreja do Bonfim** (1745). Jedes Jahr findet hier
Ende Januar die größte Lavagem
Salvadors statt. Pilger aus Bahia,
aber auch aus ganz Brasilien kommen, um den Senhor do Bonfim
um Hilfe zu bitten oder ihm zu
danken. Vor der Kirche verkaufen
Kinder und Erwachsene verschie-
denfarbige Bändchen vom Senhor
do Bonfim, die viele Bahianer an
den Handgelenken tragen. Die Fitinhas, wie die Bändchen heißen,
werden mit drei Knoten verschlos-

sen – wobei man sich drei Dinge wünschen kann, die sich erfüllt haben sollen, bis sie von selbst abfallen. Am Gitter vor der Kirche und vor allem im **Museu de Ex-Votos do Senhor do Bonfim** (Mo 15–17, Di–Fr 8–12 und 14–18 Uhr) hängen die Fitinhas bündelweise an jedem freien Platz. Noch heute dient das Museum den Pilgern als Ort, an dem sie ihre Gelübde ablegen und den Göttern dafür danken, daß sie erhört wurden. An der Decke hängen Köpfe, Beine, Füße aus Plastik oder Holz, die Gläubige in der Hoffnung auf Heilung oder als Dank für ihre Genesung hier anbringen ließen. Andere doku-

mentieren mit Fotos und Gemälden von zerschmetterten Autos, ausgebrannten Häusern und Wetterkatastrophen, wie sie durch den Schutz des Senhor do Bonfim überleben konnten.

Der benachbarte Stadtteil Ribeira, der sich an das Viertel Bonfim anschließt, ist während der Woche beschaulich und ruhig. Am Wochenende hingegen kann es schon mal eng werden an der Praia da Ribeira, wo zahlreiche kleine Baracken die Strandpromenade säumen, weil die Bewohner der bevölkerungsreichen nahen Stadtteile Liberdade, São Caetano und Retiro dort das Strandleben genießen.

Zwischen der Praça Castro Alves und dem Campo Grande

Vom Elevador Lacerda – Ausgang Praça Municipal in der Oberstadt – gehen wir nach rechts am Palácio Rio Branco und der Touristeninformation vorbei die Rua Chile hinunter. Nach 50 m können wir links in eine kleine Fußgängerpassage, die Travessía d'Ajuda, abbiegen, die uns kurz darauf zur **Igreja Nossa Senhora d'Ajuda** führt. An diesem Ort stand kurz nach der Stadtgründung Salvadors die erste Sé-Kirche, also der »offizielle« Sitz des Vatikans. In der heruntergekommenen, eher unscheinbaren Kirche erinnert lediglich ein kleines Schild daran,

daß hier einmal die erste Sé stand. Wir gehen die Travessía wieder zurück auf die Rua Chile und weiter hinunter. Kurz bevor wir auf die **Praça Castro Alves** kommen, ist an der Wand des letzten Gebäudes vor dem Platz eine Bronzetafel eingelassen. Ein eingravierter Plan läßt erkennen, wie die Stadtgrenze 1549 verlaufen ist und zeigt, daß hier die südliche Mauer des von Tomé de Souza gegründeten Salvadors lag. Die Praça Castro Alves ist nach dem brasilianischen Poeten (1847–1871) benannt, der in seinen Gedichten die Sklaverei an-

prangerte. Mit pathetisch erhobe-
nem Arm steht sein steinernes Ab-
bild da und blickt starr vor sich hin.

Während der Karnevalszeit ist
auf der Praça die Hölle los: Von
Hunderten Scheinwerfern ange-
strahlt und von zahlreichen Kame-
ras gefilmt, tanzt hier eine von Tag
zu Tag größer werdende Men-
schenmenge. Und am Aschermittwoch findet hier morgens eine der
Schlußveranstaltungen des Karnevals statt: dazu versammeln sich
ein Dutzend der superlauten Trio-
Gruppen auf der Praça und liefern
sich vor einer übernächtigten Menge musikalische Gefechte. 1993
waren aus diesem Anlaß schätzungsweise über eine halbe Million Menschen zusammengekom-
men.

Am Platz gabelt sich die Hauptstraße: Der Verkehr in Richtung
Campo Grande wird von der Praça
Castro Alves über die Rua Carlos
Gomes, eine Einbahnstraße, geleitet. Über die Avenida 7 de Setembro kommen die Autos und Busse
von dort her. Zu Fuß braucht man
entlang der beiden vielbefahrenen
Straßen – ohne Besichtigungen –
etwa 45 Min. in jede Richtung.
Wer nicht mehr laufen will, steigt
einfach in einen Bus mit der Aufschrift »Campo Grande – Sé« bzw.
»Praça Municipal« –, der die Altstadt mit dem Verkehrsknotenpunkt
Campo Grande verbindet.

Wir gehen die parallel zur Bucht
verlaufende Carlos Gomes etwa
200 Meter von der Praça weiter
und biegen in die schmale, steil ab-
fallende Rua Santa Tereza nach
rechts ab. An ihrem Ende sehen wir
bereits den mit riesigen Bäumen

Statue von Castro Alves

»Die Menschen begeistern mich«
Pierre Verger: Fotograf und Magier

Der Fotograf Pierre Edouard Léopold Verger, 1902 in Paris geboren, verließ mit 30 Jahren Frankreich und ging auf Weltreise. 15 Jahre war er unterwegs: in Afrika, Asien, Nord- und Südamerika, bis er 1946 nach Salvador da Bahia kam. Er hatte einen Ort gefunden, an dem er bleiben wollte. Die Menschen, ihre Lebensart, ihre Kultur fesselten ihn. Von Anfang an identifizierte Verger sich mit der afrikanischstämmigen Bevölkerung Bahias, durch die er Afrika erst richtig entdeckte, wie er heute sagt.

Verger beginnt sich erst als Fotograf, dann als Forscher verstärkt für den Candomblé und die religiösen Praktiken in den Terreiros zu interessieren. Seine Haltung ist bald nicht mehr distanziert-beobachtend: Im Terreiro Axé Opô Afonjá wird der Franzose in den Candomblé eingeweiht und aufgenommen. Bei einer seiner zahlreichen Reisen nach Westafrika bekommt er 1950 im heutigen Benin eine der höchsten Würden übertragen: Er wird zum Babalaô ernannt und erhält den Na-

men Fatumbi, was soviel bedeutet wie »Durch die Gnade Ifás wieder-
geboren« – Ifá, das ist der Gott der Wahrsagung und des Schicksals.
Pierre Fatumbi Verger lernt mit dem *Opelé Ifá*, einer Kette aus Dendê-
Nüssen, die Zukunft vorherzusagen und das Orakel der Kauri-Muscheln zu lesen. In Bahia halten ihn viele für einen Magier. 20 Jahre hat
er Material gesammelt für seine Dokumentation über den Sklavenhandel zwischen Bahia und dem Golf von Benin. 1968 erschien dann das
700 Seiten umfassende Standardwerk »Fluxo e Refluxo« (gemeint ist
»Zustrom und Rückkehr« der afrikanischen Sklaven), in dem er die
wirtschaftlichen, militärischen und politischen Zusammenhänge in der
Zeit des Sklavenhandels aufdeckte, was ihm einen Doktortitel an der
Sorbonne eintrug. Aber ein Wissenschaftler möchte er nicht sein. »Ethnologe oder Anthropologe, was für schreckliche Worte! Man studiert
die Menschen nicht. Sie sind keine Mineralien oder Insekten. Die
Menschen begeistern mich, deshalb liebe ich sie. Ich lebe mit ihnen,
nicht um sie zu studieren, sondern um zu lernen.« In den letzten Jahren arbeitet Verger an einem Werk über die Pflanzenlehre im Candomblé. Ein Katalog soll es werden, in dem die heilende Wirkung und
die spirituelle Bedeutung von 3600 Pflanzen aufgeführt sind.

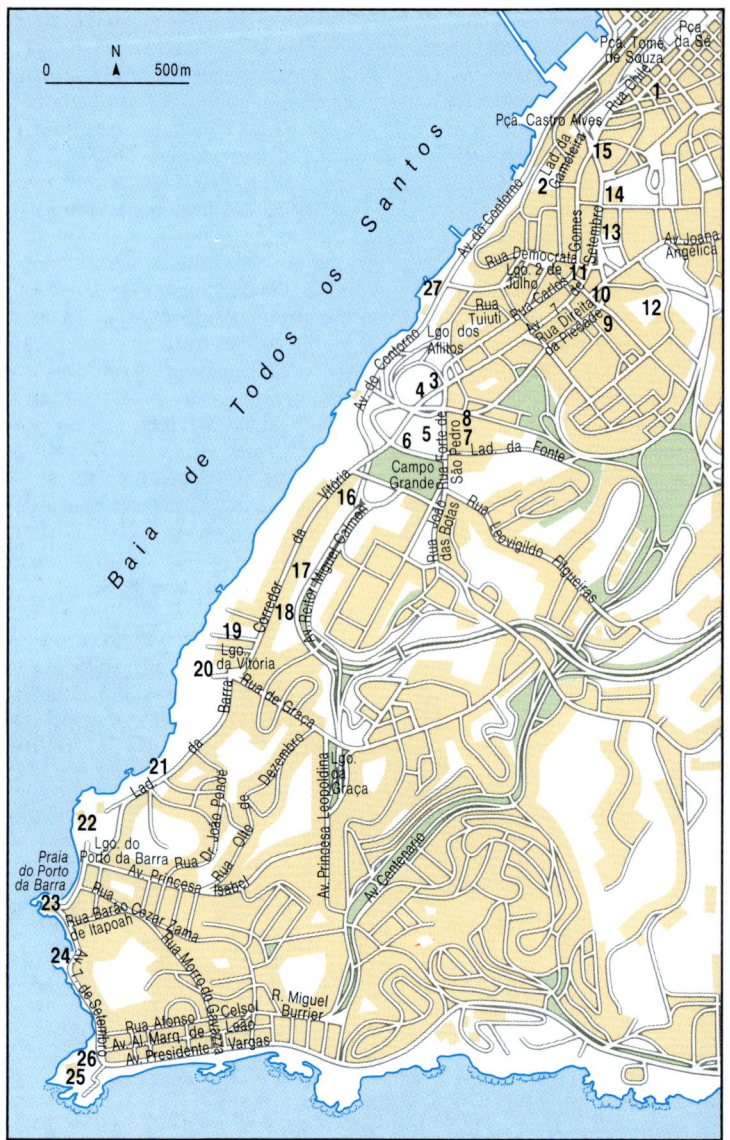

Baia de Todos os Santos

N
0   500 m

Pça. Tomé
de Souza
Pça. da Sé
Rua Chile

Pça. Castro Alves

Av. do Contorno

Lad. da
Gameleira

Rua Democrata
Lgo. 2 de
Julho

Rua Gomes

Rua 7 de Setembro

Av. Joana
Angélica

Rua
Tuiuti

Rua Carlos Gomes

Rua Direita
da Piedade

Av. do Contorno

Lgo. dos
Aflitos

Forte de
São Pedro

Lad. da Fonte

Rua de
das Botas

Rua Leovigildo Filgueiras

Campo
Grande

Corredor da Vitória

Av. Reitor Miguel Calmon

Lgo.
da Vitória

Rua de Graça

Barra da

Lgo.
da Graça

Av. Princesa Leopoldina

Av. Centenário

Lad. da

Rua Dr. João Pondé

Rua Oto de Dezembro

Lgo. do
Porto da Barra

Rua da

Av. Princesa Isabel

Praia
do Porto
da Barra

Rua Barão Cazar Dama
de Itapoan

Rua Morro do Gato

R. Miguel
Burnier

Celso
Rua Afonso

Av. Al. Marq. de Leão

Av. Presidente Vargas

Av. 7 de Setembro

bepflanzten Klosterhof der Santa Tereza-Kirche des Karmeliterordens mit dem dazugehörigen Kloster, in dem heute das **Museu de Arte Sacra** (Mo–Fr 13–18 Uhr) untergebracht ist. Durch einen mit Azulejos (= blauen Wandkacheln) geschmückten Kreuzgang gelangt man ins Innere. Zu dieser größten sakralen Sammlung Brasiliens gehören außergewöhnliche Elfenbeinarbeiten aus den ehemaligen portugiesischen Kolonien Goa und Macao sowie Tonskulpturen der beiden Benediktinermönche Frei Agostinho da Piedade (1580–1661) und Frei Agostinho de Jesus (1600–1661), die zu den hervorragendsten Künstlern ihrer Zeit zählen. Vom Museum hat man einen schönen Blick auf die umliegende Gegend und die Bucht.

Wir verlassen das Museum und gehen – um die viel befahrene Carlos Gomes zu vermeiden – die ruhige Rua do Sodré etwa 500 m bergauf, bis sie auf die Rua da Cabeça trifft. In den kleinen Gassen des Viertels um den Largo 2 de Julho ist immer viel los, weil hier zahlreiche Marktstände aufgebaut sind, die Obst, Gemüse und Fisch anbieten. Wir gehen die Rua da Cabeça nach links, bis wir an einen kleinen Platz mit einer Polizeikabine kommen, die bereits wieder an der Hauptstraße liegt.

Auf der Höhe des Postamtes geht die Carlos Gomes in die Rua Senador Costa Pinto über, bevor sie nach einer Linkskurve auf die Avenida 7 de Setembro stößt. An der Ecke rechts steht die Casa d'Italia (italienisches Konsulat und ein Restaurant). Etwa 50 m weiter liegt der Palácio da Aclamação, hier residierte bis Ende der 60er Jahre der bahianische Gouverneur. Die herrschaftlichen Räume des neuklassischen Baus mit seinen langen Säulengängen und die Gärten mit der einfachen Brunnenanlage sollen in Zukunft für Besucher geöffnet werden. Noch werden sie restauriert. Die ausgedehnte Festung auf der anderen Seite der Avenida 7 de Se-

Zwischen der Praça Castro Alves und dem Campo Grande:
1 Igreja Nossa Senhora d'Ajuda 2 Museu de Arte Sacra/Igreja e Convento de Santa Tereza 3 Casa d'Italia 4 Palácio da Aclamação 5 Forte de São Pedro 6 Hotel da Bahia 7 Teatro Castro Alves 8 Concha Acústica 9 Igreja e Convento de Nossa Senhora da Piedade 10 Gabinete Português de Leitura 11 Instituto Histórico e Geográfico da Bahia 12 Estação da Lapa 13 Relogio de São Pedro 14 Igreja e Mosteiro de São Bento 15 Fundação Gregório de Matos 16 Instituto Cultural Brasileiro-Alemão (Goethe-Institut) 17 Museu Geológico de Estado 18 Museu de Arte da Bahia 19 Museu de Carlos Costa Pinto 20 Igreja da Vitória 21 Yate Clube da Bahia 22 Forte de São Diogo 23 Fote Santa Maria 24 Stefan Zweig-Büste 25 Forte Santo Antônio da Barra 26 Museu Hidrográfico de Salvador 27 Museu de Arte Moderna de Bahia/Solar de Unhão

tembro, das **Forte de São Pedro**, dient heute als Kaserne und kann nicht besichtigt werden. Direkt dahinter – am Hotel da Bahia vorbei – liegt der **Campo Grande**, eine größere Parkanlage, auch **Praça 2 de Julho** genannt. In ihrer Mitte steht das 26 m hohe Unabhängigkeitsdenkmal aus Bronze und Marmor mit Szenen aus dem Befreiungskampf, eingerahmt von acht verzierten Lampen. Symbole für die siegreichen bahianischen Truppen sind übergroße Adler und Löwen. Die Verlierer, die portugiesischen Truppen, werden durch eine Schlange dargestellt, die ein indianischer Mischling mit seiner Lanze aufspießt.

Am Campo Grande befindet sich das architektonisch interessante **Teatro Castro Alves**, das 1993 wiedereröffnet wurde. Vier Jahre war es wegen Baufälligkeit geschlossen und sollte schon fast abgerissen werden. Im Foyer des Gebäudes – der Konzertsaal hat die Form eines auf einer Kante aufliegenden riesigen Dreiecks – beeindruckt eine Collage Carybés über die Kolonialisierung Brasiliens, die sich aus gemalten, geschnitzten und in Zement gegossenen Elementen zusammensetzt. Mit seinen 1600 Plätzen und einer modernen Bühnen- und Tontechnik ist das Teatro Castro Alves zu einer der attraktivsten Bühnen Südamerikas für Tanz, Theater und (vorwiegend) klassische Musik geworden (Veranstaltungsbeginn meist 21 Uhr, Kartenvorverkauf täglich von 10–19

Uhr). Zum Haus gehören das Orquestra Sinfônica da Bahia und das Balé Teatro Castro Alves, eine Ballettgruppe, die seit 1982 modernen Tanz mit afrobrasilianischen Traditionen verbindet und bisher vor allem im Ausland bekannt geworden ist. Direkt dahinter verläuft ein steiler Weg den Berg hinunter zur **Concha Acústica** (Akustische Muschel), einer Freilichtbühne für 6000 Personen, wo brasilianische Musikstars auftreten

Zurück auf dem Castro-Alves-Platz gehen wir die Rua Forte de São Pedro und am gleichnamigen Fort vorbei und biegen nach rechts wieder in die mehrspurige Einbahnstraße Avenida 7 de Setembro. Nach rund 3 km in Richtung Centro Histórico liegt auf der rechten Seite der **Largo da Piedade**. Hier warten Schuhputzer, Fotografen und Zuckerwatteverkäufer auf ihre Kunden, hier finden aber auch Demonstrationen und politische Veranstaltungen statt.

Gesäumt wird der Platz von der **Igreja e Convento de Nossa Senhora da Piedade**, die eine bunt gekachelte Außenkuppel hat, im Kircheninnern jedoch eher unscheinbar ist. Ebenfalls auf dem Largo da Piedade befindet sich das **Gabinete Português de Leitura** (Institut für Portugiesische Literatur) von 1833. Im Erdgeschoß, wo die führenden brasilianischen Zeitschriften und Zeitungen ausgelegt sind, steht den Besuchern auch eine kleine Bibliothek mit Nachschlagewerken zur Verfügung (Mo–Fr 9–12 und 14–19

Uhr, Sa 9–12 Uhr). Das **Instituto Histórico e Geográfico** betritt man durch den Hintereingang in der Avenida Joana Angélica, die neben dem Gabinete vom Piedade-Platz wegführt.

Außer der Geschichtsbibliothek und dem Zeitungsarchiv ist vor allem die Pinakothek (Mo–Fr 14–17 Uhr) mit der Portraitsammlung der bahianischen Elite interessant: Hohe Geistliche, Militärs, die sich bei den Unabhängigkeitskämpfen hervortaten, Abgeordnete, Gouverneure und Literaten der Stadt, teilweise auch die Gattinnen der Machthaber sind hier ausgestellt.

Wir gehen die Joana Angélica ein paar Meter weiter weg vom Piedade-Platz bis zur nächsten Ecke. Nach rechts führt ein kleiner Weg zur **Estação da Lapa**, dem größten innerstädtischen Busbahnhof, von dem aus Busse in alle Viertel der Stadt fahren. Wir biegen nach links in die quirlige Gasse Portão da Piedade, die für Autos gesperrt und von zahlreichen Verkaufsständen (Camelôs) belagert ist, so daß man nur sehr langsam vorankommt. Nach 200 m kommen wir wieder zur Avenida 7, auf der wir unseren Weg fortsetzen. Hier steht die **Relogio de São Pedro** (1916), eine Standuhr aus Paris mit vier Zifferblättern, die zu Karneval mit einer kunstvollen Holzverkleidung vor Besteigung geschützt wird. Nach der nächsten Straßenkreuzung säumen auf der rechten Seite die **Igreja e Mosteiro de São Bento**, das Kloster und die Kirche

Wenn die Kunden ausbleiben …

der Benediktiner, die Avenida (6–12 und 16.30–19 Uhr). Die Benediktiner bauten auch in Brasilien gemäß ihrer strengen abendländischen Bautradition. Das Kloster samt Kirche wurde vom spanischen Architekten

Frei Macário de São João geplant, der 1648 nach Brasilien kam und bis zu seinem Tode 1676 nur einen kleinen Teil seiner Pläne verwirklichen konnte. Erst Anfang des 19. Jh. wurde die Kuppel des düster wirkenden Baus vollendet, der nicht besonders gut erhalten ist.

Nach dem Kloster führt die Avenida 7 abwärts wieder zur Praça Castro Alves. Rechts der Praça liegt neben einer Kirchenruine – zu erreichen über einen schmalen Durchgang hinter einem Kiosk – das Gebäude **Fundação Gregório de Matos** des städtischen Kulturamtes, in dem unregelmäßig Veranstaltungen stattfinden.

Unterkunft: ***Hotel da Bahia, Praça 2 de Julho, 2, ✆ 3 21-36 99, bestes Hotel im Zentrum, häufig finden hier Kongresse statt.

Restaurants: Casa da Gamboa, Rua Newton Prado, 51, ✆ 3 21-97 76, bahianische Küche; Bernard, Rua Gamboa de Cima, 11, ✆ 3 21-94 02, So geschlossen, französische Küche; Gan, Praça Alexandre Fernandes, 29, ✆ 2 45-22 06, japanisch (mit Taxi vom Campo Grande zu erreichen)

Treffs: Boteco de Farias, Largo de Farias, einfache Bar mit ein paar Dutzend Blechtischen vor der Tür, die Do/Fr sehr voll wird (mit Taxi vom Campo Grande zu erreichen)

Der Corredor da Vitória zum Hafen von Barra

Am Ausgang des Campo Grande Richtung Küste führt die Avenida 7 de Setembro in den Stadtteil Vitória. Die von alten Bäumen gesäumte Allee wird auch Corredor da Vitória genannt. Entstanden ist dieser Stadtteil zu Beginn des 18. Jh., als die Oberschicht, die reichen Händler und Sklavenbesitzer, nach Pest- und Gelbfieberepidemien begannen, aus dem Pelourinho-Viertel wegzuziehen und ihre Häuser auf dem Bergkamm des heutigen Vitória zu errichten. Bis in die 60er Jahre unseres Jahrhunderts gab es hier zahlreiche Patrizierhäuser. Mit dem Bauboom Anfang der 70er Jahre mußten viele der Villen modernen Hochhäusern weichen, die die Sicht auf die Bucht versperren. Zwischen den 20-30stöckigen Wohntürmen sind aber noch einige Herrenhäuser übriggeblieben. Auch der dichte Baumbestand der Avenida ist noch erhalten und macht einen Spaziergang selbst bei Hitze, trotz Verkehr und fehlender Sicht angenehm.

Das in einer renovierten und erweiterten Villa untergebrachte Goethe-Institut, das **Instituto Cultural Brasileiro-Alemão** (Av. 7, No. 1809, ✆ 237-01 20, von Weihnachten bis Ende Januar geschlossen), das die Bahianer abgekürzt ICBA nennen, ist schon von weitem an seiner knallig gelben und roten Fassade auszumachen. Es gibt dort eine interessante Bibliothek mit deutschen Tageszeitungen und ein Bistro im Innenhof. Das Institut vermittelt nicht nur die deutsche Sprache und Kultur, sondern fördert auch bahianische Künstler und Wissenschaftler. Regelmäßig finden dort Podiumsdiskussionen, Theateraufführungen, Musikveranstaltungen (jeden Samstagnachmittag eine vielbesuchte Jazz-Session), Filmtage etc. statt. An einer Litfaßsäule vor dem Gebäude werden die aktuellen Termine angekündigt.

In ihrem weiteren Verlauf durch Vitória führt die Avenida 7 an mehreren Museen vorbei: Im **Museu Geológico do Estado** auf der linken Seite der Straße (No. 2195, Di–Fr 13.30–18.30 Uhr) sind Minerale, Edel- und Halbedelsteine sowie Metalle, Versteinerungen und verschiedene Sandarten ausgestellt. Im zweiten Stock kann man sich Schürfgeräte und andere Utensilien von Goldsuchern (Garimpeiros) anschauen.

Das **Museu de Arte da Bahia** (No. 2340, Di–Do 14–18 Uhr) wurde erst 1927 an der Stelle eines Palastes erbaut, dessen Besitzer José Cerqueira Lima während des 19. Jh. reichster Mann Bahias und Eigner zahlreicher Sklavenschiffe war. Nachdem Brasilien als letzte Nation der Welt 1888 die Sklaverei verboten hatte, verarmte der Flottenbesitzer und sein Palast verfiel. Auf den Grundmauern und mit dem Material anderer verfallener Solars erbaute man das heutige Museum. So ist z. B. die massive, geschnitzte Eingangstür mit mexikanischen Fresken versehen und das Sandsteinportal mit Schlangenmotiven. Beide Teile stammen aus einem Solar, den 1674 ein Ordensritter des spanischen Heiligtums von Compostela im Zentrum erbauen ließ. Beeindruckend ist auch das Treppengeländer aus dunklem Jacandará-Holz. Im Museum werden neben zeitgenössischer Malerei, Keramik, Porzellan und Skulpturen auch regelmäßig Wanderausstellungen mit internationalen Kunstwerken gezeigt (1992 van Gogh, 1993 Rembrandt).

Etwas von der Avenida 7 zurückgesetzt befindet sich auf der rechten Seite das **Museu de Carlos Costa Pinto** (No. 2490, Mo–Do 14.30–18.45 und Sa/So 15–18 Uhr) in einem großen, weißen Bürgerhaus mit Vorgarten. Die Sammlung des 1946 verstorbenen Bahianers ist ein eindrucksvolles Dokument für den unglaublichen Reichtum, den die Kolonialherren in der Neuen Welt anhäuften. Das Silber für die Weihrauchgefäße, Dochtabschneider, Karaffen und andere Zeremoniegegenstände der katholischen Kirche importierten sie aus Peru und Mexiko. Die Porzellanteller, -figuren und Elfenbeinschnitzereien ließen sie aus China und Japan kommen. Ihre Kaffee- und Teeservices stammten aus England, Frankreich und Deutschland.

Sehenswert ist auch die Sammlung der Balangadãs, die silbernen

Zweiter Juli
Bahia wird unabhängig

Am 7. September wird in Brasilien die Unabhängigkeit gefeiert. An diesem Tag im Jahr 1822 hatte Dom Pedro I. (Sohn des portugiesischen Königs Dom João VI., der von seinem Vater in Brasilien als Statthalter eingesetzt worden war) auf dem Hügel in Ipiranga, unweit von São Paulo, den berühmten Ausruf »Unabhängigkeit oder Tod« ausgestoßen, der als Grito (= Schrei) de Ipiranga in die brasilianische Geschichte einging. Doch nicht alle Gouverneure akzeptierten die Erklärung. In Bahia, wo große portugiesische Truppenkontingente stationiert waren, wurde noch zehn Monate hart gekämpft, bis auch diese Provinz unabhängig wurde und damit Brasilien ein souveräner Staat.

In der Kolonie war die Konfrontation zwischen dem Mutterland und den Brasilianern seit der Ankunft des portugiesischen Königshofes, der 1808 auf der Flucht vor Napoleon hier Zuflucht suchte, vorprogrammiert: Auf einen Schlag kamen damals zwölftausend Portugiesen – Bürger, Lakaien, Beamte und Künstler – in die Kolonie und meinten, von nun an das Sagen zu haben. Die Mächtigen in Brasilien, der Adel und die Großgrundbesitzer, waren plötzlich ins zweite Glied versetzt, mußten zum Teil ihre Häuser und Paläste räumen und wurden von arroganten Hofschranzen wegen ihrer hinterwäldlerischen Manieren ausgelacht. Diese Differenzen zwischen Portugiesen und Brasilianern beschleunigten nach der Rückkehr Dom Joãos VI. nach Lissabon (1821) die Unabhängigkeitsbestrebungen.

Einer der wenigen Stände, die durch die Ankunft der Portugiesen profitierten, waren die – meist portugiesischen – Händler. Die Öffnung der Häfen – eine Bedingung der Engländer dafür, daß sie die Verschiffung der königlichen Gesellschaft nach Übersee organisiert hatten – bedeutete, daß die Händler vom bloßen Handlangern der Großgrundbesitzer zu vielgeachteten Persönlichkeiten aufstiegen. Sie exportierten Zucker, Tabak und Gewürze nach Europa und importierten Lebensmittel und Stoffe aus Portugal sowie Sklaven aus Afrika. Ihre Gewinne waren so gewaltig, daß sie innerhalb weniger Jahre zu Geldgebern für die Plantagenbesitzer avancierten. Bald gaben sie den Ton an und nicht mehr die Fazendeiros.

In Bahia waren die Fronten schon seit 1820 eindeutig: Die portugiesischen Händler und die kolonialen Truppen der Stadt standen auf der einen, die Großgrundbesitzer und der größere Teil des Volkes auf der anderen Seite. Als im Februar 1822 der König in Lissabon einen unbeliebten Oberbefehlshaber an die Spitze der portugiesischen Armee in Salvador setzte, revoltierten die brasilianischen Soldaten im Heer. Doch dank der technischen Überlegenheit hatten die portugiesischen Truppen nach zwei Tagen die Stadt wieder im Griff.

Die bahianischen Soldaten flüchten mit ihren Familien ins Recôncavo. Dort bildeten sie mit Sklaven und Landarbeitern kleine Guerilla-Gruppen, die von den Sklavenhaltern finanziell unterstützt wurden. Den Caboclos (= Mischlingen, im allgemeinen Sprachgebrauch, aber auch: »armer Teufel aus dem Inland«) versprachen die Plantagenbesitzer nach der Unabhängigkeit eine Landreform und den Sklaven ihre Freiheit. Im April 1822 sind rund 13 000 Patrioten kampfbereit. Im Juni 1822 beginnt der Unabhängigkeitskampf: In Cachoeira rufen die Bürger Dom Pedro als ihren rechtmäßigen König aus. Daraufhin wird die Stadt von einem Kanonenschiff der Portugiesen unter Beschuß genommen. Doch nach zwei Tagen überwältigen die Einwohner das Kriegsschiff. Mit den Bürgern von Santo Amaro bilden sie eine Übergangsregierung. Immer mehr Städte des Recôncavo schließen sich an.

Die bahianischen Truppen planen die Hauptverkehrswege nach Salvador abzuschneiden. Mit Hilfe eines französischen Söldner-Offiziers, der von Dom Pedro zur Unterstützung nach Bahia geschickt wird, errichten sie in Pirajá, Cabula und Itapoãn drei Kommando-Zentren. In Pirajá gelingt es den bahianischen Truppen im November zum ersten Mal, die strategisch wichtige Stellung der Stadt zu halten. Auch einen folgenden Angriff der Portugiesen auf Itaparica können die Truppen abwehren. Dennoch fällt weiterhin keine eindeutige Entscheidung. Erst am 1. Mai 1823, als der von den Brasilianern angeheuerte englische Lord Cochrane zu Hilfe eilt und mit nur zwei Schiffen 60 Tage lang den Hafen blockiert, scheint der Durchbruch geschafft. Das portugiesische Heer kann keinen Nachschub mehr erhalten. Hinzu kommt, daß die Unterstützung aus dem Mutterland schwächer wird, weil dort die Absolutisten und die Konstitutionalisten um die Macht kämpfen.

Der Kommandant der Stadtmilizen sieht keine andere Wahl, als Salvador zu verlassen. Kampflos verschwinden die Portugiesen in der Nacht auf den 2. Juli und am Vormittag marschieren die bahianischen Truppen durch die befreite Stadt. Dieser Siegeszug wird jedes Jahr bei den Unabhängigkeitsfeiern in einem Parademarsch der Cortejos de Caboclos, die wie damals in Lederwams, Hut und Stiefel gekleidet sind, von Neuem gefeiert.

oder zum Teil auch goldenen Ketten der Baianas, die aus afrikanischen und christlichen Symbolen bestehen: Herzen, Traubenanhängern, Cajú-Früchten, Tierzähnen und hölzerne Figas (= eine glückbringende Faust, bei der zwischen Zeige- und Mittelfinger der Daumen hervorschaut).

Das Wort Balangadan – so heißt es – stammt vom Klang der metallenen Schmuckstücke, wenn sie aneinanderstoßen. Hinter dem Museum befindet sich eine Bibliothek zu brasilianischer und bahianischer Kunst.

Nach dem Platz Largo da Vitória mit der **Igreja da Vitória** senkt sich die Avenida 7 nach Barra hinunter. Hier wird die Straße auch Ladeira da Barra genannt. Wer die enge und viel befahrene Straße nicht zu Fuß gehen will, sollte am Largo da Vitória einen Bus nehmen – alle Busse, die hier vorbeikommen, fahren nach Barra – und an der Promenade wieder aussteigen. Die Ladeira da Barra liegt direkt am Berghang, der steil zur Bucht abfällt. Hier versperren keine Gebäude die Sicht aufs Wasser. Kurz bevor man den Stadtteil Barra er-

reicht, weicht die Straße nach links einer Anhöhe aus. Dort steht die **Igreja Santo Antônio da Barra** (1560), von wo aus man einen schönen Blick über das Strand- und Hafenviertel Barra genießt. Weiter die Ladeira da Barra hinunter erreichen wir nach etwa 1 km den Beginn der Strandpromenade, den sogenannten Porto da Barra. Nach rechts führt ein Weg zum **Forte de São Diogo**. Die Straße am Fort vorbei führt nach etwa 1 km zum chicen Yate-Club da Bahia, dem Yachtclub der Stadt, in dem auch Nicht-Mitglieder speisen können.

Unterkunft: Vitória: ***Victória Marina, Av. 7 de Setembro, 2068, ☎ 336-77 36, neues Luxushotel; **Vila Velha, Av. 7 de Setembro, 1971, ☎ 336-87 22; *Solar da Barra, Av. 7 de Setembro, 2998, ☎ 247-49 17; Caramuru, Av. 7 de Setembro 2125, ☎ 247-99 51, sehr einfach

Restaurants: Vitória: La Pergola, Av. 7 de Setembro, 1838, ☎ 247-76 81, italienisch

Treffs: Mordomia Drinks, Av. 7 de Setembro, 2906, schöner Blick über die Bucht

Bis in die 50er Jahre hatten die begüterten Bahianer in Barra, auf der Landspitze zwischen Bucht und Meer, ihre Wochenendhäuser. Ansonsten lebten hier vor allem Fischer mit ihren Familien. Seit der Expansion der Stadt in den 70er Jahren zählt das ehemals abgelegene Barra zu den zentrumsnahen Vierteln. Schon tagsüber ist viel los in den Straßen mit den Restaurants in allen Preisklassen, den chicen Schnellimbissen und den Bars, die schon am frühen Nachmittag öffnen. Nachts sind die kleinen Straßen Barras unweit des Ufers eines der beliebtesten Vergnügungsviertel der Stadt – auch für in- und ausländische Touristen. Vor allem in der Vorkarnevalszeit ab Neujahr ist in Barra von Donnerstag bis

Leuchtturm im Hafen von Barra

Zwischen Urlaubsliebe und Prostitution

Karl, Barbara, Magnus und Stefan wohnen in einer deutschen Groß-stadt, haben gutbezahlte Jobs, sind zur Zeit solo und verbrachten ihren letzten Urlaub in Brasilien. Ein Urlaub, der ihnen allen unvergeßlich ist. Sobald man sie danach fragt, geraten sie ins Schwärmen: Oh, Bra-silien! Sonne, Samba, Strand und vor allem die Menschen – unver-gleichlich.

Barbara schwärmt von Paulo, dem gutgebauten Capoeirista vom Strand, der ihr half die Geheimnisse Bahias zu entdecken. Bei Karl hieß der Kontakt zur einheimischen Bevölkerung Claudia, 20 Jahre alt, kostete 30 US$ für die ganze Nacht und war als Reisebegleitung zwei Wochen lang eine große Hilfe. Magnus traf Roberto in einer Schwu-lendisco, wo es – im Gegensatz zu deutschen Discos – für ihn ganz leicht war, zu flirten und jemand kennenzulernen. Und Stefan erinnert sich an Marcia, die ihn in der Lambateria so süß angelächelt hatte, die vom Leben ihrer Familie in der Favela erzählte und die Nacht mit ihm am Strand verbrachte, weil sie nicht genügend Geld für das Taxi hatte. Sind Karl, Barbara, Magnus und Stefan Sextouristen? Die vier würden das empört von sich weisen. Sie haben sich ja verliebt und wollen Claudia, Paulo, Roberto und Marcia bei ihrer nächsten Reise wieder-treffen. »Sextouristen«, das sind die dicken, dumpfen Männer, wie sie die deutschen Massenmedien darstellen: Versager, die sich Sex mit einheimischen Mädchen erkaufen müssen. Mit diesem überzeichne-ten Typ identifiziert sich kaum jemand. Sextouristen? – das sind die an-deren.

Für Karl war die Sache klar, aber Barbara ist gar nicht aufgefallen, daß immer nur sie die Rechnungen in Hotels und Restaurants beglich,

Sonntag jede Nacht bis zum frühen Morgen die Hölle los.

Leider gibt es in diesem Stadtteil in den letzten Jahren viel Nepp. Doch noch immer wohnen die meisten Touristen in dem schönen und verkehrstechnisch günstig ge-legenen Viertel. Von hier aus ge-langt man mit dem Bus in 20 Min. ins Centro Histórico und in einer halben Stunde zu den Traumsträn-den der Stadt.

In Barra verläuft die Avenida 7 am Strand entlang. Die Praia do Porto da Barra ist während der Woche gut besucht und am Wochenende überfüllt, denn sie gilt trotz Zen-

ebenso wenig wie Magnus bemerkte, daß er es war, der den Eintritt für die Disco oder beim Einkaufsbummel zahlte. Stefan hingegen lud Marcia nicht mal zu einer Cola ein, weil er das machomäßig und überheblich gefunden hätte.

1991 veröffentlichte das Sozialpädagogische Institut Berlin zusammen mit dem Institut für Tourismus der FU Berlin eine wissenschaftliche Untersuchung über deutsche Männer, die in Thailand sexuelle Kontakte mit einheimischen Partnerinnen hatten. Die Ergebnisse überraschten: So wie den vier Brasilien-Fans geht es den meisten. Ein großer Teil der befragten Männer hatte seine Beziehungen über mehrere Tage oder sogar den ganzen Urlaub. Die meisten hatten sich in ihre Partnerinnen verliebt und nahmen den fast immer vorhandenen kommerziellen Aspekt der Beziehung nicht wahr.

Was ist also Sextourismus? Jeder sexuelle Kontakt zwischen Reisenden im Urlaubsland? Oder nur sexueller Kontakt zwischen Touristen und Prostituierten? Ein einfaches Schema mit gut (Urlaubsflirt) oder böse (Prostitution) gibt es nicht. Einander ansehen, lächeln, flirten gehören in Brasilien zum Alltag. Die Sonne, die Strände, die lockere Urlaubssituation, alles dies verstärkt die erotische Bereitschaft. Fast alle Touristen werden mit einschlägigen Angeboten konfrontiert. Die Reisenden aus dem reichen Norden profitieren davon, daß sie aus einem Land mit einem hohen Lebensstandard kommen. Für die meisten Brasilianer sind Touristen unglaublich reich – sie können ja für zwei Wochen Urlaub mit Flug das ausgeben, wofür ein brasilianischer Arbeiter mehr als drei Jahre arbeitet – und sind damit geschätzte Partner. Bei vielen Kontakten spielt die Hoffnung der Einheimischen auf ein Flugticket nach Deutschland, der Prestigegewinn durch die Freundschaft mit einem Ausländer oder einfach den Luxus zu genießen, eine entscheidende Rolle.

Martin Wilke

trumsnähe als recht sauber. 1549 ging hier Tomé de Souza an Land, der erste Gouverneur Salvadors. An den Stränden vor dem **Forte Santa Maria** (17. Jh.) verkaufen Fischer ihren Fang. In der Feste, die wie die anderen Schutzbauten Salvadors nach der ersten Invasion der Holländer 1624 errichtet wurde, gibt es einen staatlichen Andenkenladen. Durch die Schießscharten in den 4 m dicken Mauern kann man das Strandleben Barras beobachten und über die Bucht bis nach Itaparica blicken.

Nach einigen hundert Metern auf der Promenade steht rechts eine kleine Büste, fast würde man sie übersehen. Sie ist Stefan Zweig gewidmet, der in seinem Buch »Brasilien – Ein Land der Zukunft« unter anderem auch die Hauptstadt Salvador beschrieben hat. Der österreichische Autor (1881–1942) war auf der Flucht vor den Nazis zunächst Ende der 30er Jahre nach Großbritannien, dann in die USA und 1941 nach Brasilien emigriert, wo er unter anderem die berühmte Schachnovelle schrieb. Sein Brasilienbuch, das 1941 gleichzeitig in portugiesischer, englischer und deutscher Sprache (in Schweden) erschien, war das letzte Werk, dessen Publikation er noch erlebt hat. Im Februar 1942 nahm er sich zusammen mit seiner Frau in Petrópolis in der Nähe von Rio das Leben.

Das **Forte Santo Antônio da Barra** oder auch einfach Farol da Barra, Leuchtturm von Barra genannt, ist eines der Wahrzeichen der Stadt. Die Festung hat den Grundriß eines unregelmäßigen Zehnecks. Von hier sowie vom Forte Monte Serrat auf der Halbinsel Itapagipe wurden die holländischen Fregatten ins Kreuzfeuer genommen, um sie von der Küste fernzuhalten. Zur Zeit der holländischen Invasion, 1624, war im Fort die stärkste Kanone Brasilien installiert: bis zu 24 Pfund schwere Kugeln schleuderte sie in Richtung Meer. Der Leuchtturm stammt aus dem 19. Jh. Heute befindet sich dort das Schiffahrtsmuseum – **Museu Hidrográfico de Salvador** – (Di–So 11–17 Uhr) mit Schiffsmo-

dellen, alten Seekarten und Navigationsinstrumenten aus verschiedenen Epochen.

Unterkunft: In Barra gibt es eine große Auswahl an Hotels in allen Preisklassen. ***Grande Hotel da Barra, Rua Forte de São Diogo, 2, ☎ 336-60 11; ***Mar Azul, Av. 7 de Setembro, 3937, ☎ 336-21 21; ***Hotel do Farol, Av. Presidente Vargas, 68, ☎ 336-66 11; **San Marino, Av. Presidente Vargas, 889, ☎ 336-43 63; *Vila Romana, Rua Professor Lemos de Brito, 14, ☎ 336-65 22; *Bella Barra, Rua Afonso Celso, 439, ☎ 237-85 01; **Aparthotels:** Barra Summer Flat, Av. Princesa Isabel, 526, ☎ 336-36 99

Restaurants: Frutos do Mar, Av. Almirante Marquês de Leão, 415, ☎ 245-64 79, Fisch und Meeresfrüchte; Arroz-de-Hauçá, Rua Professor Sabino da Silva, 598; ☎ 247-35 08, Mo geschlossen, beliebter In-Treff mit bahianischer Küche; L'Escalier, Av. Princesa Isabel, 526, ☎ 336-36 99, französisch, chic; Dom Vitellone, Rua Dom Marcos Teixeira, 25, ☎ 235-72 74

Treffs: die Bars entlang der Strandpromenade oder in der Av. Almirante Marquês de Leão, populär auch: Rua do Meio, die Straße in der Mitte genannt, z. B. Habeas Copos, Av. Almirante Marquês de Leão, 172

Sprachschule: Casa do Brasil, Rua Milton de Oliveira, 231, ☎ 245-58 66, hervorragende Sprachschule, deren Kurse in Deutschland als Bildungsurlaub anerkannt werden; auch Kunst- und Kulturzentrum. Vermittelt für Schüler Zimmer in Gastfamilien.

Die Stadtstrände von Barra bis Flamengo

Von Barra aus führt eine vielbefahrene Promenade die Atlantikküste rund 35 km weit aus der Stadt heraus. An Wochenenden und Feiertagen ist die Straße schon am Morgen überfüllt, weil alle aus der Stadt zum Baden rausfahren. Wie überall in Brasilien hat jeder Strand – und das dazugehörige Viertel – sein Stammpublikum und sein eigenes Flair. Bezüglich der Verschmutzung gilt: Je weiter vom Zentrum entfernt, desto sauberer. Nach dem Farol da Barra führt die Avenida Oceânica am Meer entlang weiter bis zum **Morro do Cristo,** einem Hügel mit einer Christusstatue. In den frühen Morgen- und Abendstunden traben unermüdlich Jogger über die Strandpromenade, Liebespaare, Pensionäre und Touristen genießen den Sonnenuntergang hinter der Ilha de Itaparica und an Karneval ziehen Trios und Blocos über die Avenida. Am Wochenende ist auf dieser Straße meist ein riesiger Stau, weil sich alle in den Bars und Diskotheken amüsieren wollen.

Die **Praia do Farol da Barra** ist von Riffs geschützt, eignet sich aber weniger zum Schwimmen. Am Strand vor der kleinen Christusstatue wird gesurft und der palmenbestandene Hügel ist ein beliebter Treffpunkt von Liebespaaren. Hinter dem Morro do Cristo beschreibt die Straße eine Kurve

und danach kann man bereits die Felsen des **Ondina-Strandes** ausmachen. Die Avenida verläuft jetzt nicht mehr direkt am Meer, sondern an den teuren Hotels vorbei. Der Strand ist immer recht voll, die Wasserqualität – da von Wind, Regenfällen und Strömung abhängig – täglich wechselnd, aber eher mäßig. Auch hier spielen an Karneval auf den Parkplätzen am Strand Trios.

Unterkunft: In Ondina gibt es vor allem Hotels der mittleren und gehobenen Preisklasse. ***Bahia Othon Palace, Av. Pres. Vargas, 2456, ☎ 247-10 44; ***Salvador Praia, Av. Pres. Vargas, 2338, ☎ 245-50 33; **Ondina Praia, Av. Pres. Vargas, 2275, ☎ 336-10 33; **Ondimar, Av. Pres. Vargas, 1843, ☎ 245-03 66; *Bahia Praia, Av. Pres. Vargas, 2483, ☎ 336-51 22; **Apart-Hotel** Ondina, Av. Oceánica, 2400, ☎ 203-80 00

Restaurants: Baby Beef Martinez, Av. Oceánica, 2400, ☎ 203-83 14, Steakhouse; Alto de Ondina, Alto de Ondina, ☎ 245-82 63, regionale Küche, phantastischer Blick; Suki Yaki, Av. Pres. Vargas, 3562, ☎ 247-50 63, japanisch

Busse: Ab der Praça de Sé fahren verschiedene Executivo-Busse über Barra die Strandstraße ab. Ziel: Aeroporto, Flamengo, Vilas Atlánticas

In **Rio Vermelho** ist abends immer viel los (Straßenbars, Diskotheken und ein Theater). Die drei Strände des Stadtteils eignen sich jedoch nicht zum Baden. Die Praia da Paciêna bildet fast eine eigene Bucht. Der dahinter liegende gleichnamige Hügel ist wegen des phantastischen Blicks eine der begehrtesten und schönsten Wohngegenden Salvadors: Hier haben Caetano Veloso und Jorge Amado ihre Häuser.

An der Praia Santana startet alljährlich am 2. Februar die Schiffsprozession mit den Gaben für die Meeresgöttin Yemanjá. Dann sind die kleine Kirche und die Hütten der Fischer, die das Jahr über kaum auffallen, Ziel Tausender Menschen, die dort ihre Geschenke abgeben wollen.

An der Praça Marechal Aguiar dahinter verkauft jeden Tag eine berühmte Baiana ihre frisch fritierten Acarajés. Abends stehen die Menschen Schlange für diese Spezialität aus gemahlenen Bohnen und getrockneten Krabben, die im heißen Dendêöl ausgebacken werden. Vor den Bars auf der Praça stehen Tische und Stühle auf der Straße und am Wochenende ist es bis nach Mitternacht schwer, einen Platz zu bekommen.

Etwa 500 m weiter befindet sich das moderne **Teatro Maria Bethânia,** in dem in der Saison regelmäßig bekannte brasilianische Interpreten der populären Musik auftreten. Am benachbarten **Largo de Mariquita** reihen sich, parallel zur Flußmündung und im Schatten

eines Fünf-Sterne-Hotels, einige volkstümlicher Bars und Restaurants aneinander, in denen es außer Moquecas, den bahianischen Fischgerichten mit Dendê und Kokosmilch, vor allem die traditionellen brasilianischen Volksgerichte wie Rabada (Ochsen-

schwanz), Mocotó (Kalbsfuß) oder Feijoada (ein Bohnengericht mit Schweinefleisch) gibt – durchaus empfehlenswert.

🛏 **Unterkunft:** ***Meridien, Rua Fonte do Boi, 216, ☎ 248-80 81, gilt als bestes Hotel Salvadors; ***Enseada das Lajes, Av. Oceânica, 511, ☎ 336-10 27; **Bahiapark, Praça Augusto Severo, ☎ 248-65 88

Eiskaltes Bier und Krebse

Strandkultur

»Aber bitte eisgekühlt, noch dampfend«, so bestellt Luiz das Bier am Strand. Wenige Minuten später kommt João mit der Styroporschachtel unter dem einen Arm, einem Turm Gläser unter dem anderen über den heißen Sand gerannt. Im Schatten des Sonnenschirms zieht er die braune Flasche etwas aus dem weißen Styropor, gerade so weit, daß man den Dampf sieht, der entsteht, wenn eiskalte Flaschen aus der Kühltruhe in die sommerliche Hitze gelangen. Er entfernt schwungvoll den Kronkorken und läßt die goldene Flüssigkeit in die Gläser laufen. Zehn Uhr morgens ist es, und zumindest Familienoberhaupt Luiz der Familie da Silva Santos ist mit dem Beginn des heutigen Sonntags zufrieden.

Während Vater Luiz sich an seinem ersten Bierchen freut und zufrieden über die Rundung seines Bauches hinweg die Strandschönheiten begutachtet, zupft seine älteste Tochter Silvia noch immer etwas mürrisch an den schmalen Streifen Stoff ihres pinkfarbenen Bikinis. Die Bänder und Streifen müssen an genau denselben Stellen sitzen, wie am vergangenen Wochenende, damit später die hellen Abdrücke auf der dunklen Haut (Marcas) deutlich zu sehen sind. Die Spange mit der die schwarzen Haare der 16jährigen am Hinterkopf zusammengefaßt sind, ist ebenso pinkfarben wie der Ton des Lippenstiftes und die pink-schwarzen Plastik-Ohrringe. Sylvia wäre lieber mit ihren Freundinnen an den Strand gegangen als mit der ganzen Familie. Dann wären sie ungestört am Meer entlangflaniert, hätten den Surfern zugeschaut, wie sie wagemutig mit ihren Brettern auf den meterhohen Wellen tanzen und sie hätten hier und da den blonden Ausländern kecke Blicke zugeworfen und dabei aufgeregt gekichert.

Sylvias Mutter, Martha, ist noch immer damit beschäftigt, ihrer achtjährigen Tochter Marcia die Haare eng an den Kopf zu flechten, während diese ungeduldig von einem Bein auf das andere hüpft. Ihr zwei Jahre jüngerer Bruder Marcelo tollt schon längst in den Wellen herum und kommt naß und glänzend angerannt, um hastig von seiner Guaraná-Limonade zu trinken. Als die beiden Kleinen im Wasser sind, lehnt auch Martha sich im Liegestuhl zurück, rückt den Sonnenhut zurecht und sucht nach bekannten Gesichtern unter den anderen Sonnenschirmen. »Oi querida«, »Hallo meine Liebe«, ruft prompt Claudia herüber, eine Bekannte, die ein paar Meter entfernt sitzt und sich jetzt erhebt, um sie zu begrüßen. Küßchen rechts, Küßchen links und die Damen vertiefen sich in ein längeres Gespräch über die letzten Neuigkeiten. »Klatsch« seufzt Vater Luiz und ordert ein weiteres eisgekühltes Bier und wie jeden Sonntag vier Krebse.

An den Strand zu gehen ist das wichtigste Freizeit- und Wochenendvergnügen in Bahia. Es bedeutet – neben Sonne auf der Haut und

einem Bad im Meer – vor allem Freunde und Bekannte zu sehen, wobei der gesellige Aspekt im Vordergrund steht. Jede Familie, jede Freundes- oder Nachbarschaftsgruppe hat »ihre« *Barraca* (Strandbar), an der man sich trifft, und das oft seit Jahren. Zu einem gelungenen Strandtag gehört eisgekühltes Bier, sorgfältig zubereitete *Tiragostos* (Kleinigkeiten wie Krebse, Fische oder auch Fleisch) und für die Männer ein gutes Fußballspiel oder eine Partie Domino. Wenn sich dann am späteren Nachmittag noch ein Grüppchen zur *Pagode,* einer spontan entstehenden Musikgruppe mit Perkussionsinstrumenten, Gesang und Gitarre zusammenfindet, dann ist dies ein besonders schöner Tag. Von den menschenleeren Stränden fühlen sich nur wenige angezogen. Nicht nur, weil das Meer dort meist ungestümer ist und die meisten brasilianischen Strandgäste am liebsten im fast stehenden, lauwarmen Wasser sitzen oder kurz eintauchen, sondern auch, weil ihnen dort die *Barracas* mit ihrem Bar- und Restaurantbetrieben, der lauten Musik und den vielen Menschen fehlen.

X **Restaurants:** Enseada das Lajes, Av. Oceânica, 511, ☏ 336-10 27, reservieren, schöner Blick, teuer; Phelippe Camarão, Rua Alexandre Gusmão, 104, ☏ 235-15 96, Meeresfrüchte, schöner Blick, teuer; Extudo, Rua Lidio de Mesquita, 4, ☏ 237-46 69, Treffpunkt, gute Küche, immer voll; Companhia das Indias, Rua Irará, 8, Parque Cruz Aguiar, ☏ 237-34 98, kleines Restaurant mit guter Küche in Wohngegend (Taxi nehmen!), O Marisco, Rua Euricles de Matos, 123, ☏ 237-39 10, Meeresfrüchte, einfach

Y **Treffs:** Auf dem Largo da Mariquita gibt es mehrere einfache Bars; O Holandes Voador, Rua João Gomes, 88, ☏ 336-05 36, neue populäre Bar, Disco und Restaurant

Die folgenden Strände **Amaralina** und **Pituba** sind beide nicht bepflanzt und schmal. Bei Flut können die Wellen recht kräftig werden – dann packen die Surfer ihre Bretter aus. An der Ausbuchtung, die die beiden Strandabschnitte und Stadtteile trennt, sitzen am **Largo de Amaralina** ein Dutzend weißgekleidete Baianas hinter ihren farbig dekorierten Ständen und bieten ihre Spezialitäten wie Acarajé, Abará, Passarinha, gebratenen Fisch und Süßigkeiten wie Cocada oder Bolo de Mandioca an (s. S. 244).
Pituba ist ein seit Ende der 70er Jahre rasant gewachsenes Wohnviertel mit vielen Hochhäusern. In der Küstenstraße Avenida Otávio Mangabeira mit ihren zahlreichen

Diskotheken, Bars und Pizzerien amüsieren sich die Nachtschwärmer. Am Strand **Chega Nego** (übersetzt etwa: Da kommt der Neger) wurden früher die Sklaven an Land gebracht. Hier und beim **Jardim dos Namorados,** dem »Garten der Verliebten«, sollte man besser nicht baden, weil ein paar Meter weiter ein Kloakeneinlaß ins Meer mündet. Im benachbarten **Jardim de Alah** (Der Garten Allahs) gibt es auch einen kleinen Park mit Palmen, wo man Schutz vor der Sonne findet, grüne Kokosnußmilch trinken kann und Gelegenheit hat, Capoeiristas bei ihrem Training zuzuschauen. Direkt daneben liegt die beliebte **Praia de Armação,** eine kleine, steinige Bucht mit einfachen Bars.

🛏 **Hotel:** ***Golden Park, Av. Manoel Dias da Silva, 979 (Pituba), ☏ 240-56 22; **Pituba Plaza, Av. Manoel Dias da Silva, 2495 (Pituba), ☏ 248-10 22; *Pituba Praia Hotel, Av. Manoel Dias da Silva, 2581, (Pituba), ☏ 248-68 22; Amaralina Hotel, Av. Amaralina, 790 (Amaralina), ☏ 248–78 22

X **Restaurants:** Yemanjá, Av. Otávio Mangabeira, ☏ 231-57 70, eines der besten Restaurants für Moqueca; Rodeio, Av. Otávio Mangabeira, Jardim dos Namorados, ☏ 240-17 62, Churrascería (Steakhouse) mit Rodizio; Dragão de Ouro, Av. Paulo VI, 450, ☏ 240-77 95, chinesisch

Y **Bars/Treffs:** eine neben der anderen entlang der Küstenstraße Av. Otávio Mangabeira

Auf der Höhe des Stadtviertels **Boca do Rio** macht die Küstenstraße einen weiten Bogen um den vor allem bei Surfern beliebten Strand. Ungefähr 1 km ins Landesinnere steht das weithin sichtbare **Centro de Convenções,** ein neues Kongreßzentrum aus Metall und Beton, das von der Meerluft schon etwas angegriffen war, aber 1993 für das Treffen der südamerikanischen Regierungschefs renoviert wurde.

Die folgenden Strände **Corsário, Pituaçu, Jaguaribe, Piatã** und **Placafor** sind alle ähnlich schön, gut zum Baden, Surfen etc. und von Barracas, den populären Strandbars, gesäumt. In Jaguaribe treffen sich vor allem Jugendliche, die surfen und flirten wollen. Hier werden während der Sommersaison die verschiedensten Wettbewerbe veranstaltet: von Volleyball übers Surfen bis zu Karate. Auf der anderen Seite der Straße liegen Freizeitclubs und Restaurants, weiter zurück auch Neubausiedlungen. An der Uferstraße stehen alle hundert Meter Recks, Stangen und Streckbänke für jene, die ihre Körper durch Musculação, das brasilianische Body-Building, stählen wollen. Morgens, kurz nach Sonnenaufgang, ist die Strecke voll mit Joggern. Und bei Ebbe wird in diesen Strandabschnitten leidenschaftlich Fußball gespielt.

Unterkunft: **Grão de Areia, Rua Guaraçaima (Placafor), ☎ 249-48 18; Itapoãn Praia, Rua Dias Gomes, 4 (Placafor), ☎ 249-99 88

Restaurant: Kil's Av. Iemanjá, 37, ☎ 230-89 25, gute deutsche Küche; Bargaço, Rua P, QD 43, Lotes 18/19, ☎ 231-51 41, bekanntes, gutes Fischlokal; Agdá, Rua Orlando Moscoso, 1, ☎ 231-28 51, gute bahianische Küche; A Porteira, Rua Dom Eugênio Sales, 96, ☎ 231-79 24, Spezialitäten sind Carne do Sol (Trockenfleisch) und Picanha (brasilianische Fleischspezialität, ähnlich unserem Tafelspitz); Beto's Bar, Rua Lúcia Manoel da Hora, 13, Carne do Sol; Casquinha de Siri, Praia do Piatá, ☎ 249-12 34, bahianische und internationale Küche, Live-Musik und Tanz, am Wochenende sehr voll

Ab Placafor führt die Küstenstraße wieder durch Wohngebiete. Das folgende Dorf **Itapoãn** – oft auch Itapuã geschrieben – hat einen der bekanntesten Strände in Brasilien, dessen Leuchtturm auf vielen Postkarten zu sehen ist. Dorival Caymmi, Caetano Veloso und der Poet Vinícius de Morães haben ihn und das Dorf schon besungen: »Es tut gut, einen Nachmittag in Itapoãn zu verbringen, unter der brennenden Sonne von Itapoãn, das Meer zu hören von Itapoãn, über Liebe zu reden in Itapoãn.«

Die Uferstraße biegt im Dorf an der **Sereia,** einer steinernen Meerjungfrau, nach links Richtung Flughafen ab. Weiter geradeaus ins Dorf hinein, liegen rechts die kleinen Häuser der Fischereigenossenschaft, wo am Wochenende Fische, Krebse, Muscheln, Krabben und Langusten feilgeboten werden. Sonntagabend spielt hier Malê Debalê, der Bloco Afro aus Itapoãn.

Die Stadtstrände in Salvador

Hinter der Kirche von Itapoãn, vor der jedes Jahr zwei Wochen vor Karneval eine Lavagem stattfindet, zweigt die Dorfstraße an einem Rondell nach links ab, steigt leicht an, macht einen Bogen nach rechts und kommt kurz darauf zur **Lagoa de Abaeté,** einem der Wahrzeichen Salvadors. Diese Lagune mit schwarzem Wasser in den weißen Dünen wurde unter Naturschutz gestellt, aber durch die ständig zunehmenden Ansiedlungen in der Umgebung ist sie nicht mehr naturbelassen. Der Dünensand wurde als Baumaterial abgetragen

und der Urbanisierung folgte eine zunehmende Verschmutzung. Im September 1993 wurde hier ein Natur- und Freizeitpark eingeweiht.

Zurück zum Rondell ins Dorf. Von hier führt die Küstenstraße zu den nächsten Stränden, vorbei an Feriensiedlungen und Villen. Auf den Stichstraßen Richtung Meer gelangt man zur **Praia do Farol de Itapoãn,** einem Strand rund um den Leuchtturm von Itapoãn. Bei Ebbe bleiben im Riff mit Meerwasser gefüllte Becken zurück, die viele Brasilianer den stürmischen Wellen vorziehen. Die Straßen in diesem Viertel wurden nur mit Buchstaben gekennzeichnet: z. B. Rua J, Rua K etc.

Große Wäsche an der Lagoa de Abaeté

🛏 **Unterkunft:** ***Sofitel Quadro Rodas Salvador, Rua Passár Gada, 28, ✆ 249-96 11, Luxushotel mit vielen Freizeitmöglichkeiten; *Bayona, Av. Dorival Caymmi, 46, ✆ 249-67 62

🍴 **Restaurants:** Di Liana, Estrado do Coco, km 1,5 (Nähe Flughafen), ✆ 378-10 88, italienische Küche wird in einem wunderbaren Garten serviert; O Lagostão, Rua Agnaldo Cruz, 12, ✆ 249-36 46; Pepeu, Estrada Velha de Itapoãn, einfache Bar an der Landstraße

Mit den Bussen, die die gesamte Küste abfahren, kann man noch etwas weiter in die Dünenlandschaft hinter Itapoãn hineinfahren bis nach Praia do Flamengo oder Vilas do Atlântico. Aus der zersiedelten Dünenlandschaft bei **Stella Maris** ragt eine riesige Hotel-Bauruine heraus. Sie diente als Kulisse im Film »Wilde Orchidee«. In dieser Liebesschnulze aus dem Jahr 1989 spielt Carré Otis eine junge amerikanische Rechtsanwältin, die dem Charme des unnahbaren James (Mickey Rourke) erliegt.

Davor befinden sich mehrere Strandabschnitte um Stella Maris, die bei Jugendlichen sehr beliebt sind, obwohl hier alles etwas teurer ist. Während der Woche sind die Strände oft menschenleer und selbst am Wochenende sind sie nicht so voll wie die stadtnahen Badeplätze. Die Praia Stella Maris und auch die folgenden Strände eignen sich hervorragend zum Surfen und Schwimmen. Aber **Vorsicht:** Die Strömung ist sehr stark, und man sollte beim Baden nie den Bodenkontakt verlieren! Auch weiter nördlich von **Flamengo** gibt es ähnlich schöne Strände. Wer gerne am Strand Wanderungen macht, kann sich auch morgens in Itapoãn auf den Weg machen und in Richtung Norden laufen. Bis Flamengo sind es ca. 8–10 km. Dort ist auch die Busendstation. Wer noch weiter nach Norden will, muß zum Busbahnhof Rodoviária oder in Itapoãn den Bus wechseln.

Die Inseln der Bahia de Todos os Santos

Die Insel **Itaparica** liegt von Barra oder der Altstadt Salvadors aus gesehen, auf der anderen Seite der Bucht. Sie ist mit 239 km² das größte Eiland Brasiliens und zählt rund 15 000 Einwohner. Trotz der 17 km Luftlinie kann man an klaren Tagen von der Ilha, der Insel, wie sie meist einfach genannt wird, die einzelnen weißglänzenden Hochhäuser von Barra und Vitória erkennen. Die 35 km lange, von Palmen gesäumte Insel wirkt als natürlicher Wellenbrecher, sie schützt die zahlreichen Inseln und Flußdeltas der Allerheiligenbucht vor dem offenen Meer. Als die portugiesische Kolonie noch umkämpft und Salvador Hauptstadt Brasiliens war, spielte Itaparica wegen ihrer strategisch günstigen Lage eine wichtige Rolle. Die Engländer und Holländer besetzen sie mehrmals bei ihren Versuchen, die Stadt Salvador zu erobern. Im Unabhängigkeitskrieg gelang es dem bahianischen Heerführer João das Botas (»Stiefelhans«), zunächst die Portugiesen von der Insel zu vertreiben und von dort aus die Stadt, in der die portugiesischen Truppen stationiert waren, zu belagern. Die Brasilianer waren den Portugiesen zwar in Zahl und Ausrüstung unterlegen, doch von der Itaparica aus ließ sich die Versorgung der Truppen in Salvador, die vor allem aus dem Recôncavo kam, kontrollieren.

Die Insel wurde und wird ausschließlich landwirtschaftlich genutzt: Zuckerrohr, Weizen, Rinderzucht, Fischfang. Die Früchte von Itaparica, insbesondere Mangos und Cajú sind heute für ihren feinen Geschmack in ganz Bahia berühmt. Der Cajú-Baum liefert nicht nur die säuerliche gelborangefarbene Frucht (die beim Essen einen leicht pelzigen Geschmack im Mund hinterläßt), sondern auch die Cashew-Nuß, wie sie in Europa heißt. Die wie eine kleine Paprika geformte Frucht hat als dunklen Fortsatz eine Nuß, die geröstet wird. Darüber hinaus liefern die zahlreichen Kokospalmen, die einst auf den Kapverdischen Inseln beheimatet waren, das ganze Jahr über grüne, saftige Kokosnüsse.

Nachdem die Jesuiten die ansässigen Indianer von der Insel vertrieben hatten (1560), wurden vor allem afrikanische Sklaven auf den Großgrundbesitzen (Fazendas) zur Arbeit eingesetzt. Sie waren es auch, die das gesellschaftliche und religiöse Leben entscheidend geprägt haben. So gelten noch heute viele Dörfer auf Itaparica als magische Orte und nur hier blieb eine seltene, geheimnisvolle Art des »Candomblé der toten Seelen« erhalten, der Candomblé dos Eguns.

In den 70er Jahren avancierte Itaparica zum beliebten Wochenendziel für begüterte Soterapolitanos. Für viele wohlhabende Familien ist es üblich, den Sommer auf der Ilha zu verbringen. Aber nicht nur die reichen Hauptstädter, auch Künstler, Intellektuelle und Freaks, denen Salvador zu hektisch wurde, zogen sich hierher zurück. Doch die umzäunten Wochenendhaussiedlungen (Vilas), die heute fast die gesamte der Stadt gegenüberliegende Küste säumen, haben den Charakter der Insel verändert. Mit der wirtschaftlichen Krise der 80er Jahre hat der Bauboom allerdings etwas nachgelassen.

Itaparica lohnt sich noch immer für einen ruhigen Tagesausflug unter der Woche oder für einen Kurzurlaub. Viele Sehenswürdigkeiten gibt es nicht. Dafür locken lange Strandwanderungen, reiches Grün, Badestrände und einfaches, aber gutes Essen. Der Schriftsteller J. U. Ribeiro umschreibt dies so: »Auf der Insel wird ein permanenter In-

Die Insel Itaparica

tensivkurs in der schwierigen Kunst des Nichtstuns gehalten.«

Wer in **Bom Despacho** mit der Fähre ankommt, wird zunächst enttäuscht sein, denn der Anleger ist nicht vielmehr als eine staubige Straßenkreuzung, gesäumt von Blechbaracken, wartenden VW-Bussen und einem Immobilienbüro. Wer außer den Stränden auch etwas von der Insel kennenlernen möchte, sollte sich zunächst die **Stadt Itaparica** anschauen, die auf dem nördlichsten Zipfel der Insel liegt. Von Bom Despacho aus führt eine kleine Straße nach rechts an der Küste entlang, vorbei an den Stränden von Manguinhos und am Fischerdorf Amoreira.

Itaparica ist außerhalb der Saison eine verschlafene Kleinstadt mit vielen schönen kolonialen Häusern aus dem 18. und 19. Jh. Die Stadt wurde Mitte des 17. Jh. von den Holländern gegründet. An der Praça Augusto Vilaça steht die einzige noch gut erhaltene Festung der Insel, das **Forte São Lourenço.** Das von den Portugiesen 1711 auf den Ruinen einer holländischen Festung (1647) erbaute Fort, kann leider nicht besichtigt werden. Folgt man der Küstenstraße, kommt man zu einem schattigen, von kleinen Bars und Restaurants gesäumten Platz, der Praça Tenente João das Botas, dem »Zentrum« der Altstadt. Am Kopfende des Platzes liegt die von den Jesuiten gegründete Kirche Igreja de São Lourenço aus dem Jahr 1610. Sie und die

50 m vom Platz entfernte Igreja do Santíssimo Sacramento aus dem 18. Jh. sind wegen umfassender Renovierungsarbeiten geschlossen. Wer die Avenida das Cais, die Küstenstraße, noch rund 1 km weiter entlang geht oder fährt, kann gleich noch etwas für seine Gesundheit tun: Das Wasser aus der **Fonte da Bica,** einer mineralhaltigen Heilquelle, soll bei vielerlei Leiden, u. a. Nieren- und Blasenschäden, helfen. »Macht aus einer Alten wieder ein junges Mädchen« steht als Leitspruch auf den weißblauen Kacheln des Brunnens.

Von Itaparica sind es rund 12 km nach **Mar Grande,** wo die Gemeindeverwaltung Vera Cruz ihren Sitz hat. Auch in Mar Grande sind noch ein paar alte Gebäude aus der Kolonialzeit erhalten. Hier legen ebenfalls Boote an, die von Salvador kommen. Der Ort ist kleiner, aber quirliger als Itaparica. Von Mar Grande bis nach **Cacha Pregos,** dem südlichen Zipfel der Insel, wechseln sich Riffe, Mangrovensümpfe, Flußmündungen und Sandstrände ab. Diese zur Stadt hin gelegene Seite der Insel ist gut erschlossen, während die dem Recôncavo zugewandte Seite noch mit Wald und Pflanzungen bedeckt und sehr sumpfig ist. Wer Lust hat, noch etwas mehr zu sehen, biegt 7 km hinter Mar Grande von der Hauptstraße nach rechts Richtung Baiacu ab. An der Sandstraße liegt einer der ältesten, beeindruckensten Bauten der Insel, die Ruinen der **Igreja de Vera Cruz,** einer Jesuitenreduktion von 1560. Inzwischen haben Gameleiras, die heiligen Bäume des Candomblé, die Ruinen ›erobert‹ und es sieht so aus, als seien die Bäume zu Säulen des Bauwerks geworden.

Unterkunft: ***Club Mediterranée, Praia da Conceição, ☎ 833-71 14, einziger Club der Kette in Bahia, man muß mindestens zwei Tage bleiben und vorher reservieren; ***Enseada da Lajes, Praia de Barra Grande, ☎ 336-10 27; **Village Sonho Nosso, Ponta da Ilha Cacha Pregos, ☎ 837-10 40; *Pousada Ponta das Cieiras, Ponta da Gaboa, Mar Grande, ☎ 833-10 80; *Recanto do Guiga, Praia das Barra do Pote, ☎ 833-71 77; *Pousada Enseada de Aratuba, Ponta de Aratuba, ☎ 248-29 77

Camping: Do Arco-Iris, Mar Grande, ☎ 883-11 30; Praia do Berlinque, ☎ 242-37 46; Praia de Barra Grande

Restaurants: O Timoneiro, Estrada para Cacha Pregos, km 05, Fischgerichte; Philippe, Largo de São Bento, Mar Grande, ebenfalls Fischspezialitäten; Manga Rosa, Mar Grande, Estrada da Gamboa

In der Allerheiligenbucht gibt es noch weitere Eilande, die einen Besuch lohnen. Problematisch für diese kleinen Inseln ist der nördlich von Salvador auf der **Ilha Madre de Deus** gelegene Hafen der Petrobrás. Schon mehrere Male ist dort Öl ausgelaufen – zum letzten Mal im April 1992 (48 000 l Öl flossen

aus einer Asphaltfabrik ins Meer, drei Menschen starben, 50 hatten Vergiftungserscheinungen). Durch die hohe Industrialisierung (ölverarbeitende Raffinerien, Asphalt- und Teerproduktion) auf diesem Eiland ist das Wasser in ihrem näheren Umkreis nicht das sauberste. Dennoch lohnen sich die Tagesausflüge zu den benachbarten Inseln Ilha de Maré und Ilha dos Frades.

Santana heißt der etwa 1000 Einwohner zählende Hauptort auf der nahe dem Festland gelegenen **Ilha de Maré**. Vor einigen Häusern sitzen Frauen, die flink Rollen weißen Garns umeinander werfen – diese **Klöppelarbeiten** sind für ihre gute Qualität bekannt. Die Küste entlang wechseln sich Mangroven, Strände und einige Häuschen ab. An der Praia das Neves steht eine kleine weiße Kirche. Die **Igreja de Nossa Senhora das Neves** aus dem 16. Jh. ist eine der ältesten Sakralbauten Brasiliens. Wie die Insel Itaparica ist auch die Ilha de Maré von einer geheimnisvollen Aura umgeben. Angeblich soll in der Nähe einst ein Schiff mit Sklaven gesunken sein, von denen sich viele auf die Insel retten und dort unentdeckt in Freiheit leben konnten.

Auf der Insel fühlt man sich weit weg von Salvador und so, als sei die Zeit stehen geblieben – wären

Blick auf Salvador
von der Insel Itaparica aus ▷

171

da nicht die vielen angespülten Abfälle der Großstadt an den Stränden. Vielleicht ist die Ilha de Maré wegen dieser Abgeschiedenheit ein beliebtes Wochenendausflugsziel für Paare, die sich in Salvador nicht gerne zusammen sehen lassen. Die Nachbarinsel **Ilha dos Frades** ist zwar größer, aber dennoch dünner besiedelt. Die meisten Insulaner leben vom Fischfang oder von den Einnahmen durch die Tagestouristen. Die Insel ist dicht mit tropischem Wald, insbesondere mit vielen Bananenstauden, bewachsen. In ihrem Inneren gibt es einen Wasserfall, mehrere kleine Seen und einen Fluß, in dem man baden kann.

Schiffsverkehr – Ilha de Itaparica: Terminal Turístico Marítimo, Av. da França, ☎ 242-94 11, stündlich

Schiffe nach Mar Grande von 6.30–18.30 Uhr. Alle 20 Min. ferryboat, Fähre nach Bom Despacho vom Terminal Marítimo de São Joaquim, Av. Oscar Pontes, 1051, ☎ 242-94 11, Mo–Do von 6–22 Uhr, Fr–So, feiertags 6–23 Uhr, Dez–Feb 24 Std.
Ilha de Maré: Von São Thomé de Paripe fahren von 6–17 Uhr Boote je nach Bedarf in 30 Min. zur Insel. Zur Abfahrtsstelle nimmt man einen Bus von Lapa oder vom Terminal da França zur Base Naval de Aratu.

 Unterkunft auf der **Ilha de Maré:** *Mirante de Ilha de Maré, Praia de Itamoabo, ☎ 244-54 86; **Fazenda de Ilha de Maré, Praia das Neves, ☎ 243-08 08, großzügige Villa direkt am Strand
Ilha dos Frades: Estação Marítima de Passageiros, Av. da França, 410, ☎ 242-45 70, am Hafen von Salvador, dort auch Buchung von organisierten Ausflügen zu mehreren Inseln mit Reiseveranstaltern, z. B. Alameda, ☎ 248-29 77

Die Straße der Kokospalmen

Früher war Itapoãn die nördliche Grenze für Wochenendausflügler aus der Stadt. Hier endete die asphaltierte Küstenstraße. Seit einigen Jahren führt nun die B-099 bis zur Praia do Forte. Der weitere Ausbau der Straße bis zur Staatsgrenze nach Sergipe soll bis 1994 fertiggestellt sein. Dadurch werden bisher nur schwer zugängliche Gebiete (auch für Touristen) leichter erreichbar, andererseits bedeutet

dies eine Bedrohung für die wenig berührten Mangrovensümpfe und für deren seltene Fauna. Die Straßen der Kokospalmen (Estrada de Coco) beginnt in der Nähe des Flughafens Dois de Julho und verläuft über 50 km parallel zu traumhaft schönen Stränden. Bereits in der Gemeinde **Lauro de Freitas** gibt es zwei schöne Badeplätze: der langgezogene offene Strand von **Ipitanga,** wo bei Ebbe in den

Die Strände nördlich von Salvador

Riffen geschützte Meeresbecken zurückbleiben, und **Burraquinho,** an der Mündung des Rio Joanes. Auch die nächsten Badeplätze – **Jauá** und **Interlagos** – lohnen den Besuch. Von Jauá bis Itacimirim gehören alle Strände zur Gemeinde Camaçari, in deren Gemarkung auch die größte Chemieanlage Brasiliens produziert. Obwohl diese nur 15 km vom Meer entfernt ist, gibt es leider keine Informationen über die Verschmutzung der Strände.

Danach führt die Estrada de Côco nach **Arembepe,** in ein altes Fischerdorf mit einer gewachsenen Infrastruktur und schönen Stränden. Hier feiern die Bahianer am zweiten Wochenende nach Aschermittwoch erneut Karneval. Etwa 2 km vom Dorfkern entfernt befindet sich das **Projeto Tamar,** wo man sich um die Erhaltung der fast ausgestorbenen Meeresschildkröten (Tartaruga marinha) bemüht. Die Schildkröten brüten hier unter Schutz ihre Eier aus, bis der junge Nachwuchs ausschlüpft und ins Meer krabbelt. Vor Ort kann man sich über die Tiere informieren und zur Unterstützung des Projekts einige hübsche Souvenirs (T-Shirts, Aufkleber etc.) kaufen (Öffnungszeiten tgl. 9–17.30 Uhr).

Noch etwas weiter nördlich, zwischen der Lagune, an der man häufig Frauen ihre Wäsche waschen sieht, und dem Meer liegt die **Aldeia Hippie,** ein verlassenes Strohhüttendorf. In der Flower-Power-Zeit der 60er Jahre war die

Siedlung bei Jugendlichen aus den USA und Europa ebenso populär wie die ehemalige portugiesische Kolonie Goa in Indien. Sogar Janis Joplin und Jimi Hendrix sollen hier ihre Ferien verbracht haben.

Landschaftlich wunderschön ist auch der nächste Strand, die **Praia da Barra do Jacuípe,** wo der gleichnamige Fluß ins Meer strömt und sich Süß- und Salzwasser mischen. Die touristische Infrastruktur ist jedoch dürftig. Besser ausgerüstet sind die **Praia Guarajuba** und die **Praia Itacimirim** – ebenfalls kilometerlange, palmengesäumte Sandstrände und ruhiges Meer.

Am Strand von Praia do Forte

Unterkunft: An den meisten Stränden gibt es bis auf wenige Ausnahmen einfache Unterkünfte, Privatzimmer oder Appartements zu mieten. In allen Dörfern werden in kleinen Restaurants oder Bars Mittagessen angeboten. **Ferienanlagen** am Strand: **Mamelucos (Praia de Ipitanga), ☎ 378-11 75; **Praia Itacimirim, ☎ 826-12 22; **Enseada do Sol, Loteamento Piruí, 70 (Arembepe), ☎ 824-11 48; **Canto do Mar (Guarajuba), ☎ 874-12 72; *Pousada da Fazenda, Loteamento Piruí, 272 (Arembepe), ☎ 824-10 30; Pousada Scorpio, Rua Condomínio Aquario, 12 (Praia Jauá), ☎ 823-10 36

Camping: Residential Igloo Inn, Terminal Turístico de Burraquinho, Praia Lauro de Freitas, ☎ 379-28 54

Restaurants: O Tubarão, Largo São Francisco, 14, ☎ 824-10 74; Mar Aberto, Largo São Francisco, ☎ 824-12 57. Alle Restaurants am Largo

São Francisco in Arembepe sind einfach und gut. Laguna, Loteamento Canto do Mar, 8a etapa (Guarajuba), ☏ 874-12 00

Etwa 5 km vor **Praia do Forte** endet die asphaltierte Straße. Nach rechts führt eine breite Sandpiste zum gleichnamigen Dorf, heute eine der am besten ausgebauten Feriensiedlungen Bahias. Etwa auf der Hälfte der Strecke biegt ein Weg nach rechts zu den Ruinen des **Castelo da Torre de Garcia D'Avila** ab. Zu der einst mächtigen Burg gehörte auch eine Kapelle mit dem Grundriß eines Sechsecks, die der Lehensherr Garcia im 16. Jh. kurz nach seiner Ankunft zusammen mit dem ersten Gouverneur Salvadors Tomé da Souza errichten ließ. Seine Kinder und Enkel vergrößerten

das Herrenhaus noch bis Mitte des 17. Jh. In den besten Zeiten erstreckten sich die Ländereien der Garcias über 800 000 km² bis ins heutige Piauí. Die mächtigen Ruinen liegen inmitten von Kokosplantagen auf einer rund 50 m über dem Meer gelegenen Anhöhe, von wo man einen kilometerweiten Blick über die Küste hat.

Wieder zurück auf der Piste gelangt man nach 2 km in den Ort **Praia do Forte.** Das ehemalige Fischerdorf ist inzwischen zu einem netten Urlaubsort mit zahlreichen Pousadas, Restaurants und Bars geworden, der seinen eigenen Charakter dennoch bewahren konnte. Die 1981 ins Leben gerufene Stiftung Garcia d'Avila bemüht sich, beim Ausbau der touristischen Infrastruktur Ökologie und Ökono-

mie in Einklang zu bringen. So sollen sich die Hotel- und Restaurantanlagen an die bereits bestehende Architektur anpassen und man will wieder neue Kokospalmen anpflanzen. Die Stiftung setzt sich außerdem für den Erhalt der Ruinen des Castelo d'Avila, die Einrichtung von Umweltschutzgebieten und soziale Verbesserungen im Ort ein – wie beispielsweise die Einrichtung einer Kinderkrippe und eines Erste-Hilfe-Dienstes. In Praia

do Forte hat die Organisation zur Rettung der Meeresschildkröten TAMAR ihren Hauptsitz, die in Bahia außer in Arembepe noch in Subaúma (nördl. von Praia do Forte) und auf dem Abrolhos-Archipel (vor der Küste im äußersten Süden) Stationen unterhält. Hier widmet man sich vor allem der Erforschung der Meeresschildkröten (Öffnungszeiten 9.00–17.00 Uhr).

Die Strände von Praia do Forte erstrecken sich über 12 km entlang der Küste: von Kokospalmen gesäumter, weißer Sandstrand, ruhiges Meer, Riffe und Meeresschwimmbecken. Hinter den Stränden gibt es

Jetzt bloß keine Flaute ...

Wasserfälle, Lagunen und einen Fluß der im Urwald entspringt, der Rio Pojuca. Für Touristen, die unberührte Natur und einsame Strände lieben sowie abends ein breites Angebot an Restaurants, Bars und Nachtleben genießen wollen, ist Praia do Forte, 50 km vom Flughafen Salvadors entfernt, ideal.

Unterkunft: ***Praia do Forte Resort, ☎ 832-23 33, Hotel in phantastischer Lage und einem großen Freizeitangebot. Wurde 1993 zum besten Ferienhotel Brasiliens gekürt. ***Pousada Praia do Forte, ☎ 835-14 10, gepflegt, mit liebevoll dekorierten Hütten; **Pousada Leytraot, Rua da Frente, ☎ 249-63 96; **Pousada Tátuapara, Praça dos Artistas, ☎ 248-00 66; Pousada Oxumaré, Alameda do Sol, ☎ 876-10 71; *Pousada dos Artistas, Praça dos Artistas, ☎ 358-68 14

Restaurants: Neben den guten Hotelrestaurants Bom Bordo, Rua da Aurora, 20, ☎ 358-73 60, das Sobrado da Vila, Alameda do Sol, ☎ 876-10 88, gegenüber Bar do Souza, In-Treff

Bus: mehrmals tgl. ab Rodoviária in Salvador

Von Praia do Forte fahren wir wieder zum Beginn der Asphaltstraße, die nach Salvador zurückführt. In die entgegengesetzte Richtung verläuft eine weitere Sandpiste, die nach 17 km **Imbassai** erreicht. Hier mündet ein kleiner Fluß ins Meer. Ansonsten ist der Strand außer einigen wenigen Strandbars völlig leer und scheint mit seinen Kokospalmen bis an den Horizont zu reichen. Erst in den letzten Jahren haben sich hier einige Pensionen etabliert.

Busse fahren mehrmals täglich ab Praia do Forte

Unterkunft: *Caminho do Mar, ☎ 832-24 99, schöne Anlage; Pousada Entre As Aguas, ☎ 232-12 45, hübsche Pension zwischen Fluß und Meer gelegen, der deutsche Besitzer Rolf bietet auch afrobahianische Perkussions- und Tanzkurse an, Infos in Deutschland, ☎ 0 60 71-3 29 67; Lagoa da Pedra, ☎ 359-35 12; Landhaus Sonho de Manga, in Strandnähe, Rua Pedra da Sereía, 20 E, Rio Vermelho, 40 210 Salvador, ☎ 237-60 20, in Deutschland, ☎ 069-44 09 49, Touren mit kundiger Deutschbrasilianerin, Jane de Hohenstein

Die Strände von Praia do Forte bis zur Staatsgrenze mit Sergipe, rund 100 km nach Norden, sind bisher nur schwer über Sandpisten zu erreichen. Nach Mangue Seco, der äußersten Spitze Bahias auf einer Landzunge gelegen, kommt man am besten von Sergipe aus. Der Ort erlangte in Brasilien Berühmtheit, als dort 1989 Teile der Telenovela »Tieta de Agreste« nach einem Roman von Jorge Amado gedreht wurden. Die Strände zwischen Praia do Forte und Mangue Seco sind bisher fast völlig unberührt – Ende 1993 soll hier eine Straße (Linha Verde) eröffnet werden, die diese Küstenregion erschließt.

Recôncavo

Nazaré – Berühmt für
seine Töpferkunst

Die Doppelstadt
Cachoeira und São Felix

Das Fest der
Schwarzen Schwestern

Der Kampf-Tanz Capoeira
in Santo Amaro

Bei Cachoeira

Das Land um die Stadt

Vom verträumten Nazaré das Farinhas, berühmt für seine Töpferkunst, nach São Felix und Cachoeira, dem kulturellem Zentrum und der Stadt der Candomblés, durch das Tabak- und Zuckerrohrgebiet nach Santo Amaro

Wer ins Umland von Salvador fährt, kann einen Teil der ursprünglichen Kultur Bahias kennenlernen, die in der Hauptstadt immer seltener wird. Im Recôncavo scheint die Zeit stehengeblieben zu sein. Salvador wirkt trotz seiner Stadtautobahnen, den Shopping-Zentren und Schnellimbiß-Buden im Vergleich zu den Metropolen São Paulo oder Rio antiquiert, aber im Vergleich zu den Ortschaften im Recôncavo ist die Stadt eine hochmoderne City. In Cachoeira oder Maragojipe scheint sich zumindest äußerlich seit der Jahrhundertwende nicht viel geändert zu haben. Bis auf die wenigen industriellen Enklaven Camaçari oder Candeias nördlich von Salvador leben die meisten Menschen im Recôncavo unter den gleichen Umständen wie vor Jahrhunderten: Sie bauen Zuckerrohr, Tabak, Obst und Gemüse oder Gewürze wie Pfeffer, Nelken und Zimt an. Die Böden gehören ihnen selten und auch auf die Preise ihrer Erzeugnisse haben sie kaum Einfluß.

Das Recôncavo (wörtlich übersetzt: hinter der Konkaven – so genannt nach der Wölbung um die Al-

lerheiligenbucht) – war seit der Besiedlung Brasiliens eines der fruchtbarsten und daher landwirtschaftlich intensiv genutzten Gebiete in der Kolonie. Die Zuckerrohrplantagen bildeten ab dem 16. Jh. die ökonomische Grundlage für die aufstrebende Verwaltungs- und Handelsstadt Salvador. In der Kapitale trieben die portugiesischen Kaufleute regen Handel mit den Produkten aus dem Recôncavo und den Waren, die die Schiffe aus Übersee anlieferten. Eines der einträglichsten Geschäfte war jedoch der Handel mit afrikanischen Sklaven, die zu Millionen nach Brasilien verschleppt und zur Arbeit auf den Plantagen gezwungen wurden. Das Leben auf dem Land bestimmten die Herren der Zuckersiedereien (Engenhos), die nahezu allmächtigen Großgrundbesitzer.

Bahia erlebte die ersten Jahrhunderte nach der Kolonisierung eine wirtschaftliche Blütezeit. Hier lebten weit mehr Menschen als in allen anderen Siedlungen der Kolonie. Auch Cachoeira war eine wichtige Handelsstadt, die mit Salvador konkurrierte. Das Ende des Zuckerbooms im 17. Jh., die Dia-

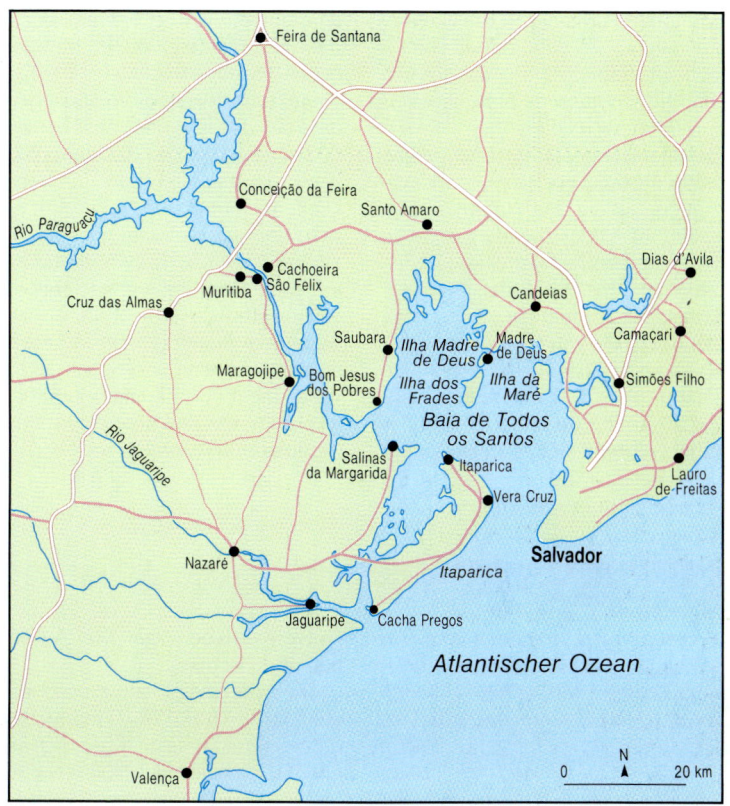

Feira de Santana

Conceição da Feira

Santo Amaro

Rio Paraguaçu

Dias d'Avila

Cachoeira
São Felix

Cruz das Almas   Muritiba

Candeias

Camaçari

Saubara   *Ilha Madre*   Madre
            de Deus   de Deus

Maragojipe   Bom Jesus   *Ilha dos*   *Ilha da*   Simões Filho
              dos Pobres   *Frades*   *Marê*

Rio Jaguaripe

*Baia de Todos
os Santos*

Salinas   Itaparica
da Margarida

Lauro
de Freitas

Vera Cruz

Nazaré

Itaparica

Salvador

Jaguaripe   Cacha Pregos

Atlantischer Ozean

N
0   20 km

Valença

Recôncavo

manten- und Goldfunde in Minas Gerais und São Paulo sowie später der Anbau von Kaffee führten schließlich zur Verlagerung des wirtschaftlichen Zentrums in den Südosten der Kolonie.

Im Recôncavo änderte sich dennoch wenig. Neben Zuckerrohr bauten die Plantagenbesitzer jetzt verstärkt Baumwolle, Tabak und Gewürze an und ließen weiterhin afrikanische Sklaven unter unmenschlichen Bedingungen für sich arbeiten. Im Durchschnitt hielten die Sklaven das harte Leben nicht länger als acht Jahre durch, was eine ständige Nachfrage zur Folge hatte. Bis Ende des 19. Jh. wurden schätzungsweise rund fünf

Millionen Afrikaner in Brasilien an Land gebracht, der Großteil von ihnen in Bahia. Die afrikanischen Traditionen dieser Menschen vermischten sich allmählich mit der brasilianischen Kultur und prägen bis heute das Leben im Recôncavo. Anders als in Pernambuco oder später in Minas Gerais gab es in Bahia keinen Zerfall der kulturellen Identität. Die Stärke der afrobrasilianischen Tradition zeigt sich etwa daran, daß es in der Doppelstadt Cachoeira/São Felix mit zusammen knapp 40 000 Einwohnern mehr als 50 Kulthäuser des Candomblés gibt, während man in den Millio-nenstädten wie Recife oder Rio gerade ein Dutzend dieser traditionellen Terreiros findet.

Für Touristen sind die Städtchen um Salvador und die Bucht besonders geeignet, um das beschauliche, ländliche Leben in Ruhe kennenzulernen. Deshalb lohnt es sich, dort auch einmal eine Nacht zu verbringen, selbst wenn man in ein paar Stunden die wichtigsten Sehenswürdigkeiten besucht hat. Außerdem liegen die Orte in einer wunderschönen Landschaft: Urwald, Tabak- und Zuckerrohrfelder wechseln mit Palmenhainen und Obstbaumpflanzungen ab.

Nazaré das Farinhas

Wer die Ilha de Itaparica an ihrem südlichen Zipfel über eine Brücke zum Festland verläßt, erreicht nach rund 20 km Nazaré das Farinhas. Der Name des Ortes geht auf jene Zeit zurück, als dort in großen Mengen Mehl (= Farinha) aus der Maniokwurzel gewonnen wurde. Die 25 000 Einwohner zählende Stadt hat eines der schönsten historischen Zentren (18. Jh.) im Recôncavo – ungestört von Industrieunternehmen, die sich im 30 km entfernten Santo Antônio de Jesus ansiedelten. Eine Fabrik, in der Dendê-Nüsse zu Seife und Öl verarbeitet werden, und eine Ziegelbrennerei sind bislang die einzigen modernen Anlagen in Nazaré. Die Einwohner leben sonst von Ackerbau und Fischfang.

Das Cinema Rio Branco aus dem Jahre 1927, im Zentrum des Ortes, war das erste Kino Brasiliens. Es ist heute geschlossen und leider, wie die meisten Gebäude des Marktfleckens, nicht restauriert. Eines der wichtigsten Ereignisse in Nazaré ist die **Feira dos Caxixis** in der Osterwoche. Händler und Kunsthandwerker aus dem ganzen Recôncavo kommen hier (auf dem Landweg oder per Boot) zusammen, um auf dem großen Markt ihre Tonwaren zu verkaufen. Daneben bieten Köchinnen typische Gerichte aus der Region an (Moquecas, Krebse, Acarajés, Mu-

scheln) und abends treten einheimische Gruppen bei Musikveranstaltungen auf.

Eine nicht asphaltierte Piste führt
von Nazaré zum Dorf **Jaguaripe.** Es
liegt dem südlichstem Zipfel der Insel Itaparica, Cacha Pregos, genau
gegenüber. Hier kann man sich
von Fischern auf die Insel übersetzt-
zen oder »um die Ecke« zur einsamen Praia do Garcez bringen lassen. Die Portugiesen nutzten Jaguaripe als Zwischenstation, um ihre
Schiffe mit Nahrungsmitteln und
frischem Wasser zu versorgen. Zur
besseren Verteidigung der Festung
– vor allem gegen die Tupiniquin-
Indianer – waren einst alle wichtigen Gebäude durch Tunnel, die jedoch heute verschüttet sind, miteinander verbunden. So konnten
die portugiesischen Soldaten un-
verletzt zu jenen Stellen gelangen,
die gerade attackiert wurden und
auch der Nachschub an Waffen
und Munition erfolgte auf diese
Weise reibungslos.

Unterkunft & Restaurant:
Nur sehr einfache Pensio-
nen und Bar/Restaurants in beiden Orten.

Busse verkehren mehrmals täglich von Bom Despacho (wo das
Ferry-Boat von Salvador auf der Itaparica-Insel anlegt) nach Nazaré. Nach Jaguaripe und zurück verkehrt einmal täglich ein Bus von Nazaré aus. Busverbin-
dungen auch von Cachoeira über Santo
Antônio de Jesus.

Cachoeira und São Felix

Seine größte wirtschaftliche Bedeutung hatte Cachoeira im 17.
und 18. Jh. als Zentrum des
Zuckerrohranbaus sowie als Umschlagplatz für Waren aus dem
Hinterland und aus Lissabon.
Goldsucher, Abenteurer, Händler
und Missionare, die nach Minas
oder in den Sertão wollten, ließen
sich auf Segelschiffen nach Cachoeira bringen, von wo aus sie auf
Mauleseln, mit dem Ochsenkarren
oder zu Fuß weiterreisten. Umgekehrt wurden Diamanten und Gold
aus Minas Gerais, aber auch aus
der Chapada Diamantina nach
Lissabon verfrachtet. Das kleinere
São Felix diente dabei vor allem als
Lagerplatz. Deshalb gibt es dort
auch nur wenige repräsentative
Bauten aus der Blütezeit der Stadt.
Die Handelskontore, die Verwaltung und der Rat residierten in
Cachoeira. Die meisten Straßen,
Gebäude, Plätze stammen aus dem
17. und 18. Jh. Seitdem ist aber
auch nicht mehr viel mit ihnen geschehen. Viele Gebäude sind re-
novierungsbedürftig und werden
schon seit Jahren mit abenteuer-
lichen Konstruktionen gestützt. Ab
1994 sollen größere Gebäude-
komplexe der Stadt restauriert
werden.

Schattenspiel in Cachoeira

Das einzige moderne Bauwerk der 28 000 Einwohner zählenden Stadt steht etwa 5 km flußaufwärts: In den 80er Jahren wurde dort eine Talsperre errichtet, um die jährlichen Überschwemmungen am Paraguaçu zu vermeiden. Doch 1990 sahen sich die Ingenieure aufgrund der starken Regenfälle gezwungen, die Schleusen zu öffnen, um zu verhindern, daß die Wassermassen den Staudamm zerstörten. Die Folge: Zehn Tage standen große Teile der Doppelstadt unter Wasser. Mit Kanus retteten die Menschen ihre Habseligkeiten auf die Hügel der Stadt.

Wir beginnen unseren Rundgang bei der Klosteranlage der Karmeliter, deren Gebäudekomplex sich von der Praça da Aclamação in die Rua Inocêncio Boaventura hinein erstreckt. Die **Igreja Convento Nossa Senhora do Carmo** ist die erste Kirche, die der Orden in Brasilien errichtete. Die Karmeliter blieben hier allerdings nur bis Mitte des 18. Jh. Nach den Unabhängigkeitskämpfen (1822/23) war die Garnison der »Patrioten des Recôncavo« in den Gebäuden untergebracht, eine von Großgrundbesitzern finanzierte Armee aus ehemaligen Sklaven, Indios und armen Landarbeitern, die sich gemeinsam gegen die Kolonialmacht erhoben hatten. Später wurde die Anlage während einer Choleraepidemie zu einem Notkrankenhaus umfunktioniert. Durch die jahrhundertelange zweckfremde Nutzung war der Innenraum des Sakralbaus so heruntergekommen, daß der Orden beschloß, Kirche und Kloster zu vermieten. Heute dient die schmucklose Kirche als Versammlungsraum und Festsaal, in der Klosteranlage ist das beste und schönste Hotel am Platz untergebracht.

Die Karmeliter müssen jedoch bis heute nicht auf ihren eigenen Betraum verzichten, denn direkt neben der Carmo-Kirche befindet sich die außergewöhnlich schöne **Capela e Casa de Oração da Ordem Terceira do Carmo** (1702) ihres Laienordens. Im Innern der

schwarzem Jacarandá-Holz mit einer Christusstatue aus Elfenbein, die mit Rubinen besetzt ist.

Das Gebetshaus mit seinen vergoldeten Schnitzereien und Verzierungen erinnert an die Igreja de São Francisco in Salvador, nur sind hier im Gegensatz zur etwa 50 Jahre früher erbauten Franziskaner-Kirche in der Hauptstadt bereits einige Rokoko-Elemente aufgenommen. Im ersten Stock der Anlage befindet sich neben einem kleinen Raum, in dem Gläubige ihre Exvotos anbringen, eine große, kniende Jesusfigur mit dem Kreuz auf den Schultern, die auch aus dem chinesischen Macau stammt. Von der Chorempore im ersten Stock haben wir nochmal einen schönen Überblick über die Baustruktur der reich verzierten Kirche. (Mo–Sa 14–17 Uhr, Fr 14–18 Uhr, So geschl., kompetente Führung in portugiesisch durch Fr. Elisabeth).

Um die Praça da Aclamação (= Ausrufung) vor der Kirche sind einige historische Gebäude gruppiert: An der Kopfseite steht die barocke **Casa da Câmara e Cadeia** (1698 und 1712), der Sitz des Stadtrates und das Gefängnis. Hier riefen die Bürger aus Cachoeira am Morgen des 25. Juni 1822 die Unabhängigkeit von Portugal aus – und wurden prompt vom Kanonenboot des portugiesischen Kommandanten bombardiert, das im Fluß stationiert war. Drei Tage später, am 28. Juni, gewannen die Cachoeiraner die erste Schlacht im Unabhängigkeitskampf: Denn es

Sakristei beeindruckt ein Wandschrank, der die gesamte Längswand einnimmt. In seinen sieben Fächern stellen fast menschengroße Skulpturen den Leidensweg Christi dar. Diese Passionsfiguren aus Holz und Gips, deren mit Rinderblut gemalte Wunden täuschend echt wirken, werden jedes Jahr in der Osterwoche bei einer Prozession durch die Straßen Cachoeiras getragen. Die geschlitzten Augen sowie der Haar- und Bartschnitt der Figuren lassen deren Herkunft erahnen: Sie stammen aus der portugiesischen Kolonie Macau in China. Über den großen Kommoden in der Sakristei hängt ein fein ziseliertes Kreuz aus

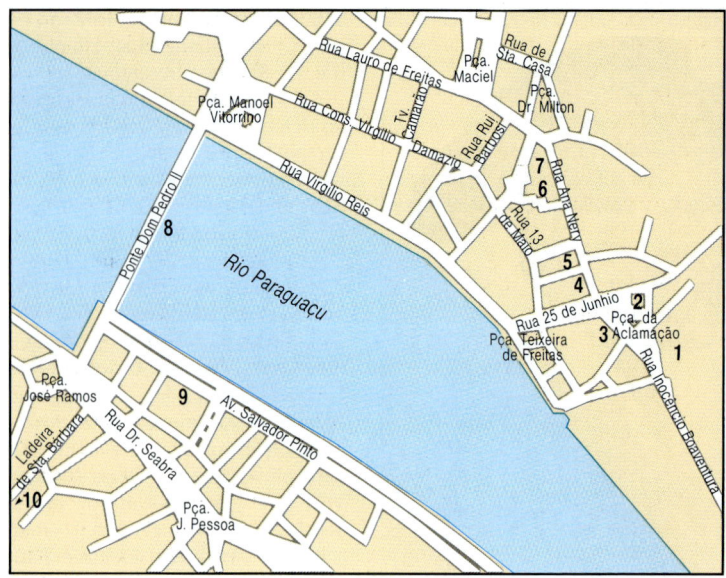

Cachoeira/São Felix: 1 Igreja e Convento Nossa Senhora do Carmo (mit Pousada) und Capela e Casa de Oração da Ordem Terceira do Carmo   2 Casa da Câmara e Cadeia   3 Museu Regional   4 Geburtshaus Ana Nery, heute Museu Hansen Bahia   5 Matriz Nossa Senhora do Rosário mit Museu das Alfaias   6 Igreja Nossa Senhora d'Ajuda   7 Museu da Boa Morte   8 Ponte Dom Pedro II   9 Centro Cultural Dannemann   10 Fazenda Santa Bárbara/Wohnhaus von Hansen Bahia

gelang ihnen, das außer Gefecht gesetzte Schiff zu stürmen, weil der Wasserspiegel des Paraguaçu bei Ebbe überraschend stark gesunken war, so daß die Karavelle aufsetzte.

Gegenüber dem Rathaus – das besichtigt werden kann – befindet sich das **Museu Regional** (Di–Fr 8–12 und 14–17 Uhr, Sa 9–12 Uhr), ein Bürgerhaus (1723), in dem etwas lieblos Kolonialmöbel ausgestellt sind. Eine Rarität ist der mit Elfenbeinintarsien geschmückte Kassenschrank, der vermutlich arabischen Ursprungs ist. (Ab Mitte 1994 wird sich am Platz auch die Touristeninformation befinden).

Die Rua 25 de Junho führt hinunter an den Texeira de Freitas-Platz, dessen Bars und Restaurants am Wochenende großen Zulauf von Jugendlichen aus der Umgebung bekommen. Wir gehen von der Praça da Aclamação weiter die

Rua Ana Nery hinein, benannt nach der legendären Krankenschwester Ana Nery. Nachdem alle ihre Söhne im Krieg gegen Paraguay (1864–1870) in den Kampf gezogen waren, hatte sie sich als 50jährige Witwe zum freiwilligen Einsatz an der Front gemeldet und zahlreichen Brasilianern das Leben gerettet. Ana Nery wurde vom König Dom Pedro als »Mutter der Brasilianer« ausgezeichnet. An der ersten Straßenecke links steht ihr Geburtshaus, in dem heute das **Museu Hansen Bahia** (Mi–Mo 8–12 und 14–17 Uhr, Do 8–12 Uhr, Davi Rodrigues gibt gerne Auskunft über Hansen und Cachoeira) untergebracht ist. In der Ausstellung sind viele seiner Holzschnitte über die Frauen des Pelourinho wie auch sein berühmtestes Werk, das »Drama des Kreuzwegs« (ebenfalls Holzschnitte), zu sehen.

Neben dem Museum gelangen wir zur Kapelle **Matriz Nossa Senhora do Rosário**. Cachoeiras Stadtgründer, die Großgrundbesitzer Dias Adorno und Rodrigues Martins, ließen sie 1639 erbauen. In der Kirche, deren Portale und Heiligenstatue über dem Haupteingang aus italienischem Carrara-Marmor gehauen sind, befinden sich zwei aus Portugal eingeführte Azulejos-Wände. Leider ist die Kirche wegen der häufigen Plünderungen nur zu Messezeiten geöffnet. Auch das **Museu das Alfaias** (= Religiöser Schmuck), das im Kreuzgang der Matriz-Kirche untergebracht ist, wurde geschlossen, nachdem dort mehrere der wertvollen Stücke gestohlen wurden. Die örtliche Tourismusbehörde hofft, jedoch bereits ab Mitte 1994 die Kirche und das Museum wiedereröffnen zu können.

Wir gehen rechts der Matriz-Kirche entlang, bis wir auf die Rua 13 de Maio treffen, biegen nach rechts ab und steigen 50 m später nach rechts die steile Travessa do Barroso-Gasse hoch bis wir auf die Kapelle **Nossa Senhora d'Ajuda** stoßen. Diese einfache weiße Kapelle ist der älteste Sakralbau der Stadt (1595–1606). Die Steine werden mit Rinderblut als Mörtelersatz zusammengehalten. Die Kapelle ist fast immer verschlossen. Links neben ihr ist in einem Anbau das **Museu da Boa Morte** untergebracht, ein kleiner Raum, in dem Fotografien einen Eindruck über die Prozessionen der Schwesternschaft der Boa Morte vermitteln.

Außer den beschriebenen Sehenswürdigkeiten lassen sich in Cachoeira schöne Spaziergänge über die Hügel und durch die Straßen entlang des Flusses unternehmen. Jahrhunderte beförderten ausschließlich Einbäume die Menschen über den Rio Paraguaçu, der den Ort von São Felix trennt. Seit 1885 verbindet die gewaltige 365 m lange **Dom Pedro-II-Brücke** die Städte, die der Kaiser persönlich einweihte. Das Stahlkonstrukt stammt von einer englischen Firma, die die Brücke ursprünglich für den Nil konzipiert hatte. Sie wirkt eigentümlich überdimensioniert zwischen den verschlafenen Dörfern. Und noch heute lassen sich manche Bewohner lieber von den Einbäumen der Fischer übersetzen.

Die Nachbarstadt **São Felix** (12 000 Einw.) ist kleiner und architektonisch weniger interessant als Cachoeira. Daß sie heute eine eigene Gemeinde ist und nicht einfach von Cachoeira verschluckt wurde, liegt an einem Deutschen. Der Bremer Kaufmann Gerhard Dannemann war 1872 nach Bahia

gekommen. Grund war die Mata Fina, eines der weltweit besten Anbaugebiete für Zigarrentabak. In zwei Jahrzehnten avancierte Dannemann zum größten Unternehmer in Bahia. Seine Zigarren waren eines der ersten brasilianischen Produkte der Nachkolonialzeit, die sich auf dem europäischen Markt durchsetzen konnten. Durch seine unternehmerischen Aktivitäten wurde aus dem Marktfleckchen ein ansehnliches Städtchen. 1889, aus dem Bremer Gerhard war inzwi-

schen ein bahianischer Geraldo geworden, wählte man ihn zum ersten Bürgermeister in São Felix.

Auch heute noch ist Dannemann in Cachoeira und São Felix präsent: Direkt am Fluß hat die Zigarrenfirma ihr ehemaliges Mutterhaus zurückgekauft und darin ein **Kulturzentrum** eingerichtet (Av. Salvador Pinto, 29, ☏ 7 24-12 08, Di–Sa 8–12 und 13–17 Uhr, So 13–17 Uhr). In dem schön hergerichteten Gebäude werden Bilder von Künstlern der Region ausgestellt. Jeden November veranstaltet das Kulturzentrum musikalische Wettbewerbe von einheimischen Blasorchestern (Filamónicas), eine Tradition im Recôncavo, die im Aussterben begriffen ist. Die Organisatoren wollen außerdem den kulturellen Austausch zwischen bahianischen und europäischen Künstlern fördern. Mit Erfolg: 1992 waren erstmals Gemälde des Malers Carybé in Deutschland zu sehen. Alle zwei Jahre – das letzte Mal 1993 – findet im Centro eine große Biennale statt, bei der Kunstwerke aus dem Recôncavo gezeigt werden. Hunderte von Künstlern beteiligten sich mit Performance, Skulpturen, Gravuren, Installationen, Videos, Konzerten etc. daran.

Eine kleine steile Gasse (Ladeira de Santa Bárbara) aufsteigend, gelangt man nach etwa einer Viertelstunde zur **Fazenda Santa Bárbara**, dem letzten Wohnsitz und Atelier von Hansen Bahia, in dem zahlreiche seiner Werke und Fotos zu sehen sind. Dona Arlinda führt täglich von 9–17 Uhr durch das Anwesen. Das Atelier mit den Druckstöcken, Pinseln und Gravurmessern wirkt, als habe der Künstler es nur für ein paar Minuten verlassen. In einem kleinen Tempel vor dem Wohnhaus mit schönem Panoramablick über das ganze Paraguaçu-Tal sind Hansen und seine Frau beerdigt.

Blick auf Cachoeira und São Felix

Eine Liebe zu Bahia
Der Künstler Karl-Heinz Hansen

»Ich wurde zweimal geboren. Einmal in Hamburg und das zweite Mal in Bahia«, pflegte Hansen Bahia zu sagen, »die Hamburger Geburt hat kaum einen Wert. Ich bin Bahianer.«

Erst 40jährig kam der deutsche Expressionist zum ersten Mal nach Bahia. Der ehemalige Seefahrer, Kinderbuchautor und Professor hatte zuvor acht Jahre in São Paulo doziert. Bahia faszinierte den Künstler. Er läßt sich im Pelourinho-Viertel in Salvador nieder und beginnt, die Prostituierten und Seemänner, die afrikanisch geprägten Märkte, die Streitereien zwischen Betrunkenen, Zuhältern und Marktfrauen abzubilden. »Auf keinem Ort der Welt gibt es eine stärkere künstlerische Quelle als hier in Bahia«, bemerkte Hansen einmal.

Das erste Buch »Flor de São Miguel«, in dem seine Holzschnittsammlung über die Frauen des Pelourinho vorgestellt wird, macht ihn in Europa auf einen Schlag bekannt. Dennoch ist Hansen 1958 gezwungen, wegen chronischem Geldmangel nach Europa zurückzukehren. Aus seinem geplanten kurzen Europa-Aufenthalt werden sieben Jahre, in denen er zu einem der führenden deutschen Holzdrucker wird. 1965 führt ihn ein Lehrauftrag an die königliche Akademie nach Addis Abebba in Äthiopien. Nachdem er mit seinen afrikanischen Schülern im Jahr darauf eine vielbeachtete Wanderausstellung durch Europa beendet hat, kehrt er nach Bahia zurück und nennt sich von nun ab nur noch Hansen Bahia.

Zuerst wohnt Hansen Bahia in Salvador, doch in der Stadt, die immer hektischer wird und rasant zu wachsen beginnt, findet er sich nicht mehr zurecht. 1976 zieht er nach São Felix, in ein Atelierhaus über dem Dorf – mit schönem Blick über Cachoeira und den langsam dahinfließenden Rio Paraguaçu. Am Ostermorgen des Jahres zuvor hatte er nach sechsmonatiger Arbeit sein berühmtestes Werk vollendet, das »Drama des Kreuzwegs«. Jorge Amado nannte den Zyklus »ein herausragendes Kunstwerk unserer Zeit, ein unüberhörbarer Aufschrei, geformt aus Zorn, Galle, Blut und einer tiefen Liebe zur menschlichen Natur«. Kritiker vergleichen das Werk mit Picassos Guernica. 1976, zwei Jahre vor seinem Tod, vermachte der Künstler sein 3000 Bilder umfassendes Œuvre der von ihm mitgegründeten Karl-Heinz Hansen-Stiftung.

Die beiden Orte der Doppelstadt sind berühmt für ihre Feiern: Zum **São João Fest** (22.–25. Juni) in Cachoeira strömen die Menschen aus der Umgebung in Scharen herbei. Gleichzeitig findet die **Feira do Porto**, ein volkstümlicher Markt, am Flußufer statt. Während dieser Tage wird überall in Cachoeira getanzt, diesmal Forró (eine Art schnelle Polka) und der Baião, die Tänze des Inlandes. Es spielen Blasorchester der Gegend, Repentistas und Ensembles führen ihre Samba-de-Roda (s. S. 195) vor.

Nach dem Fest der **Irmandade da Boa Morte** am Freitag vor dem 15. August beginnt der Zyklus erst wieder im Oktober mit den Feiern zu Ehren der Nossa Senhora do Rosário, der Schutzheiligen der Stadt. Im November werden dann die Heiligen Santa Cecília und die Nossa Senhora da Ajuda – die auch als Schutzheilige der Musiker gilt – gehuldigt. An beiden Festas nehmen Baianas teil, wird Capoeira und Samba-de-Roda vorgeführt, spielen Afoxés. Den krönenden Jahresabschluß bildet am 4. Dezember das Santa Bárbara-Fest, bei dem gleichzeitig die afrikanische Göttin Iansã geehrt wird.

Ausflüge von Cachoeira: An der Straße von Cachoeira nach Santo Amaro zweigt nach etwa 4 km eine nicht asphaltierte Piste an einem Schild mit der Aufschrift »**Belém**« (= Bethlehem) nach links ab und führt uns nach 3 km zur großen Dorfanlage des Ortes. Hier haben die Jesuiten ihr erstes Seminar in Brasilien errichtet. Von der Anlage ist aber nur noch die Kirche von 1686 erhalten. Interessant im Inneren sind Deckenmalereien mit den Heiligen und orientalisch wirkenden Blumenornamenten. Die Porzellanziegel des Turms haben die Jesuiten aus Macau importiert.

❗ Hinweis: Mehrere Male täglich fährt ein Bus von Cachoeira nach Belém, aber nur wegen der Kirche lohnt sich die Exkursion nicht. Der Abstecher ist jedoch für Touristen mit Mietautos auf der Fahrt nach Santo Amaro/Salvador zu empfehlen.

Anreise: Neben dem gewöhnlichen Busverkehr in den Recôncavo kann man auch mit dem **Schiff** von Salvador bis nach Maragojipe fahren und von dort weiter – am nächsten Tag – mit dem Bus nach São Felix/Cachoeira. Abfahrt: Terminal Turístico Marítimo, Av. da França, ☎ 2 43-07 41, Mo/Fr 14 Uhr, Sa 13 Uhr. Rückfahrt um 8 Uhr morgens des folgenden Tages ab Maragojipe oder mit dem Bus nach Salvador.
Busse fahren alle zwei Stunden von Salvador nach Cachoeira.

Unterkunft: **Pousada do Convento, Rua Inocêncio Boaventura, ☎ 7 25-17 16, schönes Hotel im ehemaligen Karmeliterkloster; *Pousada do Pai Thomaz, Rua 25 de Junho, 12, ☎ 7 25-12 88, auch gutes Restaurant; Pousada do Guerreiro, Rua 13 de Maio, 14, ☎ 7 25-12 03

Restaurants: Gruta Azul, Praça Manuel Vitorino, 2, ☎ 7 25-12 95, gutes Restaurant

Das Fest der Schwarzen Schwestern

Anfang des 19. Jh. gründeten schwarze Sklavinnen in Cachoeira die Schwesternschaft (Irmandade) der Boa Morte, um unter dem Schutz der katholischen Kirche für die Abschaffung der Sklaverei zu kämpfen. Die Irmandade war gleichzeitig eine Art Sklaven-Selbsthilfe: Die Schwestern pflegten kranke oder von ihren Herren wegen Alter in die Armut entlassene Sklavinnen und kauften sie auch teilweise frei. Außerdem setzten sie durch, daß Sklaven beerdigt wurden und nicht, wie es bis dahin Brauch war, einfach ins Meer geworfen wurden. Schutzpatronin der Schwesternschaft wurde die katholische Nossa Senhora da Boa Morte (etwa: Heilige Mutter des Guten Todes), zu deren Ehren die Schwestern jedes Jahr am Freitag bis Sonntag vor dem 15. August ein Fest veranstalten. Heute gehören nur noch 24 Frauen aus dem Recôncavo der Schwesternschaft an – zu den besten Zeiten waren es über 200. Aufgenommen wird, wer mindestens 40 Jahre alt ist. Erst dann – so die Schwestern – verlieren die Frauen materielle und sexuelle Interessen und erlangen die Reife, die zur geistigen Hingabe nötig ist. Mindestens drei Jahre bleibt eine neue Kandidatin unter der Aufsicht der älteren Schwestern. Während dieser Zeit wird sie in die vielen Regeln und Gepflogenheiten der Gemeinschaft eingeführt.

Die Irmandade ist eine Gemeinschaft, die von katholischen wie afrikanischen Traditionen geprägt ist – jedoch auf unterschiedlichen Ebenen: So veranstalten die Schwestern während der Festtage Prozessionen, nehmen an Totenwachen und Messen teil und gehören als Irmandade zur katholischen Kirche. Das sind die öffentlichen Rituale. Nicht öffentlich finden ab Anfang August die aus Afrika stammenden Candomblé-Rituale statt, etwa Reinigungsbäder des Körpers und der Seele oder später, während und nach dem Fest der Nossa Senhora, die Opferungen für die afrikanischen Götter. Der Synkretismus der Boa Morte hat öfters zu Auseinandersetzungen mit der Amtskirche geführt. Einige der Schwestern verleugnen offiziell auch jegliche Verbindung zum afrikanischen Glauben – aus Angst, daß die katholischen Pfarrer sich weigern könnten, die Messen zu lesen.

Das berühmte Fest der Boa Morte im August, zu dem jedes Jahr große Besuchergruppen von schwarzen Amerikanern und Afrikanern nach Cachoeira kommen, hat einen festen Ablauf, der sich seit Jahrhunderten nicht geändert hat. Freitag nacht gibt es die *Ceia branca*, ein weißes Essen ohne Dendê-Öl. Denn Freitag ist der Tag Oxalás, an dem man nach afrikanischer Tradition kein Dendè-Öl zu sich nehmen darf. Die Speisen der Schwestern bestehen nur aus Fisch, Wein und Brot. Freitags wird gleichzeitig des Todes der katholischen Nossa Senhora da Boa Morte und aller Vorfahren gedacht.

Die Schwestern tragen an diesem Tag die weißen Kleider der Baianas: ein Spitzenhemd, eine lange Spitzenunterhose, mehrere Röcke, ein kunstvoll gefertigtes Spitzentuch über den Schultern (Pano de Costa), weiße Ledersandalen und einen Turban. Auch legen sie – mit Ausnahme der Ketten ihres persönlichen Orixás – keinen Schmuck an. Am Samstag fasten die trauernden Schwestern und sind in schwarze Kleider gehüllt. Am Sonntag wird dann die Auferstehung von Boa Morte gefeiert. Nach der Messe ziehen die Schwestern in einer Prozession durch Cachoeira. An diesem Tag tragen sie die Gala-Kleider und die verschiedenen Ketten und Schmuck zu Ehren der Orixás: Ein weiter schwarzer Plissee-Rock, ein oder zwei weiße Spitzenhemden, ein weißer Turban und ein Pano de Costa aus schwarzem Samt, das mit rotem Satin gefüttert ist. Rot ist die Farbe Omolus sowie von Iansã, der Göttin des Windes, die auch Kontakt zu den Seelen der Toten hat. Den Schmuck legen sie zu Ehren Oxums, der Flußgöttin an.

Nach dem Mittagessen, einer Feijoada, dem brasilianischen Bohnengericht, beginnt der profane Teil der Feiern mit einer Samba-de-Roda. Bei diesem traditionellen Samba bilden die Schwestern einen Kreis um die Tanzenden und begleiten sie mit Händeklatschen. Erst am Dienstag morgen endet das Fest mit geheimen Zeremonien für die Orixás und für die Seelen der Verstorbenen.

Besichtigung von Tabakmanu-
fakturen: Infos und Anmeldung
in Salvador bei Dannemann (Heidi To-
bler) ☎ 0 71/3 71-04 10, Mo–Fr 9–17
Uhr und Suerdieck (Gisela Suerdieck
Junior) ☎ 2 42-56 99

Einkäufe: Cachoeira ist bekannt
für seine Holzschnitzarbeiten.

Maluco (Verrückter), Maluco Filho
(Sohn des Verrückten) und Doidão
(Spinner) heißen ein paar der knapp ein
Dutzend Schnitzer, die alle irgendwie
miteinander verwandt sind und schon
seit vielen Jahren Figuren und Reliefs
nach allen möglichen Motiven und
Größen herstellen.

Santo Amaro

Santo Amaro, 81 km von Salvador
entfernt, im Inland gelegen, gilt als
industrielles Zentrum im Recôncavo. Doch trotz seiner Papier- und
Bleifabrik ist der 50 000 Einwohner
zählende Ort mit seinen wenigen
historischen Gebäuden aus dem
17. und 18. Jh. ein eher stilles, hübsches Städtchen. In Bahia ist Santo
Amaro bekannt für seine ausge-
zeichnete *Cachaça*, den Zuckerrohrschnaps. Aus Santo Amaro
stammen übrigens der Sänger und
Poet Caetano Veloso und seine
Schwester Maria Bethânia, ebenfalls eine Sängerin, die beide in
Brasilien sehr populär sind. Im
Zentrum des Städtchens steht die
Kirche **Matriz da Nossa Senhora
da Purificação** (1668), ein großer,
schlichter Sakralbau, der meistens
verschlossen ist.

Doch wer Glück hat, erlebt eine
Capoeira-Roda (s. S. 74 ff.) oder eine Probe der Maculelê-Gruppen in
der Stadt. Maculelê ist eine Tanzchoreographie mit Holzstöcken
oder Macheten, die hier erfunden

wurde, als sich die unbewaffneten
Sklaven gegen die Gewalt auf den
Plantagen wehren mußten. Wer si-
chergehen will, diese traditionsrei-
chen Kampftänze zu sehen, muß
am 2. Februar zur **Lavagem** oder
am 13. Mai beim **Bembé do Mercado** anwesend sein. Dieses Fest,
eine Art Candomblé-Feier auf der
Straße, findet in Erinnerung an die
Abschaffung der Sklaverei im Jahr
1888 statt. Dabei führen auch Ca-
poeira- und Maculelê-Gruppen ihre Künste vor.

 Anreise: stündlich Busse von Cachoeira und Salvador

  Unterkunft & Restaurant:
nur sehr einfache Pensio-
nen und Bar/Restaurants im Zentrum

Abstecher zwischen Santo Amaro
und Salvador: Wer mit dem Auto
unterwegs ist und von Santo Amaro
nach Salvador fährt, kann nach etwa 7 km auf der Landstraße, die
zur Bundesstraße BR-324 führt,

rechts nach São Francisco do Conde abzweigen, einem weitläufigen 20 000 Einwohner-Städtchen mit historischem Zentrum. Die **Igreja Santo Antônio e Convento de São Francisco,** eine schöne Franziskaner-Kirche mit Kloster (1718–22), lohnen den Besuch. Im Aufbau ähnelt der Bau mit seinen zwei Türmen der São Francisco-Kirche in Salvador, ist jedoch bei weitem nicht so reich ausgestattet wie diese. In ihrem Innern schmücken schöne Azulejo-Bilder die Seitenwände.

 Busse von Salvador und Santo Amaro verkehren mehrmals täglich

Der Komplex des **Engenho de Freguesía**, ein ehemaliges Herrenhaus mit Zuckersiederei, in dem sich heute das Museum Vanderley Pinho (nur Di und Do geöffnet von 9–17 Uhr) befindet, läßt sich von der BR-324 über die Abfahrt nach Candeias, das bereits zum Großraum Salvador gehört, erreichen.

Das **Museu do Recôncavo**, wie das Museum auch genannt wird, vermittelt einen Eindruck des Lebens auf den Zuckerplantagen des Recôncavo. Im eindrucksvollen dreistöckigen Herrenhaus (Casa Grande), das direkt an der Bucht liegt, sind Küche, Aufenthaltsräume, Bäder etc. noch so ausgestattet wie im 18. Jh., als das Engenho eines der bedeutendsten Zuckerproduzenten Bahias war. Die *Senzalas* (Sklavenhütten) und das *Telheiro*, wo die Sklaven das Zuckerrohr auspreßten und den Sirup einkochten, sind so restauriert worden, daß die unmenschlichen Lebensbedingungen, unter denen die Sklaven zu leiden hatten, beinahe körperlich spürbar werden. Auch eine kleine Kapelle mit Deckenmalereien befindet sich auf dem Gelände.

Die Küste Südbahias

Valença – Zentrum des Holzschiffbaus

Morro de São Paulo – Ein Inselparadies

Ilhéus – Reich durch Kakao

Porto Seguro und seine Traumstrände

Der Romancier Jorge Amado

Bei Porto Seguro

Der Süden: »Wie Zimt und Nelken«

Nach Valença, in das Zentrum des Holzschiffbaus, zu den vorgelagerten Inselparadiesen Morro de São Paulo und Boipeba, ins Kakaogebiet um Ilhéus, bis zu den Traumstränden des Urlaubsortes Porto Seguro, der Kulisse für den aufregendsten Strandkarneval Brasiliens

Valença (66 000 Einw.) ist eines der wichtigsten Wirtschaftszentren im südlichen Bahia. Früher war die Stadt für ihre Textilerzeugnisse bekannt. Hier wurde 1848 der erste mechanische Webstuhl aufgestellt. Doch die Unternehmen verpaßten den Anschluß an die moderne Technik, heute haben die Textilindustrien in Recife und im Süden Brasiliens (São Paulo und Santa Catarina) Valença längst den Rang abgelaufen. Einen ausgezeichneten Ruf genießen dagegen noch immer die Schiffsbauer. Am Una-Fluß reihen sich die Werften in allen Größen und Spezialisierungen aneinander. Gebaut wird bis heute fast ausschließlich mit Holz.

Für Touristen ist Valença meist nur Durchgangsstation zu den Inseln Tinharé (nach Morro de São Paulo) und Boipeba. Die Schiffe dorthin fahren am Flußhafen im Zentrum der Stadt ab. Manchmal muß man Geduld aufbringen, bis die Flut das Hafenbecken wieder auffüllt, denn bei Ebbe reicht die Wasserhöhe nicht für die Transportschiffe. Wer warten muß, kann sich die Zeit auf dem großen Markt vertreiben oder auch zur Kirche Nossa Senhora do Amparo hochspazieren, von wo aus man einen schönen Blick über den Hafen und auf das offene Meer hat.

Am Stadtstrand Guaibim vergnügt sich im Sommer halb Valença bei kaltem Bier und leckeren Fischgerichten. Die Gegend um Valença ist berühmt für die Frische ihrer Meeresfrüchte und die Qualität ihres Dendê-Öls. Von hier aus werden auch die Märkte Salvadors mit Garnelen beliefert.

Busse: mehrmals täglich von Salvador. Auch von Ilhéus läßt sich Valença mit dem Bus erreichen

Unterkunft: ***Rio Una, Rua Maestro Barrinha, ✆ 7 41-16 14; *Guaibim, Praça da Independência, 74, ✆ 7 41-11 10. In Guaibim gibt es zahlreiche Hotels und Pensionen in allen Preisklassen: **Guaibim Praia, Av. Taquari, QD 11, ✆ 7 41-23 16; *Santa Maria Praia, Av. Beira-Mar, ✆ 7 41-13 73

Restaurants: Mirante, Rua Alto do Amparo, 175, ✆ 7 41-14 03; Restaurante da Mara, Rua Zepelin, 99, Fischgerichte

Valença und Umgebung

❗ **Tip:** Von Jaguaripe im südlichen
Recôncavo kann man bei guter Kondition und etwas Glück (es müssen
Flüsse überquert werden und nicht im-
mer sind Fischer da, die gerade übersetzen) in einem Tag zu Fuß bis zum
Strand Guaibim nördlich von Valença
gelangen. Die Entfernung zu diesem
Stadtstrand beträgt lediglich 25 km. Der
Bus dagegen fährt durch das Landesinnere und braucht 5 Std. für die 270 km
bis zur Hafenstadt am Una-Fluß.

Morro de São Paulo und Boipeba

Erst seit ein paar Jahren hat sich die Ilha de Tinharé vor Valença zu einem der populärsten Ferienziele Bahias entwickelt. Davon zeugen auch die zahlreichen Restaurants und Pousadas (Gasthäuser) auf dem Eiland, das einst unter Aussteigern (vor allem bei Ausländern) als Geheimtip galt. Doch noch immer sind die drei kleinen Dörfer (Galeao, Gamboa sowie Guarapuá), aber auch die Hauptsiedlung Morro de São Paulo beschauliche Orte ohne Autos – nur unbefestigte Pisten verbinden die vier Siedlungen.

Heute noch existiert eine halb verfallene Festung aus dem Jahr 1630. Die Insel war 1822 Stützpunkt des englischen Lords Cochrane, der den Brasilianern erfolgreich bei der Vertreibung der Portugiesen half. Hier plante er seine Einsätze. Schließlich hatte der Söldnerkapitän Übung darin, kämpfte er doch in Chile und Peru an der Seite des Befreiers Simón Bolívar, dem es gelungen war, die Spanier zu verjagen.

In der Nähe der Festung steht die kleine Kirche Nossa Senhora da Luz aus dem 19. Jh. Links der Kapelle führt ein Pfad zur Fonte (= Quelle) da Bica, wo man im Süßwasser baden kann. Dafür eignet sich auch die Fonte do Ceu, die man von Gamboa aus erreicht (4 km).

Die Strände auf der Ilha de Tinharé sind durchnumeriert. Alle liegen in Richtung Atlantik. Strand eins befindet sich direkt bei Morro de São Paulo, ist relativ klein (ca. 500 m) und mit Strandhäusern vollgebaut. Strand zwei und drei sind ähnlich lang, aber schöner, weil unberührter. Die restlichen 20 km bis zum Ende der Insel – die nur durch den Rio do Inferno (= Höllenfluß) vom Nachbareiland Boipeba getrennt wird – sind als Strand Nummer 4 ausgewiesen.

Anreise: Täglich fahren mehrere Boote von Valença nach Morro de São Paulo. In der Sommerzeit starten auch mehrmals die Woche Schiffe vom Terminal da França in Salvador nach Morro de São Paulo; Infos ✆ 0 71-2 43-07 41

Unterkunft: **Morro de São Paulo, Rua da Biquinha, ✆ 7 41-23 24; *Pousada Biônica, Praia da Gamboa, ✆ 7 41-22 54; *Pousada do Farol do Morro, Primeira Praia, ✆ 0 71-23 7-39 03; *Fazenda Caeira, Terceira Praia, ✆ 7 41-12 72; *Pousada Vila Guaiamu, Terceira Praia, ✆ 0 71-3 21-19 36

Restaurants: Es gibt auf der Insel zahlreiche Möglichkeiten, ausgezeichneten Fisch zu essen

Die Nachbarinsel **Boipeba** ist auch heute noch äußerst dünn besiedelt. Im größten Dorf Boipeba wohnen rund 300 Menschen. Die Strände – Tassimirim, Cueira, Morere, Cova de Onça – sind bis auf die Fischer, die zur Ebbe in den Riffen nach Tintenfischen und Krebsen suchen, menschenleer. Auf der Insel wachsen Palmen und viele tropische Fruchtbäume (z. B. Mangos, Lajú) – ein Spaziergang lohnt sich.

Anreise: Jeden Tag fahren je nach Gezeiten um die Mittagszeit Boote in ungefähr 4 Stunden nach Boipeba. Auch von Morro de São Paulo werden Tagesausflüge zur Insel Boipeba angeboten

 Unterkunft: **Pousada Tassimirim, Primeira Praia, ✆ 7 53-21 34, schöne Pension direkt am Meer mit Bungalows und außergewöhnlich gutem Essen

Ilhéus

Anfang dieses Jahrhunderts entwickelte sich Ilhéus innerhalb kurzer Zeit zu einer bedeutenden Handelsstadt. Denn in der Umgebung des heute 223 000 Einwohner zählenden Ortes gediehen die Kakaopflanzen prächtig und die Kakaobohnen wurden zu einem der wichtigsten Exportprodukte in der vorindustriellen Epoche. Auch heute noch ist Brasilien – trotz sinkendem Absatz, fallenden Preisen und Problemen mit Pflanzenkrankheiten – nach der Elfenbeinküste der größte Produzent des Schokoladenrohstoffes weltweit. Fast 90 % der Ernte wird in Südbahia um Ilhéus eingebracht. Ansonsten hat die Stadt außer einigen Unternehmen, in denen Kakao verarbeitet wird, wenig Industrie. Wer mehr über den Kakaoanbau erfahren möchte, kann sich im **Museu Regional do Cacau** (Rua Antônio Lavigne de Lemos, 126, Mo–Fr 14–18 Uhr, von Dezember bis März zusätzlich von 9–12 Uhr) oder im **Centro de Pesquisa do Cacau** (CEPLAC), einem Forschungsinstitut, bei km 22 an der Straße nach Itabuna, informieren (✆ 2 14-30 14, Mo–Fr 9–11 Uhr).

In Ilhéus sind wegen der späten wirtschaftlichen Blüte die meisten der auffälligeren Bauten neueren Datums. So datiert die Capela Nossa Senhora da Piedade auf dem Hügel Alto do Ceará aus dem Jahr 1916 und die Catedral de São Sebastião an der Praça Dom Eduardo wurde 1931 begonnen und erst 1967 fertiggestellt.

Jorge Amado wurde in der Nähe von Ilhéus geboren und verbrachte seine Jugend in der Stadt. Der wohl berühmteste Roman des Autors »Gabriela wie Zimt und Nelken« spielt in dieser Region. Die Bar Vezúvio (✆ 2 31-23 28, Praça Dom Pedro), der zentrale Ort des Geschehens, gibt es noch heute. Das Buch wurde unter der Regie von

Bruno Barreto im Jahr 1982 verfilmt, allerdings nicht in Bahia, sondern in Parati, südlich von Rio. Marcelo Mastroiani und Sônia Braga spielten in dieser brasilianisch-amerikanischen Koproduktion die Hauptrollen.

Heute gelten die Hoffnungen auf wirtschaftliches Wachstum **Itabuna**, der 35 km von Ilhéus entfernten Zwillingsstadt (185 000 Einw.) im Landesinneren. Die Agroindustrie (Fleisch-, Milch-, Zucker- und Kakaoverarbeitung) in Itabuna verzeichnet die höchsten Steigerungsraten in der Region. Außerdem ist eine steuerfreie Zone geplant, um Itabuna als Standort für weitere Unternehmen interessant zu machen und damit die industrielle Produktion noch stärker anzukurbeln.

Für Touristen ist Itabuna jedoch eher reizlos, weil es weder alte Gebäude noch einen Strand gibt. Jährlich wechselnd findet in einer der beiden Städte die **Festa de Cacau** statt, bei der meistens einige brasilianische Musikstars auftreten.

Hauptattraktion in Ilhéus sind die außergewöhnlich schönen **Strände** mit einer gut ausgebauten Infrastruktur. So geht Richtung Norden (an der Praia do Norte entlang) über ca. 50 km ein idyllischer Strand in den nächsten über, die allerdings nur schwer zu erreichen sind (kein Busverkehr; Lehmstraßen, die bei Regen unbefahrbar werden).

Ebenfalls im Norden, landeinwärts Richtung Sambaituba und 34 km von Ilhéus entfernt, erstreckt sich ein kleines von Urwald umrahmtes Naturschutzgebiet, in der die **Lagoa Encantada** liegt. Um diese ›Verzauberte Lagune‹ (7,2 km^2), die aus drei Flüssen gespeist wird, ranken zahlreiche Mythen und Gerüchte: von schwimmenden Inseln erzählt man sich oder von Werwölfen *(Lobisomen)*, ja selbst Maultiere ohne Kopf *(Mulas sem cabeça)* will man gesehen haben.

Auch in Richtung Süden – 25 km von Ilhéus entfernt – reihen sich die Traumstrände aneinander (z. B. Praia da Avenida, do Cristo, da Concha, do Sul, dos Milionários, Cururupe). Südlich von Olivença kann man sich im mineralhaltigen Wasser (Eisen, Magnesium, Jod) des Balneário de Tororomba (in der Saison geöffnet, Di–So 8–17 Uhr), ein entspannendes Bad gönnen. Es soll Magen- und Darmbeschwerden und Hautkrankheiten heilen. Auch hier gibt es noch weitere Prachtstrände (Batuba, Cai n'Agua, do Jairi, Canabrava).

Rund 80 km weiter nach Süden steht auf der 123 km langen Palmeninsel Comandatuba vor der Küste einer der elegantesten Hotelkomplexe Brasiliens. Das Fünf-Sterne-Haus Transamérica Ilha de Comandatuba (☎ 2 12-11 22) war 1992 das Hotel des Jahres in Brasilien. Vor dem Ort Canavieras (79 km südlich von Ilhéus) liegt die Anlage wunderschön auf einer palmengesäumten Insel – die Betrei-

Einsamkeit im Grünen bei Porto Seguro

ber bieten ihren Gästen darüber hinaus unzählige Freizeitmöglichkeiten – z. B. Wasserski, Surfen, Hochseefischen, Kajakfahren (Busse ab Ilhéus, telefonisch lassen sich auch individuelle Transfers von Ilhéus aus vereinbaren).

🚌 **Anreise** mit dem Bus aus Salvador, 6mal täglich hin bzw. zurück, Fahrzeit 7 Std.

🛏 **Unterkunft in Ilhéus:** **Ilhéus Praia, Praça Dom Eduardo, ✆ 2 31-25 33; *San Marino, Rua 28 de Junho, 29, ✆ 2 31-36 68

Es empfiehlt sich, an einem der Strände zu wohnen. Busverkehr gibt es regelmäßig in die Stadt.

Unterkünfte an den Stränden: ***Jardim Atlântico, Praia do Sul, ✆ 2 31-45 41; ***Arraial Cana Brava, Praia de Canabrava); **Village Farol da Tororomba; **Praia de Canabrava, ✆ 2 69-11 48; **Pousada Aldeiamar, Praia de Cururupe, ✆ 2 31-25 01; *Pousada Brisa Mar, Praia do Jairy, ✆ 2 31-54 91; *Pousada Aguas de Olivença

🏕 **Camping:** STAC, Praia de Cururupe, ✆ 2 31-70 15, von Dezember bis Februar geöffnet; Garvatá, Praia de Batuba, Dezember bis Februar, Maravilha, Praia de Jairy

ℹ **Information:** Ilhéustur, Praça Castro Alves, ✆ 2 31-18 61

Jorge Amado
Der große Romancier

»Über Jorge Amado kann ich nur sagen, daß ich seine Texte roh und unbearbeitet finde, die Sprache ist nachlässig; aber andererseits bin ich richtig neidisch auf ihn. Wer hat besser das Leben Brasiliens widergespiegelt als Jorge? Er hat Brasilien erzogen, seine Rasse, sein Gesicht anzunehmen, [den Kommunistenführer] Prestes zu akzeptieren, den Menschen in der Prostituierten zu sehen, stolz auf die Kultur der Schwarzen zu sein – das finde ich sehr schön«, sagt Darcy Ribeiro, der brasilianische Soziologe und Schriftsteller über seinen Kollegen aus Bahia, den bekanntesten Romancier seines Landes. Und was meint Amado selbst? »Manche finden, daß ich schlecht schreibe. Doch ich schreibe, wie ich es vermag. Ich habe für das, was ich zu sagen hatte, einen Stil gesucht – und gefunden.« Seinen Schreibstil bezeichnet er außerdem als »barbarisch« – im Gegensatz zur formalistischen, akademischen, von Portugal geprägten Sprache brasilianischer Literatur, die zu Beginn seiner Karriere in Brasilien noch dominierte.

In den 30er Jahren gehörte Jorge Amado – neben Rachel de Queiroz, José Lins und Graciliano Ramos – zur Avantgarde aus dem Nordosten, denn sie begannen zu beschreiben, was sie sahen und nichts zu verleugnen. Seit seiner frühen Kindheit hatte er das soziale Elend und die politische Gewalt in seiner Heimat kennengelernt. Amado wurde 1912 in der Nähe von Itabuna bei Ilhéus geboren. Als er 11 Jahre alt war, wurden seine Eltern gezwungen, ihre kleine Fazenda an einen Großgrundbesitzer zu verkaufen. »Ich verbrachte meine Kindheit in den wilden Gebieten des Kakaos, ich habe das Drama der Urwalderoberung miterlebt, habe die Stimmen der Advokaten in den unverschämten Prozessen der Großgrundbesitzer gehört; als Kind war ich vom Blute meines Vaters überströmt, der aus einem Hinterhalt angeschossen wurde.«

Jorge Amado besucht das Jesuitenkolleg in Salvador und arbeitet bereits mit 15 Jahren als Journalist. Später studiert Amado in Rio de Janeiro Jura, wo er auch – gerade 18jährig – seinen ersten Roman »Pais de Carnaval« (»Land des Karnevals«) veröffentlicht. Mit »Cacau«, einem Roman über die Auseinandersetzungen zwischen Großgrundbesitzern und Kleinbauern im Kakaogebiet von Südbahia, wurde er 1933 bekannt. Er verfaßte politische Schriften, prangert die soziale Ungerechtigkeit an und wird Mitglied der kommunistischen Partei. Unter Getúlio Vargas kommt er mehrmals ins Gefängnis. Die Jahre 1941 und 1942 verbringt er in Argentinien im Exil, wo er eine Biographie über den kommunistischen Parteiführer Prestes schreibt. Nach seiner Rückkehr wählt man ihn zum Abgeordneten. 1948 wird die kommunistische Partei verboten; er verläßt Südamerika und lebt vier Jahre in Europa. Als Chruschtschow auf dem 20. Parteitag die Ent-Stalinisierung einleitet, enthält sich Amado weiterer parteipolitischer Tätigkeit und beginnt wieder zu schreiben.

Die Liste seiner Veröffentlichungen liest sich heute wie ein Lexikon der Superlative: Mehr als 20 Romane hat er verfaßt, die in 47 Sprachen übersetzt wurden – mit einer Gesamtauflage von ca. 30 Millionen! Jahrzehntelang war er der einzige Schriftsteller Brasiliens, der von den Einnahmen seiner Bücher leben konnte. Und noch immer weigert sich Amado vehement, als »Lateinamerikaner« tituliert zu werden. Er ist Bahianer und in zweiter Linie Brasilianer, aber: »Es gibt keinen größeren Unterschied als den zwischen Argentiniern – den Engländern der Literatur – und den Brasilianern. Wir sind die kleinen Neger.«

Die Westdeutschen haben Amado spät entdeckt. Seine Romane wurden zuerst in der ehemaligen DDR veröffentlicht, denn in der Bundesrepublik scheute man sich davor, den kommunistischen Autor ins Programm aufzunehmen. Erst ab Mitte der 70er Jahre begannen einige westdeutsche Verlage im Zuge des Lateinamerika-Booms erfolgreich einige Werke des Bahianers zu publizieren. Doch selbst heute tun sich die Deutschen schwer mit der »Mischung aus Zärtlichkeit und Ironie« – wie sein Übersetzer Kurt Meyer-Clason so treffend formuliert. Amado paßt nicht recht in die literaturwissenschaftlichen Schubladen: Ist es Sozialkritik oder Sozialkitsch? Ist es ein abgrundtiefer Machismo oder sind es genaue, realitätsgetreue Beschreibungen des Mann-Frau-Verhältnisses oder sind es vielmehr Klischees der oft zitierten »Rassendemokratie«?

Ein Grund für die mangelnde Begeisterung mag in der schlampigen Ausführung der deutschen Editionen liegen: Sein frühes Werk »Capitães de Areia« (»Herren des Strandes«), ein Roman über Straßenkinder, erschien bis zur Unkenntlichkeit verkürzt als Jugendbuch. Sein – wie Amado sagt – wichtigstes Werk »Tenda do Milagres« strotzt vor Übersetzungsfehlern, insbesondere bei den afrobrasilianischen Begriffen. Und auch der Titel »Die Geheimnisse des Mulatten Pedro« (wörtlich etwa: »Zelt der Wunder«) ist unpassend, da er völlig aus dem Zusammenhang gerissen ist.

Porto Seguro und Umgebung

Die bahianische Tourismusbehörde (Bahiatursa) wirbt mit einer Reproduktion des Ölgemäldes von Oscar Pereira da Silva (1867–1939) für die südliche Region. Das Bild zeigt den portugiesischen Entdecker und Eroberer Brasiliens, Pedro Alvares Cabral, der 1500 hier als erster an Land ging: Halbnackte Indianer begrüßen die Fremden am Strand. Darüber steht in bahianischem Slang: »War ja klar, daß an einem solchen Ort schon Menschen leben.« Und der Werbeslogan unter dem Bild lautet: »Bahia – seit 500 Jahren beliebt bei Touristen«.

Diese originelle, aber auch makabre Werbung der staatlichen Tourismusagentur bringt den Stolz Bahias zum Ausdruck, das Eingangstor für die portugiesischen Kolonisatoren gewesen zu sein. Seit Jahren streiten sich die Tourismusbehörden Porto Seguros und Santa Cruz da Cabrálias darüber, wo der Entdecker denn nun tatsächlich zum ersten Mal die Neue Welt betreten hat. Die Folge daraus ist, daß den Besuchern in Südbahia ständig versichert wird: »hier geschah es zum ersten Mal«. So riefen die Portugiesen wahrscheinlich zum ersten Mal »Land in Sicht«, als sie den 536 m hohen Monte Paschoal im gleichnamigen Nationalpark, südlich von Porto Seguro, ausmachten. In Santa Cruz da Cabrália setzte Cabral vermutlich (wie der Name des Ortes auch andeutet) zum ersten Mal seinen Fuß auf brasilianischen Boden. In Corao Vermelha, zwischen Santa Cruz und Porto Seguro, kennzeichnet ein Kreuz die Stelle, an der zum ersten Mal eine katholische Messe abgehalten wurde. Und in der Oberstadt Porto Seguros steht die älteste Kirche Brasiliens, die **Igreja da Misericórdia**, aus dem Jahr 1526. Orte, Gebäude oder Begebenheiten von angeblich großer historischer Bedeutung ließen sich noch seitenweise aneinanderreihen. Doch beschränken wir uns auf das touristisch Interessante.

Porto Seguro (35 000 Einwohner zusammen mit den Munizipien Arraial und Trancoso) ist seit etwa zehn Jahren eines der Zentren Brasiliens im Karneval. Vor allem junge Menschen aus São Paulo, Belo Horizonte und Rio verbringen im Januar und Februar dort gerne einen Teil ihrer freien Zeit. Etwas vereinfacht lassen sich die Ortschaften nach ihren Besuchern aufgliedern. Porto Seguro selbst ist die größte Siedlung mit der dichtesten Infrastruktur, wo auch viele Familien Urlaub machen. Arraial d'Ajuda, durch den Fluß vom Hauptort getrennt, ist ein Platz für vorwiegend junges Publikum. Trancoso, noch etwas weiter südlich gelegen, ist einfacher und nicht so dicht bebaut – ursprünglich ein Geheimtip für Aussteiger, aber inzwischen wäh-

Poro Seguro
und Umgebung

Sommerschlußverkauf

rend der Saison fast ebenso voll wie Arraial. Weiter südlich und nördlich der beschriebenen Orte ist es noch ruhig.

Wie alle Orte an der Küste in dieser Gegend ist auch **Porto Seguro** in Ober- und Unterstadt geteilt. Die historische Oberstadt, von der man einen schönen Blick über mehrere Kilometer Küste in beide Himmelsrichtungen genießt, ist inzwischen von der Regierung zum schützenswerten Kulturgut Brasiliens erklärt

worden. Neben der schon erwähnten ältesten Kirche Igreja da Misericórdia steht die **Igreja Nossa Senhora da Penha** (1535), die das älteste Heiligenbild Brasiliens birgt. Dargestellt ist der Bettelmönch Franz von Assisi. Das Gemälde wurde 1503 von der Expedition Gonçalo Coelho in die Neue Welt gebracht. Von der **Igreja Nossa Senhora do Rosário dos Jesuitas** und dem ehemaligen **Jesuitenkloster**, das die Bruderschaft 1534 errichtete, sind nur noch Ruinen erhalten. In der Nähe der Ruinen befindet sich auch die **Marca do Descobrimento** (etwa: Markstein der

Entdeckung), mit der die Portugiesen 1502 ihren Besitzanspruch belegten: eine 2 m hohe Säule mit einer verwitterten Steingravur des gekreuzigten Christus auf der einen und auf der anderen Seite die Waffen der portugiesischen Krone.

In der Unterstadt Porto Seguros dürfte es während der Saison kaum ein Gebäude geben, das nicht in ein Hotel oder ein Gasthaus (Pousada) umfunktioniert ist. In der 35 000 Einwohner zählenden Stadt halten sich dann zwei- oder dreimal so viele Menschen auf. Dennoch verschandeln keine Hochhäuser und Betonklötze den Ort.

Das Einzugsgebiet Porto Seguros beginnt bereits 12 km nördlich der historischen Siedlung. Die einige Kilometer entfernten Strände – angefangen bei der Ponta Grande über die Praia de Rio dos Mangues bis hin zur Praia Taperapuã, aber auch die stadtnahen Badeplätze wie Mundaí, Itacimirim und Curuipe sind außergewöhnlich schön (alle 20 Min. fahren Busse die Küstenstraße entlang, Endstation: Santa Cruz da Cabrália).

Ausflug: Etwa 160 km von Porto Seguro entfernt liegt der **Parque Nacional Monte Paschoal** (= Osterberg). Im Naturpark lebt ein Stamm der Pataxós-Indianer in einem der wenigen, noch erhaltenen Gebiete der Mata Atlântica Brasiliens (seltene Flora und Fauna). Der Park darf nur in Begleitung eines Beamten der IBAMA (= staatliche Umweltschutzbehörde) besucht werden.

Information über Bahiatursa in Porto Seguro. Anfahrt mit dem Pkw über die BR-101, bei km 796 (Öffnungszeiten: 8–16 Uhr, Eintritt frei).

Anreise mit dem Bus aus Salvador, 2mal täglich hin bzw. zurück, Fahrtzeit 11 Std. Gute Verbindungen nach Rio, São Paulo und Belo Horizonte

Unterkunft: Es gibt ca. 60 Hotels und Pousadas der gehobenen Kategorie und noch einmal soviele einfachere Unterkünfte, die in Porto Seguro aber alle ein etwas höheres Qualitäts-/Preisniveau haben, als sonst in Bahia. Eine kleine Auswahl: ***Porto Seguro Praia, Praia Curuipe, ☎ 2 88-23 21; **Porto Principe, Av. dos Navegantes, 82, ☎ 2 88–27 21; **Aconchego Pousada, Av. 22 de Abril, ☎ 2 88-25 22; *Pousada Populi, Rua São Bráz, 163 (historisches Zentrum in der Oberstadt), ☎ 2 88-20 63, italienische, einfache Pousada im Park; *Pousada da Gringa, Praia do Cruzeiro, ☎ 2 88-20 76. Solar das Maritacas, Rua dos Periquitos, ☎ 2 88-20 82

Am Strand von Taperapuã (7 km nördlich von Porto Seguro) gibt es mehrere Unterkünfte: ***Taba dos Pataxós, ☎ 2 88-24 22; **Coqueiros de Taperapuan, ☎ 2 88-25 65; *Pousada Atlantis, ☎ 2 88-23 82

Camping: da Gringa, Praia do Cruzeiro, ☎ 2 88-27 58; Mundaí Praia, (5 km entfernt), ☎ 2 88-22 87

Information: Bahiatursa, Praça Visconde de Porto Seguro, ☎ 2 88–21 26 (direkt an der Rodoviária), ☎ 2 88–21 26, Sa/So geschlossen

Santa Cruz da Cabrália

In der Oberstadt von Santa Cruz trifft man auf einige ältere Gebäude aus der Frühzeit der Kolonisation, die leider teilweise stark verfallen sind. Beispielsweise die Kirche **Nossa Senhora da Conceição** (1630), von deren Vorplatz man einen schönen Blick über die Küste hat. Mit einem Boot kann man sich auf einer 3 km langen Strecke über den Fluß João de Tiba durch Riffe fahren und danach etwa 16 km weiter zum Korallenriff **Coroa Alta** bringen lassen. Das Riff eignet sich mit seinen natürlichen Schwimmbecken wunderschön zum Baden und ist ein Paradies für Taucher.

Ausflüge: In 1,5 Stunden gelangt man per Boot von Santa Cruz da Cabrália zur **Praia Mugiquiçaba** – oder aus nördlicher Richtung von Belmonte aus mit dem Auto über eine nicht befestigte Landstraße. Dieser Strand liegt inmitten einer Sumpflandschaft, die eine außergewöhnliche Vielfalt an Vögeln und Fischen aufweist. Umweltschützer kämpfen seit Jahren darum, das Gebiet unter Naturschutz zu stellen.

Luxusunterkunft in Arraial d'Ajuda

Die anderen Badeplätze in Richtung Santa Cruz – **Guaiú, da Ponta de Santo Antônio** und **Itacimirim** – lassen sich nur über den Seeweg erreichen und sind dementsprechend einsam. Der nächstgelegene **Santo André** läßt sich auch per Fähre erreichen. Südlich der Pioniersiedlung Brasiliens gibt es ebenfalls sehr schöne Strände: der 3 km lange **Dos Lençóis** (allerdings gefährlich zum Baden) und der bei Surfern beliebte **Coroa Vermelha**. Dort bieten Pataxóas-Indianer ihre handgefertigten Souvenirs an.

 Busse alle 20 Min. von Porto Seguro die Küstenstraße entlang.

 Unterkunft: ***Praia do Mutá, Praia do Ponta do Mutá, ✆ 2 88-23 34; **Ponta de Santo André, Santo André, ✆ 2 82-11 27; **Tribo da Praia, Santo André, ✆ 2 82-11 02; *Pousada Village Yaya, Praia dos Lençóis, ✆ 2 82-11 24; *Pousada Lua Morena, Praia dos Lençóis, ✆ 2 82-11 24; *Pousada Lua Morena, Praia dos Lençóis, ✆ (0 11) 4 47-65 41

 Camping: CCB, Praia dos Lençóis, ✆ 2 82-11 06; Mutari, Praia dos Lençóis

Arraial d'Ajuda

Wer von Porto Seguro nach Arraial will, muß sich erst mit dem Fährschiff (etwa alle 15 Min., Fahrtzeit 5 Min.) übersetzen lassen und auf der anderen Seite einen Bus ins 6 km entfernte Dorf nehmen (immer direkt Anschluß an die Fähre). In Arraial gibt es viele hübsche Gasthäuser, weshalb sich der Ort bei Urlaubern großer Beliebtheit erfreut. Weniger schön, aber dennoch sehr belebt ist die Fußgängerzone im Zentrum, hier wird leider viel Nepp angeboten.

Außer an Karneval erlebt das Feriendorf jedes Jahr vom 6.–15. August eine Invasion, wenn das **Fest** der **Nossa Senhora d'Ajuda** gefeiert wird und zahlreiche Pilger die Stadt besuchen. Ziel der Wallfahrt ist eine Quelle hinter der Kirche,

der heilende Kräfte zugesprochen werden.

Wer die Barracas aus Salvador kennt, wird über die schön gemachten, luxuriösen Strandbars von Arraial überrascht sein. Von hier sind es 3 km bis zur **Praia de Pitinga**. Etwa 100 m hinter dem Strand liegt in einem Felstal die **Lagoa Azul**. Der Lehm in der Blauen Lagune soll gut für die Haut sein, und so vergnügen sich die Besucher damit, sich von oben bis unten damit einzuschmieren. Von der Lagoa Azul kann man 8 km bis nach Trancoso am Strand entlang weiterlaufen, der mal von Palmen, mal von Felsen gesäumt ist.

 Unterkunft: ***Mucugê Hotel Village, Praia de Mucugê, ✆

8 75-12 38; ***Pousada Brisas, an der Straße nach Trancoso, ☎ 8 75-11 47; **Pousada Erva Doce, Estrada do Mucugê, ☎ 8 75-11 13; **Pousada Berro d'Agua, Praia do Apaga Fogo, ☎ 8 75-10 73; *Pousada Atlântica, an der Straße nach Trancoso, ☎ 8 75-10 55; *Pousada Porto do Meio, Praia de Araçaipe, ☎ 8 75-10 17; *Thaina Plage, Praia de Mucugê, ☎ 8 75-10 57

Camping do Gordo, Praia Apaga Fogo, nur durch den Fluß von Porto Seguro getrennt, Überfahrt mit der Fähre, alle 15 Min.

Trancoso

Die Straße nach Trancoso ist nicht asphaltiert und nach Regenfällen haben die Busse hin und wieder Schwierigkeiten, die Steigungen zu überwinden. In Trancoso haben sich in den 70er Jahren viele stadtmüde Aussteiger aus São Paulo und Minas Gerais niedergelassen. Hier gibt es einige der in Bahia seltenen Restaurants, die gesunde Naturkost anbieten. Auf dem Dorfplatz kämpfen am Wochenende die Fußballvereine der Gegend um Punkte. Vor den kleinen Bars finden sich noch spät nachts Jugendliche zu einer Capoeira-Runde zusammen.

Aus Trancoso, das in der Oberstadt nur aus einem Ring einfacher Häuser rund um den Dorfplatz besteht, stammen die ersten Lambada-Tänzer und ein Teil der Musiker von Kaoma, die den Welthit »Lambada« landen konnten. Dieser Song führte dann auch dazu, daß in Brasilien viele der ehemals »Forro« genannten Tanzschuppen nun in »Lambaterías« umbenannt wurden. Sonst ist Trancoso ein ruhiger, schöner Ort, von dem aus man kilometerlang an einsamen Stränden entlangwandern kann (z. B. nach Arraial, Rückfahrt mit dem Bus): zur einen Seite das Meer, zur anderen Reste der Mata Atlântica, des ursprünglichen Urwaldes. Auch Richtung Süden, nach Itaquena, ist die Landschaft abwechslungsreich.

Anfahrt: Zunächst mit der Fähre von Porto Seguro, dann mit dem Bus über Arraial.

Unterkunft: Das Dorf ist noch nicht ans Telefonnetz angeschlossen. Unter den Nummern (0 73) 8 67-11 15/11 16 kann man beim Telebahia-Posten des Dorfes von 8–19 Uhr Nachrichten für Hotels hinterlassen. **Pousada Hibisco, Straße nach Arraial d'Ajuda, Porto Livre, Praia de Trancoso, ☎ 0 71-2 48-78 13; *Caipim Santo, Dorfplatz, außergewöhnlich gutes Restaurant

Holzhaussiedlung im Süden Bahias

Agreste
und
Sertão

Zum Markt nach
Feira de Santana

In die Doppelstadt
Juazeiro und Petrolina

Der Naturpark Chapada
Diamantina und die
Diamantenstadt Lençois

Canudos –
Rebellion im Hinterland

Im Nationalpark Chapada Diamantina

Das sagenumwobene Hinterland

Von der Marktstadt Feira de Santana, durch den Sertão in die Doppelstadt Juazeiro und Petrolina, nach Süden in den Naturpark der Chapada Diamantina mit seinen Höhlen, Wasserfällen und Tafelbergen bis ins abgelegene Bom Jesus da Lapa im Südwesten Bahias

Bis vor kurzem schüttelten Brasilianer verständnislos den Kopf, wenn Touristen ins Landesinnere von Bahia reisen wollten. »Trocken, heiß, arm und nichts los«, waren die gängigen Kommentare. Doch wie so oft in Brasilien hat das Fernsehen mit seinen Telenovelas, den täglich fortgesetzten Seifenopern, die zuweilen die ganze Nation beschäftigen, eine Bewußtseinsänderung bewirkt. Die Serie »Pedra sobre Pedra« (»Stein auf Stein«), die TV Globo, der mächtigste Sender Brasiliens, 1991/92 ausstrahlte, spielte im bahianischen Hinterland: Die Goldgräberstadt Lençóis – im Nationalpark Chapada Diamantina gelegen – war der Ort des Geschehens. Hier intrigierten, liebten und betrogen sich die Mitglieder der verschiedenen Clans. Die historische Novela bewirkte, daß Lençóis und seine Umgebung plötzlich populäres Reiseziel der Brasilianer wurde.

Der Besucherstrom ins bahianische Inland ist jedoch eine Ausnahme. Denn noch immer wird der Sertão von Dürren heimgesucht und die seltenen heftigen Regenfälle bewirken häufig Überschwemmungen. Eine touristische Infrastruktur gibt es in Bahias dünn besiedeltem Inland kaum. Selbst die paar Dutzend an Verkehrsknotenpunkten gelegenen Orte sind Dörfer mit wenigen tausend Einwohnern, einigen Bars, ein, zwei Restaurants und Pensionen. Nur Freitag und Samstag abend findet irgendwo im Dorf ein Tanz statt. Sonst ist nachts nach acht, neun Uhr niemand mehr auf den Straßen.

Doch manche Touristen zieht gerade diese Weltabgeschiedenheit an. Es gibt keine Sehenswürdigkeiten, aber viel zu sehen. Wer ein bißchen Portugiesisch kann, kommt mit den freundlichen und interessierten Menschen leicht in Kontakt. Touristisch attraktiv ist vor allem die atemberaubende Natur des Nationalparks Chapada Diamantina, aber auch die Wüsten des Sertãos haben ihren Reiz. Im folgenden geben wir kurze Tips für Touristen, die ein paar Tage ins Inland wollen.

Feira da Santana

In Bahia wird sie meistens nur A Feira (Der Markt) genannt. Seit jeher ist die täglich stattfindende Feira ein Umschlagsplatz für Waren aus dem Inland – gegen Waren aus der Küstenregion. In Santana endet das tropische, afrikanische Bahia der Zuckerrohr- und Tabakplantagen, denn westlich der Stadt beginnt das menschenleere Landesinnere, und Feira wirkt eher wie eine zu groß geratene Kleinstadt des trockenen Sertão. Seit dem Bau der Überlandstraßen aus dem Süden wird der meiste Verkehr nach Salvador und in den Nordosten über Feira de Santana geleitet. Dadurch ist die Stadt in den letzten Jahren stark expandiert. Heute wohnen dort mehr als 400 000 Einwohner und die breiten Straßen scheinen auf eine verkehrsreiche Zukunft zu weisen. Die fast ausschließlich niedrigen Häuser sind in eine völlig flache Ebene gebaut. In den letzten zehn Jahren sind einige mehrstöckige Gebäude wie Shopping-Center und Bank-Gebäude hinzugekommen.

Für Touristen hat Santana, bis auf den Markt, wenig zu bieten. Vor ein paar Jahren ist der größte Teil des Marktes (zwecks Vergrößerung und Modernisierung), der früher auf der Hauptstraße abgehalten wurde, ins **Centro de Abastecimento** (etwa: Versorgungszentrum) umgezogen. In den offenen, mehrere hundert Meter langen Betonhallen des Komplexes werden täglich tonnenweise Obst, Gemüse, Fleisch, Fisch und Getreide gehandelt.

Ein Tagesausflug – (zwei Stunden mit dem Bus von Salvador) lohnt sich am ehesten montags, wenn frühmorgens im Zentrum der Stadt die **Feira de Gado e Couro** beginnt, der Rinder- und Lederwarenmarkt. Aus dem gesamten Umland kommen die Farmer, um Sättel, Hüte, Decken, Seile, Werkzeug oder andere Gegenstände des täglichen Gebrauchs zu kaufen, denn der Markt gilt als einer der besten im Nordosten. Wer Feira nicht an einem Montag besuchen will, kann auch im Zentrum auf der **Feira de Artesanato** (Mo–Sa 8–19 Uhr), die im alten, etwas heruntergekommenen Marktgebäude untergebracht ist, Holz-, Ton-, Stroh- und Lederwaren erwerben. Im **Museu Regional** (Mo 9–12 und 14–17 Uhr, Di–Fr 14–17.30 Uhr) sind Erzeugnisse (Taschen, Mappen, Gürtel) aus der Region ausgestellt.

Zwei Wochen nach Ostern wird in Feira de Santana das größte Fest des bahianischen Inlandes gefeiert: die **Micareta**, zu der die bekanntesten Karnevalsgruppen und Trio Eléctricos aus Salvador kommen. Auch die São João-Feste im Juni/Juli werden in der Stadt ausgiebig gefeiert.

Anreise mit dem Bus, alle 30 Min., Fahrzeit ca. 2 Std. (120 km)

 Unterkunft: ***Feira Palace, Av. Maria Quitéria, 1572, ✆ 2 21-50 11; *Senador, Rua Senador, Quintino, 10, ✆ 2 21-51 11

Restaurants: Gralha Azul, Av. Getúlio Vargas, 455, ✆ 2 21-78 91; Churrascería (Steakhouse); O Picuí, Rua Maria Quitéria, 2463, ✆ 2 21-10 18, Spezialitäten aus der Region; einfach, aber gut

Juazeiro und Petrolina

Der Rio São Francisco bildet die Grenze zum benachbarten Bundesstaat und trennt gleichzeitig die Doppelstadt voneinander: so gehört das wohlhabendere Petrolina (255 000 Einwohner) zu Pernambuco, während das ärmere Juazeiro (128 000 Einwohner) sich noch innerhalb der Grenzen Bahias befindet. Erst in den letzten Jahren haben verschiedene Bewässerungsprojekte für die Landwirtschaft und die Krabbenzucht im Flußwasser für einen leichten ökonomischen Aufschwung in Juazeiro gesorgt.

Als in den 60er Jahren der Rio São Francisco zwecks Energiegewinnung zum Sobradinho-See aufgestaut wurde, versanken zahlreiche Dörfer entlang des Flusses für immer in den Fluten. Viele Bewohner des Sertão sahen sich daher gezwungen, nach Juazeiro oder Petrolina umzusiedeln.

Bis ins Jahr 1992 dienten die aus den USA importierten Raddampfer als Transportmittel zwischen Juazeiro und der 1500 km entfernten Stadt Pirapora im Bundesstaat Minas Gerais. Wochenlang waren die Passagiere und die Waren auf dem Rio São Francisco unterwegs, bis sie ihr Ziel erreichten, dafür waren die Tarife allerdings günstig. Doch dann konnten sich die Reeder nicht mehr gegen die Konkurrenz der schnelleren Busunternehmen durchsetzen und mußten die Fahrten einstellen.

Interessant in Petrolina ist das **Museu do Sertão** (Mo–Fr 8–12 und 14–16 Uhr, Sa 9–12 Uhr, an der Praça Santos Dumont auf dem Weg zum Flughafen). Hier werden u. a. Fotos, Trachten und Werkzeug der Viehhirten (Vaqueiros) ausgestellt.

 Anreise mit dem Bus ab Salvador, 4mal täglich hin bzw. zurück, Fahrtzeit 8 Std.

 Unterkunft in Juazeiro: ***Grande Hotel de Juazeiro, José Petitinga, ✆ 811-27 10; *Vitória, Praça Dr. José Inácio da Silva, 1, ✆ 811-27 12; **in Petrolina:** ***Petrolina Palaca, Av. Cardoso de Sá, 845, ✆ 992-15 55; **La

Maison Blanche, Rua Dos Migrantes, 64, ☎ 961-08 40; *Park, Park Brasil, Quadra B, 84, ☎ 961-34 05

 Restaurants in Juazeiro: Dacidade, Praça Dr. José Inácio da Silva, 8, ☎ 811-18 26; Vaporzinho, Travessa Juvênico Alves, Restaurant auf einem der letzten Raddampfer; **in Petrolina:** Panorâmico, Av. Cardoso de Sá, ☎ 961-55 31, schöner Blick; O Barranqueiro, Rua Rio Beberibe, 50, ☎ 961-53 46, gutes, einfaches Essen, etwas außerhalb gelegen

Chapada Diamantina und Lençois

Am Rande des Nationalparks Chapada Diamantina liegt das ehemalige Diamantenwäscherstädtchen Lençois (dem der Park auch seinen Namen verdankt) in einer Landschaft, die mit ihren schroff aufragenden Felsplateaus und der niedrigen Vegetation an den Südwesten der USA erinnert. Mitte des vergangenen Jahrhunderts lockten Diamantenfunde zahlreiche Menschen in die Region, so daß die Bevölkerung rasch anwuchs (um 1850 ca. 30 000 Einwohner). Brasilianische und europäische Edelsteinhändler ließen damals in der bahianischen Provinz – wo Steinhäuser im Gegensatz zu den Lehmhütten der meisten Bewohner eine Seltenheit darstellten – verschwenderisch ausgestattete, zweistöckige Herrenhäuser *(Sobrados)* erbauen. Die Franzosen richteten hier sogar ein Konsulat ein. Ende des letzten Jahrhunderts begannen die Diamantenfunde allerdings spärlicher zu werden. Außerdem sorgten die ergiebigen Minen in Südafrika für Konkurrenz und führten zu einem Preisverfall, der die Edelsteinsuche in Bahia unrentabel werden ließ.

Heute ist Lençois, am Fluß Meio gelegen, eine schöne, ruhige Stadt (7500 Einwohner), die sich in den letzten 150 Jahren kaum architektonisch verändert hat. Auch der zunehmende Tourismus hat bisher noch keine häßlichen Folgen gehabt, sondern zur Erhaltung der Bausubstanz beigetragen.

Jedes Jahr findet vom 26. Januar bis zum 2. Februar ein **Fest** zu Ehren des **Senhor dos Passos** statt. Er ist der Schutzpatron der Diamantensucher *(= Garimpeiros).*

Ausflüge: Nahe des Dorfzentrums befindet sich der **Riberão do Meio,** wo der Fluß über ausgewaschene Felsen in ein natürliches Becken fließt. Touristen und Dorfkinder rutschen an heißen Tagen auf dem Po die Rampe hinunter. Auf den hundert Metern gewinnt man ganz

Landschaft in der Chapada Diamantina ▷

schön an Fahrt und zerfetzt sich außerdem leicht die Hosen.

Ein anderer Ausflug führt zur 3 km entfernten **Gruta do Lapão** (zu Fuß vom Zentrum 1 Std.). Die Besichtigung empfiehlt sich mit einem Führer – die Hotels im Dorf helfen bei der Vermittlung – weil die etwa 1 km lange Höhle nicht ganz leicht zu finden ist und man sich auch innerhalb der nicht beleuchteten Grotte leicht verlaufen kann. Beeindruckend ist der Ausgang der Höhle, wo sich der Berg 30 m weit öffnet. Aus dem Halbdunkel der Höhle ragen riesige Felsbrocken hervor – und man glaubt beinahe, sich im Innern eines gigantischen gotischen Doms zu befinden.

Die **Cachoeira da Fumaça** liegt 12 km von Lençois entfernt und läßt sich nur zu Fuß erreichen. Aus 400 m Höhe stürzt hier das Wasser in die Tiefe und erreicht nur noch als Nebel den Boden. Daher der Name der Kaskade: »Wasserfall des Rauchs«.

Zum 30 km entfernten **Morro de Pai Inácio** sollte man per Auto oder Taxi fahren, denn alleine der Aufstieg auf den 150 m hohen Tafelberg ist anstrengend und wird stellenweise zur Kletterpartie. Auf der Kuppe des Hügels, der nach dem katholischen Heiligen Inácio de Loyola benannt ist, wachsen Kakteen neben tropisch-üppiger Vegetation. Von dort kann man den phantastischen Blick über die Tafelberge der Chapada Diamantina genießen.

In einem dreistündigen Fußmarsch (5 km über Felsen) erreicht man die **Cachoeira do Sossego** – eine kleine Kaskade im Urwald, wo man in eisenhaltigem Wasser baden kann.

Anreise mit dem Bus ab Salvador, 2mal täglich hin bzw. zurück, Fahrtzeit 7 Std.

Unterkunft: ***Pousada de Lençois, Rua Altina Alves, 747, ✆ 075-334-11 02, Freizeitanlage; ***Pousada Canto das Aguas, Av. Senhor dos Passos, ✆ 075-334-11 54; **Hotel Colonial, Praça Otaviano Alves, 750, ✆ 075-334-11 14; *Hotel Tradição, Rua José Florêncio, ✆ 334-11 20

Camping: Lumiar, Praça do Rosário, Reservierung in Salvador, ✆ 071-240-27 98

Restaurants: Neben dem guten Restaurant der Pousada Canto das Aguas, z. B. die einfache Churrascaría (Steakhouse) Taça de Prata, Entrada da Cidade de Lençois

Informationen zum Nationalpark Chapada Diamantina: IBAMA, Av. Juracy Magalhaes Jr., 608, CEP 40295-140, Salvador, Bahia, ✆ 071-240-73 43

Das ehemalige
Diamantenstädtchen Lençois

Bom Jesus de Lapa

Der Ort Bom Jesus de Lapa am Fluß São Francisco gelegen ist in Bahia bekannt für seine Feste. In diesen Tagen scheint die 50 000 Einwohner zählende Stadt aus allen Nähten zu platzen, weil dann die Besucher im Umkreis von mehreren hundert Kilometern in Scharen angereist kommen. Zum Fest des Senhor dos Navegantes (am letzten Sonntag im Januar) findet auf dem São Francisco eine Flußprozession statt. Die erste Juliwoche wird dann ein Fest zu Ehren von Bom Jesus, dem Schutzpatron der Stadt, gefeiert. Ansonsten ist die Stadt eher ruhig. Auf dem Fluß kann man fischen oder mit kleinen Booten vor Ort Ausflüge unternehmen. Außerdem gibt es in der Umgebung zahlreiche Höhlen. Vor allem die 1935 entdeckte Gruta do Santuário mit ihren imposanten Stalagmiten auf dem Morro de Lapa (in der Nähe des Zentrums) lohnt einen Besuch.

Anreise: täglich fährt ein Bus von Salvador nach Bom Jesus und von hier in die Hauptstadt zurück (Fahrtzeit 12 Std.)

Unterkunft: Während der Festtage ist es schwierig, in den Hotels ein freies Zimmer zu finden. Evtl. kann man auf Unterkünfte in Privathäusern ausweichen. **Mansão de Amaralinha, Rua Conde D'eu, ☎ 481-21 29; *Teófilo Otoni, Praça do Livro, 304, ☎ 481-21 74

Restaurants: An der Praça Deodoro da Fonseca gibt es einige einfache Restaurants.

Canudos
Rebellion im Hinterland

Bis heute gehen die Meinungen darüber auseinander, wer Antônio Conselheiro war: Ein charismatischer Bettelmönch, ein utopischer Sozialist, Führer eines Quilombos, der Urtyp eines Basisgemeinden-Pfarrers oder Vorsteher einer kaisertreuen Hippiegemeinde – wie Hubert Fichte spottete? Sicher weiß man nur folgendes: 1893 gründete der 53jährige Conselheiro inmitten des trockensten und unwirtlichsten Hinterlandes von Bahia eine »Cidade Santa« (Heilige Stadt). Die Wahl des Ortes geschah nicht zufällig. Der Wanderprediger aus dem Bundesstaat Ceará, der seit über 20 Jahren im Landesinneren Bahias unterwegs war, mit den Bewohnern des Sertão zusammen lebte und immer populärer geworden war, hatte sich mit den Autoritäten der gerade gegründeten Republik wegen der neuen Gemeindesteuer angelegt und öffentlich deren Verweigerung gepredigt. In der ersten Phase der jungen Republik tolerierten die militärischen Machthaber ein solches Verhalten nicht. Antônio Conseilheiros Aktion wurde als »monarchistisch«, also staatsfeindlich eingeschätzt. Der Conseilheiro (= Ratgeber) mußte mit seiner Gemeinde ins Landesinnere fliehen. Streit mit den Autoritäten war er bereits gewohnt. Jahre zuvor hatte die katholische Kirche dem Armenpriester verboten, öffentlich zu predigen. Als sich der neue Aufenthaltsort des Conselheiro herumsprach, zog es zahlreiche Gläubige nach Belo Monte auf die Fazenda Canudos: Bauern und Tagelöhner, ehemalige Sklaven und Straßenräuber. In einem Landstrich, wo selbst bedeutende Orte heute noch kaum mehr als ein paar tausend Einwohner zählen, entstand eine Gemeinschaft in der bald rund 25 000 Menschen lebten. Canudos war ab Mitte der 90er Jahre des letzten Jahrhunderts die zweitgrößte Stadt Bahias.

Im November 1896 griffen Soldaten im Auftrag von Generälen aus dem Süden die Heilige Stadt an. Sie sollten den Conselheiro verhaften und die Ortschaft auflösen. Die Expedition und auch die folgenden zwei in den nächsten Monaten scheiterten jedoch. Die Einwohner Canudos wehrten sich erfolgreich und schlugen die Angreifer in die Flucht. Schließlich setzte Rio 10 000 Mann unter General Artur Guimarães in Bewegung, die drei Monate lang die Siedlung mit Kanonen und Dynamitbomben beschossen und sie dann am 5. Oktober 1897 eroberten. Antônio Conselheiro war bereits ein paar Wochen vor der Niederlage an einer Infektion gestorben.

Über 5000 Soldaten waren bei den Auseinandersetzungen umgekommen. Die Rache der Sieger war fürchterlich: Die Truppen machten Canudos dem Erdboden gleich, massakrierten einen Großteil der Bewohner und handelten mit gefangenen Frauen und Kindern. Andere Überlebende wurden nach Rio verschleppt und gezwungen, sich auf dem Morro de Saúde niederzulassen (wobei der Begriff Favela entstand, der brasilianische Begriff für Slum; Favela ist auch eine Pflanze des Sertão).

Bis heute werden Conselheiro und Canudos in Brasilien totgeschwiegen: Kein Platz, keine Gedenkstätte erinnert an das Massaker. Die Militärs beendeten die wieder auflebende Debatte um Canudos auf ihre Art: 1968 setzten sie das Gebiet der Cidade Santa unter Wasser. Was von Canudos übrig geblieben war, verschwand in den Fluten eines Stausees.

Daß der Ort nicht völlig aus dem öffentlichen Bewußtsein verschwunden ist, liegt an Euclides da Cunha. Der Ingenieur und Journalist war 1897 von der Zeitung »O Estado de São Paulo« als Korrespondent nach Canudos geschickt worden, denn das Ereignis im Hinterland fand damals großes Interesse in den Metropolen des Südens: Über zwölf Zeitungen hatten ihre Berichterstatter entsandt. Die Möglichkeit über Telegraphen täglich aktuelle Frontberichte liefern zu können war neu und faszinierte die Leser in São Paulo und Rio. Euclides informierte drei Wochen vom Schlachtfeld, mußte jedoch zwei Tage vor Kriegsende abziehen, weil er erkrankt war.

In seinen Reportagen – die von den Militärs zensiert wurden – blieb kein kritisches Wort über die Brutalität der republikanischen Truppen, die Metzeleien an den Kriegsgefangenen und den Menschenhandel mit Frauen und Kindern stehen. Aus dem Nordosten zurückgekehrt, schrieb Euclides da Cunha innerhalb von vier Jahren die ganze Wahrheit über den grausamen Kampf gegen Canudos nieder. »Os Sertões« war sofort ein Verkaufserfolg und ist einer der wichtigsten historischen Romane der brasilianischen Literatur. Zum ersten Mal wurde das Hinterland genau beschrieben, und so erfuhren auch die Brasilianer im Süden des Landes, daß der Sertão kein Niemandsland, sondern Teil ihrer Kultur ist. (Der Peruaner Mario Vargas Llosa hat in seinem Roman »Krieg am Ende der Welt« den Konflikt noch einmal nacherzählt und sich dabei stark an »Os Sertões« gehalten.) Vermutlich wurde das Werk von Euclides aufgrund seiner komplizierten Erzählweise bis heute kaum oder nicht stilgetreu übersetzt. Seit längerem arbeitet man an einer deutschen Version – doch ein Ende ist nicht abzusehen.

Dürre

»Die Sonne bebte in einem blauen metallischen Himmel. Der Lehm wurde rissig [...]. Heiße Winde wehten, versteckten den Horizont hinter Staub und wirbelten Ziegenkotkügelchen über den Hof. Als die Tränke austrocknete, standen die Rinder um den grünen Schlick-

flecken und brüllten, die Mäuler voller Dornen ... Blut floß aus ihren Weichen, aus den kleinen rosa Klümpchen, die Zecken waren. Sie zerfetzten sich, wenn sie versuchten, ein einziges unverwelktes Blatt zu finden, und wenn sie schließlich starben, waren ihre Häute so hart, daß die Aasgeier nicht bis zu ihren Eingeweiden vordringen konnten. [...] Ratten rannten über die Seile der Hängematte und bissen den Jungen im Schlaf. Klapperschlangen krochen in den Hof, angelockt von allem, was noch Leben hatte. Als eine Kolonie von Treiberameisen das Haus überschwemmte, blieb der Frau nur noch die Kraft, eine Schüssel mit Maniokmehl und ein paar windgetrocknete Rindfleischstreifen zu retten.«

(Bruce Chatwin in seinem dokumentarischen Roman »Der Vizekönig von Quidah«, in dem er über Francisco Manoel da Silva, einen der letzten brasilianischen Sklavenhändler des 19. Jh., berichtet)

Kleines Lexikon
afrobrasilianischer Begriffe

Adjá – Glöckchen, das bei religiösen Zeremonien im Candomblé benutzt wird

Afoxé – mit dem ➜ Candomblé verbundene schwarze Karnevalsgruppe

Agogô – Doppelglocke aus Metall

Ara Ketu – aus dem ➜ Yorubá: Bewohner der Stadt Ketu, Bloco Afro aus Períperí

Atabaque – große, mit einem Ziegenfell bespannte Holztrommel, die im Terreiro und in der Capoeira gespielt wird

Axé – positive Energie der Götter, die sich in bestimmten Objekten konzentriert, zum Beispiel Blättern und Kräutern

Babalorixá – auch Pai de Santo, Vorsteher eines Terreiros

Baianas – mit dem Candomblé verbundene Frauen, die in weißer Kleidung an den verschiedenen Festen teilnehmen oder/und Straßenverkäuferinnen von Acarajés (bahianische Spezialität s. a. S. 243)

Barracão – Haus, in dem die öffentlichen Feste eines Terreiros stattfinden

Berimbau – Musikbogen, der in der Capoeira gespielt wird

Bloco Afro – schwarze Karnevalsgruppe

Candomblé – afrobrasilianische Religion

Cangaçeiro – Rebellen des Hinterlandes Sertão

Capoeira – afrobrasilianischer Kampf-Tanz

Carranca – Holzfiguren am Bug der Schiffe auf dem Rio São Francisco

Caxixi – a) Rassel, die zusammen mit dem Berimbau gespielt wird b) Tonfiguren

Caboclo – a) Indianergeist b) Mischling zwischen Indianern und Weißen

Egum – Seelen der Vorfahren

Ekede – Helferinnen der Heiligentöchter

Favela – illegale Siedlung, Slum

Fazer a Cabeza – ›den Kopf machen‹ – Einweihung in den Candomblé

Filhos de Gandhi – ➜ Afoxé-Gruppe

Ganzá – mit Muscheln behängte Kalebasse

Ialorixá – auch Mae de Santo, Priesterin eines Terreiros

Iaô – auch Filha de Santo, Heiligentochter, in den Candomblé eingeweihte Frau, die während der Feste im Terreiro tanzt und im Trance ihren Orixá empfängt

Ibêjis – Zwillinge, Prinzip der Dualität im Candomblé

Ifá – bedeutender → Orixá der Weissagung

Ijexá – a) Untergruppe der Nagô (Volk und Kulte) b) Rhythmus

Ilê Aiyê – aus dem Yorubá: Haus der Welt, traditioneller schwarzer Karnevalsverein aus Liberdade

Inquice – Götter des Candomblé de Angola

Iúna – Rhythmus aus der Capoeira

Jeje – a) Sklaven, die aus Dahomey nach Bahia kamen b) Candomblés gegründet von Afrikanern aus dieser Region

Jogar os búzios – »die Muscheln werfen« – vorhersagen aus den Muscheln

Ketu – a) früheres Königreich in Westafrika, aus dem viele Sklaven nach Brasilien verschleppt wurden b) Candomblés, die von Menschen aus dieser Region gegründet wurden

Ladainha – Lobgesang in der Capoeira

Lavagem – »Waschung« – populäre Feste mit der symbolischen Reinigung der Kirchentreppen – gleichzeitig Verehrung afrikanischer Götter; die wichtigste ist die Lavagem do Bonfim

Lé – das kleinste der drei im Terreiro gespielten Atabaques

Maculelê – Tanzchoreographie, die von afrikanischen Sklaven im Recôncavo entwickelt wurde

Macumba – a) Oberbegriff für afrobrasilianische Kulte, oft negativ b) afrobrasilianische Kulte im Südosten Brasiliens mit großem Einfluß der Bantu, indianischer und spiritistischer Einschlag c) schwarze Magie

Malê – mohammedanische Neger

Malê Debalê – schwarzer Karnevalsverein aus Itapoãn

Muzena – a) schwarzer Karnevalsverein (Reggae) aus Liberdade b) Heiligentochter in den Candomblés de Angola bzw. erster Tanz der Initiierten im Terreiro nach der Einweihungszeit

Nação – a) verschiedene Gruppen afrikanischer Völker, die als Sklaven nach Brasilien kamen b) Bezeichnung für die verschiedenen Rituale

Nagô – a) Afrikaner (Sudan-Neger) aus Nigeria, die als Sklaven nach Brasilien gebracht wurden und Yorubá sprachen b) Candomblé dieser Völker c) Oberbegriff für Keto und Ijexá

Ogã – Würdenträger mit bestimmten Aufgaben im Terreiro

Olodum – a) kommt von »Olodumaré« = einer der Titel des allmächtigen Orixá Ifá b) schwarze Karnevalsgruppe

Olórun – »Oberster Gott« der Yorubá, der Schöpfer der Welt und der Menschen, der seinen Sohn Oxalá geschickt hat, die Welt zu dirigieren

Orixá – afrikanische Götter der Yorubá, die mit den Menschen auf der Erde leben

Padê – Eröffnungsritual mit Opfer für Exu

Pandeiro – Schellentrommel, Tamburin

Pomba Gira – weibliches Pendant zu Exu in der Umbanda

Preto Velho – Geister der afrikanischen Sklaven, die in der Umbanda eine Rolle spielen

Quica – Perkussionsinstrument, das durch das Reiben eines feuchten Tuches an einem in Fell gehüllten Stock ein jaulendes Geräusch von sich gibt

Quilombo – Fluchtburgen, freie Republiken entlaufener Sklaven, der bedeutendste: Quilombo dos Palmares

Reco-Reco – Perkussionsinstrument, bei dem mit einem Stab über einen gezackten Kürbis gestrichen wird

Repentista – Bänkelsänger aus dem Nordosten

Rum, Rumpi – große und mittlere der drei Trommeln im Terreiro

Sobrado – zwei- bis dreistöckiges Stadthaus der Fazendeiros

Tamborim – kleine, laute Handtrommel

Terça Feira de Benção – jeden Dienstag Fest in Salvadors Altstadt

Terno de Reis – Gruppen der Heiligen drei Könige

Terreiro – Candomblé-Stätten

Toques – Schläge, Rhythmen

Trio Eléctrico – a) mit Lautsprechern bestückte, fahrbare Bühne im bahianischen Karneval b) Bloco de Trio: Karnevalsgruppen, die hinter einem Trio Eléctrico durch die Straßen tanzen c) Banda de Trio: Musikgruppe

Vodun – Götter der Jeje, vergleichbar den Orixás

Yorubá – a) Volksgruppe sudanesischer Abstammung, die hauptsächlich in Nigeria lebte und deren Mitglieder in großer Zahl nach Brasilien verschleppt wurden, häufig auch als Nagô bezeichnet, b) Sprache dieser Volksgruppe

Abbildungsverzeichnis

Archiv für Kunst und Geschichte, Berlin   S. 18, 20, 23, 27
Günter Beer, Köln   S. 198/199, 205, 212, 214
Bildarchiv Okapia, Frankfurt   S. 16
Bernd Euler, Hamburg   Umschlagrückseite unten, S. 28/29, 35, 59, 61, 96/97, 123, 160/161, 210
Markus Kirchgeßner, Frankfurt Umschlagrückseite oben, S. 2/3, 115, 141, 180/181, 228
Boris Rostami-Rabet, Hamburg   Umschlaginnenklappe hinten, S. 31, 42, 46, 47 (3x), 51, 52/53, 56, 75, 78, 85, 92, 108/109, 116, 119, 126/127, 134/135, 139, 149, 154/155, 161 (2x), 172/173, 176/177, 186/187, 190/191, 216/217, 222/223, 225
Petra Schaeber, Salvador da Bahia   Titelbild, Umschlaginnenklappe vorne, S. 82/83, 131, 178
Martin Sökefeld, Hamburg   S. 41, 89, 100, 101 (2x), 143
Anno Wilms, Berlin   S. 163, 167, 195
Abb. S. 1, 43, 66/67, 73, 80 aus Bruno Furrer (Fotos), Bildband Carybé, mit freundl. Genehmigung © des Künstlers und der Ed. diá, Berlin 1992
Abb. S. 62, 63, 64, 65 (2x) aus Carybé, As Sete Portas da Bahia, mit freundl. Genehmigung © Ed. Record, Rio de Janeiro 1974
Abb. S. 144/145 und Zitat S. 55 aus Pierre Verger, Portraits de Bahia/Pictures of Bahia, mit freundl. Genehmigung © Ed. Corrupio, Salvador da Bahia, 1990
Zitate S, 9, 71 aus Jorge Amado, Bahia de Todos os Santos mit freundl. Genehmigung © Ed. Record, Rio de Janeiro, 1991
Zitate S. 68 und 98 aus Antonio Risério, Carneval Ijexa, mit freundl. Genehmigung © Ed. Corrupio, Salvador da Bahia, 1981
Zitat S. 74 aus Piero Onori, Sprechende Körper, Capoeira – ein afrobrasilianischer Kampftanz, mit freundl. Genehmigung © Ed. diá, Berlin 1987
Zitat S. 75 aus Gilberto Freyre, Das Land in der Stadt, mit freundl. Genehmigung © Klett-Cotta, Stuttgart 1982
Zitat S. 229 aus Bruce Chatwin, Der Vizekönig von Quidah, mit freundl. Genehmigung © Rowohlt TB Verlag, Hamburg 1987

Karten und Pläne: DuMont Buchverlag, Köln

Tips und Adressen

Reisevorbereitungen

Diplomatische Vertretungen Brasiliens

... in der BRD
Botschaft von Brasilien mit
Konsularabteilung
Kennedyallee 74
53175 Bonn
✆ 02 28/37 69 76/79
Fax: 02 28/37 36 96

Generalkonsulate

Esplanade 11
13187 Berlin
✆ 030/4 72 30 02
Fax: 030/4 72 11 02

Stephanstr. 3 (4. Stock)
60313 Frankfurt/Main
✆ 069/29 07 08/09
Fax: 069/29 05 21

Große Theaterstr. 42
20354 Hamburg⁻
✆ 040/35 18 27/28 oder
040/44 06 51
Fax: 040/35 18 29

Widenmayerstr. 47
80538 München
✆ 089/22 79 85/87
Fax: 089/29 16 07 68

... in Österreich
Botschaft von Brasilien
Am Lugeck 1/5/15

A-1010 Wien
✆ 01/5 12 06 31
Fax: 01/5 13 83 74

... in der Schweiz
Botschaft von Brasilien
Monbijoustr. 68
Ch-3007 Bern
✆ 031/45 85 15
Fax: 031/45 33 94

Einreisebestimmungen

Reisende aus der Bundesrepublik, Österreich und der Schweiz benötigen für einen Aufenthalt bis zu 90 Tagen einen Reisepaß, der bei Einreise noch mindestens sechs Monate gültig ist. Im Flugzeug wird ein Einreiseformular ausgehändigt, das bei der Ausreise ausgefüllt abgegeben werden muß.

Die Fremdenpolizei *(Policia Federal)* verlängert die Aufenthaltsfrist in der Regel ohne Schwierigkeiten um maximal weitere drei Monate. Manchmal ist dafür der Nachweis eines Rückflugtermins oder genügend Bargeld notwendig.

Gesundheitsvorsorge

Für Reisende aus der Bundesrepublik, Österreich und der Schweiz sind keine Impfungen vorgeschrieben. Allerdings ist die Gelbfieberimpfung bei Reisen ins Amazonasgebiet sehr zu empfehlen und in einigen Bundesstaaten Amazoniens Pflicht.

Ratsam erscheinen Impfungen (bzw. deren Auffrischung) gegen Wundstarrkrampf (Tetanus), Kinderlähmung (Polio) sowie eine Prophylaxe für Typhus/Paratyphus und Gelbsucht (Hepatitis A).

Zur Vorsorge gehört auch die Hygiene vor Ort: Wasser sollte immer abgekocht, gefiltert oder mit Micropur keimfrei gemacht werden (Vorsicht bei Eiswürfeln!). Salate (z. B. Tomaten) müssen gründlich gewaschen werden, am besten mit Essigwasser, sonst kann der Verzehr gesundheitsgefährdend sein. Gut gegarte und heiß servierte Speisen sind im allgemeinen hygienisch unbedenklich.

Bis auf den äußersten Süden gilt Brasilien als malariagefährdet. Malaria wird von Moskitos übertragen. Da sie besonders in der Dämmerung und nachts aktiv sind, sollte man in diesen Stunden geeignete Kleidung tragen, unbedeckte Körperteile mit Insektenschutzmittel einreiben und in mückensicheren Räumen oder unter Moskitonetzen schlafen. Abzuraten ist von Übernachtungen in Strohhütten, weil es durch den Kontakt mit Wanzen zur Übertragung der Infektionskrankheit (Chagas) kommen kann. Gefahrlos ist die Übernachtung in Touristenhotels.

Auch die Gefahr an Cholera zu erkranken, besteht seit kurzem in Brasilien wieder. Bahia ist bisher – Mitte 1993 – von der Epidemie weitgehend verschont geblieben. In weiter nördlich gelegenen Bundesstaaten wurden allerdings bereits Strände zeitweise gesperrt. Vor allem an Mündungen großer Flüsse besteht Infektionsgefahr.

Bei längeren Aufenthalten sollte man eine Auslandskrankenversicherung abschließen. Arztbesuche und Krankenhausaufenthalte müssen vor Ort bar bezahlt werden. Die Kosten werden gemäß den Vertragsbedingungen gegen Vorlage der Rechnungen (Tageskurs des Dollar vermerken!) erstattet. Gleiches gilt für Medikamente.

Zur Mitnahme einer Reiseapotheke wird geraten. Dazu gehören Mittel gegen Durchfall, Magenverstimmung, entzündungshemmende Salben (gegen Insektenstiche und Sonnenbrand), eventuell ein Schmerz- und Grippemittel, Insektenschutzmittel und Micropur zur Wasseraufbereitung. Ebenso empfehlenswert ist die Mitnahme von Sonnenschutzmittel und Tampons – beides ist in Brasilien extrem teuer – sowie Kondome und andere Verhütungsmittel.

Informationsstellen

Touristische Informationen über Brasilien gibt es bei den Botschaften oder der brasilianischen Fluggesellschaft VARIG.

... in der BRD
VARIG
Am Hauptbahnhof 16
60329 Frankfurt/Main
✆ 069/27 10 20
Fax: 069/27 10 21 28

... in Österreich
VARIG
Am Opernring 1
A-1010 Wien
✆ 01/5 87 95 88
Fax: 01/5 87 90 73

... in der Schweiz
VARIG
7, Rue du Montblanc
CH-1201 Genf
✆ 022/7 31 77 30
Fax: 022/7 31 57 75

VARIG
Beatengasse 9
CH-8023 Zürich
✆ 01/2 21 00 11
Fax: 01/2 21 03 15

Literatur

Jorge Amado: Die Geheimnisse des Mulatten Pedro, Serie Piper, München 1992
ders.: Nächte in Bahia, Serie Piper, München 1985
ders.: Herren des Strandes, Rowohlt Taschenbuch, Hamburg 1984
ders.: Gabriela wie Zimt und Nelken, Serie Piper, München 1983
ders.: Die Auswanderer von São Francisco, Hammer, Wuppertal 1986

João Ubaldo Ribeiro: Brasilien, Brasilien, Suhrkamp Taschenbuch, Frankfurt 1988
ders.: Sargento Getúlio, Suhrkamp, Frankfurt 1984
Hubert Fichte: Xango – die afro-amerikanischen Religionen, Fischer Taschenbuch, Frankfurt 1984
ders.: Lazarus und die Waschmaschine – Kleine Einführung in die afro-amerikanischen Religionen, S. Fischer, Frankfurt 1985
Tiago de Oliveira Pinto: Capoeira, Samba, Candomblé, Berlin 1991

Die Edition diá in Berlin hat sich auf Bücher zu brasilianischen (bahianischen!) Themen und Literatur spezialisiert – hier eine Auswahl:

Piero Onori: Sprechende Körper, Capoeira – ein afrobrasilianischer Kampftanz, Berlin 1988
Edgar Ricardo von Buettner: Baianas, Priesterinnen der Straße, Berlin 1985
Bildband Carybé, Fotos von Bruno Furrer, Berlin 1992
Sertões – Licht und Finsternis, Fotos v. Maureen Bisilliat zu Texten von Euclides da Cunha, Berlin 1984
Das Mädchen, das mit dem Teufel Lambada tanzte. Zur brasilianischen Literatura de Cordel, hrsg. v. Haus der Kulturen der Welt, Berlin 1992
Moema Parente Augel: Brasilianisch kochen, Gerichte und ihre Geschichte, Berlin 1985

Schwarze Poesie: hrsg. v. Moema Parente Augel, Berlin 1988

Auswahl von Literatur zu Brasilien, die auch über Bahia informiert:

Stefan Zweig: Brasilien – Ein Land der Zukunft, Suhrkamp Taschenbuch, Frankfurt 1984

Wolfgang Pfeiffer: DuMont Kunst-Reiseführer Brasilien, Köln 1987

Reisegepäck

In Brasilien, besonders in Bahia und Rio, fällt die farbenfrohe, leichte und unkonventionelle Bekleidung auf. Touristen ist zu luftiger und legerer Kleidung zu raten. Auch die einfachsten Sachen können fast überall getragen werden – sie sollten nur frischgewaschen sein. Denn hier hat sich im Gegensatz zu Europa der Gammellook als chices Outfit nie durchgesetzt. In den Badeorten ist leichte Strandkleidung und Gummisandalen üblich – auch in Bussen oder Bars. Nur bei größeren Einladungen und geschäftlichen Anlässen, in Clubs und gehobeneren Restaurants ist elegante, formelle Kleidung, für Herren Jackett und Krawatte, erwünscht.

Für die kühleren Temperaturen sind eine leichte Jacke oder ein Baumwollpulli ausreichend. Zum Schutz gegen tropische Regengüsse nützt eine Regenhaut nicht viel, da bietet es sich eher an, bei Bedarf vor Ort einen Regenschirm zu kaufen. Bei Stadtbesichtigungen sollte man unbedingt an flaches Schuhwerk (z. B. Turnschuhe) denken, dies gilt besonders für Salvador mit seinem Kopfsteinpflaster, ebenso hat sich die Mitnahme eines kleinen Rucksackes für Tagestouren bewährt.

Einige der empfohlenen Kleidungsstücke kann man in Brasilien günstig erstehen, z. B. *Chinelas* (Strandschuhe aus Plastik), *Pareos* (große Tücher, die man mit wenigen Handgriffen in ein Kleid oder einen Rock verwandeln kann), Sonnenhüte, T-Shirts oder auch einfache Leinenschuhe. Die Wertsachen sollten in einem Geldgürtel, Bauchgurt oder ähnlichem am Körper getragen werden.

Der Abschluß einer Reisegepäckversicherung ist für Brasilien zu empfehlen. Dabei ist zu beachten, daß im Schadensfall Wertsachen, Geld, Schecks u. ä., aber auch Foto- und Filmausrüstungen je nach Vertragsbedingungen nicht immer in voller Höhe zurückerstattet werden. Es wird dazu geraten, stets ein polizeiliches Dokument für die spätere Schadensregulierung zu besorgen.

Reisekasse

Cruzeiros dürfen für den persönlichen Bedarf ein- und ausgeführt werden, doch es ist günstiger US-Dollars mitzunehmen, die man in Banken, Reisebüros oder Hotels problemlos umtauschen kann. Denn in kleineren Orten oder zu ungünstigen Zeiten kann es beim Tausch von DM, sFrs oder öS schon mal Schwierigkeiten geben. Aus Sicherheitsgründen sollte sich die Reisekasse aus Bargeld und Schecks zusammensetzen. Euroschecks sind weitgehend unbekannt, Kreditkarten (American Express, Diners, Eurocard, Visa) dagegen ein übliches Zahlungsmittel, sie werden in allen größeren Hotels, Geschäften und Restaurants akzeptiert.

Den meisten ausländischen Touristen wird Brasilien als ausgesprochen günstiges Reiseland erscheinen. Übernachtungen und vor allem Restaurantbesuche sind wesentlich preiswerter als bei uns. Auch in einem Restaurant der mittleren bis gehobenen Preisklasse bezahlt man für zwei Personen selten mehr als 30–40 US$, es sei denn, man trinkt nur importierten Whisky und Wein. In den guten Restaurants, die auch von der bahianischen Mittelklasse besucht werden, kostet das Essen für zwei Personen inklusive Getränke, Vor- und Nachspeise rund 15 US$. Das ist für uns günstig, aber relativ viel Geld, wenn man den Preis mit dem eines Tagesgerichtes *(Prato Feito)* in einem ganz einfachen Restaurant vergleicht: dort zahlen zwei Personen für das Hauptgericht mit Getränken zusammen max. 5 US$.

Auch die Übernachtungen sind wesentlich günstiger als bei uns. Ein Doppelzimmer in einer einfachen Pousada bekommt man bereits für um die 20 US$. Allerdings können die Preise in der Hochsaison und in vielbesuchten Touristenorten auch wesentlich höher liegen. Einige Dinge sind in Brasilien jedoch wesentlich teurer als bei uns: z. B. Sonnenmilch, Tampons, Foto- und Filmmaterial, elektronische Geräte und Autos.

Reisezeit

Nach Brasilien kann man das ganze Jahr über reisen. Das Land hat drei Klimazonen: einen tropischen Norden, eine subtropische Mitte und einen Süden mit spürbarem jahreszeitlichem Wechsel. Da Brasilien in der südlichen Hemisphäre der Erdkugel liegt, sind die Jahreszeiten genau umgekehrt zu denen in Europa. Mit Ausnahme des Südens, wo das Thermometer im brasilianischen Winter an einigen Tagen unter zehn Grad fällt, während es im Landesinnern für mitteleuropäische Verhältnisse immer warm bis heiß ist.

Bahia hat das ganze Jahr über ein angenehmes Klima. Hier fällt die Temperatur im brasilianischen Winter, also von Juni bis August, fast nie unter 20 °C, dafür regnet es häufig. Bei Sonne erreichen die Temperaturen tagsüber auch im Winter 30 °C. Im Sommer, zwischen Dezember und März, liegt die Temperatur um 32 °C und auch nachts kühlt es nur wenig ab. Drückende Schwüle wie in Rio gibt es in Salvador nicht, weil fast immer ein leichter Wind weht.

Jedoch sollte bei der Planung bedacht werden, daß von Mitte Dezember bis Anfang März in Brasilien Sommerferien sind, die viele Einheimische in Bahia verbringen. Es empfiehlt sich daher, Hotelzimmer und Transportmittel rechtzeitig zu buchen.

Zollbestimmungen

»Gegenstände des persönlichen Gebrauchs sind zollfrei. Pro Person dürfen aber nur ein Foto-, ein Filmapparat, ein Radio und ein Cassettenrecorder mitgeführt werden. Computer, z. B. Laptops sind nur für Geschäftsreisende zugelassen; sie müssen diese bei Einreise deklarieren und wieder mit rückführen.« So lauten die offiziellen Informationen der Botschaft in Bonn. In der Praxis werden diese Regelungen allerdings sehr leger gehandhabt.

Anreise

... auf dem Landweg

Aus jedem der Anrainerstaaten Brasiliens ist die Einreise per Bus oder Auto möglich (im Amazonasgebiet allerdings kompliziert). Bitte beachten Sie, daß die Grenzbeamten ein Visa über 90 Tage ausstellen.

... mit dem Flugzeug

Neben den von der brasilianischen VARIG angebotenen täglichen Direktflügen nach Rio und São Paulo starten einmal wöchentlich Maschinen der VARIG direkt ab Frankfurt nach Salvador (Sparpreis ab ca. 1800 DM). Bereits seit einigen Jahren gibt es die Charterflüge mit der LTU von Düsseldorf nach Recife und Salvador (günstige Angebote unter 1800 DM). Von Köln fliegt seit Mai 1993 jetzt auch alle 14 Tage ein Charterflug der LTU direkt nach Salvador (zu buchen über Medico, ☎ 072 21/3 66 03). Des weiteren gibt es Angebote von fast allen europäischen und auch einigen nord- und südamerikanischen Fluggesellschaften nach Brasilien. Direktflüge der VARIG nach Brasilien starten auch von Zürich.

Bei Ankunft in Rio de Janeiro, São Paulo oder Recife bestehen von jedem dieser Flughäfen direkte Verbindungen nach Salvador.

Der Flughafen von **Salvador** (Aereoporto Internacional 2 de Julho) liegt 25 km nördlich vom Stadtzentrum. »Normale« und Schnellbusse

– trotz der nie funktionierenden Klimaanlage *Frescão* (= »Die Kühlen«) genannt, verkehren häufig zwischen Flughafen und Zentrum. Die Fahrt führt entweder am Strand entlang zur Praça da Sé oder durchs Hinterland zum Busbahnhof (Rodoviária). Mit Gepäck ist der teurere und sichere *Frescão* zu empfehlen, weil das Gepäck verstaut werden kann und man meist einen Sitzplatz bekommt.

Nach 22 Uhr verkehren nur noch Taxis. Bis zum Stadtteil Barra (in dem die meisten Touristen ihr Quartier suchen) bzw. bis zum Zentrum ist die Fahrt relativ teuer – zwischen 20 und 30 US $.

Ein Tip für Spätankommer: in Itapoãn, einem nahe dem Flugplatz gelegenen Strandvorort von Salvador, gibt es günstige Übernachtungsmöglichkeiten in mehreren kleinen Pensionen und Hotels (Adressen s. a. S. 167). Sollten die Tourismusinformationen bereits geschlossen haben, fragen Sie am Taxistand nach Übernachtungsmöglichkeiten.

... mit dem Schiff

Die Fahrt als Passagier auf einem Frachtschiff ist wesentlich teurer als ein Flug (den Handel – Überfahrt gegen Arbeit – gibt es kaum noch). Man ist je nach Route und Anlaufhäfen mindestens zwei bis drei Wochen unterwegs. Infos und Buchung bei:

Margis Reiseagentur
Stahltwiete 11
22761 Hamburg
℡ 040/851-28 60/25 97

Reisen im Land

... mit dem Bus

Der Bus ist das Hauptverkehrsmittel des Landes. Jede Stadt hat einen gut in das Transportsystem integrierten Busbahnhof (Rodoviária) und in den kleineren Dörfern gibt es eine zentrale Bushaltestelle.

Die **Langstreckenbusse** sind meist gut ausgestattet: mit Ruhesitzen, deren Lehnen leicht verstellt werden können, und WC, teilweise auch mit einer Klimaanlage. Wem tagelanges Sitzen zu anstrengend ist (die Strecke Rio – Manaus z. B. dauert drei Tage), kann auch den Liegebus *(Leito)* nehmen, dessen Sitze ganz in die Horizontale gebracht werden können. Der höhere Komfort kostet etwa das Doppelte des normalen Preises und die Hälfte eines Fluges. Bei Überlandstrecken wird alle drei bis vier Stunden an Rasthöfen eine Pause eingelegt.

Die Tickets sollte man rechtzeitig besorgen, da die Busse auf den Hauptstrecken am Wochenende, an Feiertagen und in den Ferienzeiten sehr voll und oft tagelang ausgebucht sind. Sie sind an den jeweiligen Schaltern der verschiedenen Konkurrenzgesellschaften im

Busbahnhof erhältlich oder gegen Aufpreis in Reisebüros zu kaufen. **Tip:** die vorderen Plätze sind im Hinblick auf Schlaglöcher und die im hinteren Busteil untergebrachte Toilette zu bevorzugen.

In den Rodoviárias der großen Städte sollte man auf sein Gepäck besonders Acht geben. Während der Fahrt sollten große Gepäckstücke gegen Quittung im Gepäckraum verstaut sowie Geld und Papiere immer am Körper getragen werden.

Die **Stadtbusse** halten an den jeweiligen Haltestellen auf Handzeichen. Man steigt ein und zahlt den Fahrpreis beim *Cobrador*. Oft ist der Fahrpreis hinter dem Kontrolleur an die Decke oder Scheibe geschrieben. Das Aussteigen signalisiert man dem Fahrer durch Ziehen an einem Kabel, das an der Decke des Busses festgemacht ist. Grundsätzlich sollte man in einem vollen Stadtbus immer auf seine Wertsachen achten. Frauen brauchen sexuelle Belästigungen im allgemeinen nicht zu befürchten.

... mit dem Leihwagen

Es lohnt sich, für kürzere Touren ein Auto zu mieten, da viele Strände und Sehenswürdigkeiten in der Umgebung so leichter erreichbar sind als mit öffentlichen Verkehrsmitteln. Ein Mietwagen der einfachen Kategorie (Fiat Uno, VW Polo) kostet am Tag ca. 50–70 US $

plus Treibstoff. Autos werden allerdings nur an Kreditkartenbesitzer verliehen, auf eine Kaution läßt sich keine Firma ein. Außerdem braucht man einen internationalen Führerschein. Neben den einheimischen Autovermietern gibt es auch Vertretungen internationaler Agenturen.

Brasilien kennt keine Haftpflichtversicherung. Wer sich ein Auto leiht, sollte also immer darauf achten, vor Ort eine zusätzliche Kaskoversicherung (nur mit Eigenbeteiligung möglich) abzuschließen, sonst wird man auch bei nicht verschuldeten Unfällen haftbar gemacht.

Manche Autos werden mit Benzin *(gasolina),* andere mit Alkohol *(alcóol)* betrieben. Beide Treibstoffsorten sind günstiger als bei uns. Das Tankstellennetz ist gut ausgebaut. Vor Preiserhöhungen kann es jedoch zu langen Warteschlangen oder sogar zu Versorgungsengpässen kommen.

... mit dem Taxi

Taxifahren ist vergleichsweise billig. Die Taxis haben keine speziellen Haltestellen und werden durch Handzeichen auf der Straße angehalten. Das Zählwerk auf den Taxometern gibt, wegen der hohen Inflation, in der Regel nur einen Index an. Die realen Preise kann man einer regelmäßig korrigierten Liste entnehmen, die für jeden Index einen Preis ausweist. Man sollte darauf achten, daß der Chauffeur bei Fahrtantritt das Taxometer einstellt und den Preis der aktuellen Liste (meist mit Herausgabedatum) entnimmt. Es gibt auch die etwas teureren Funktaxis, u. U. mit Air-Condition, die telefonisch bestellt werden können. In den Hotels und Restaurants kennt man die entsprechenden Rufnummern. Bei der Ankunft am Flughafen und Rodoviárias sollte man in den großen Städten auf jeden Fall die Pre-Paid-Taxis nehmen (Fa. Comtas).

... mit dem Flugzeug

Die riesigen Entfernungen machen in Brasilien das Flugzeug zum unentbehrlichen Fortbewegungsmittel. Neben der VARIG gibt es zwei weitere nationale Gesellschaften, die Transbrasil und die VASP. Die VARIG verfügt über das größte innerbrasilianische Flugnetz.

Für eine Rundreise in Brasilien empfiehlt sich der Kauf des BRASIL-AIRPASS (Rundflugticket). Für ca. 440 US $ kann man mit dem Airpass innerhalb von 21 Tagen fünf Flüge buchen. Maximal vier weitere Flugcoupons können zu je 100 US $ dazu gekauft werden. Der Brasil-Airpass kann nur im Ausland in Verbindung mit einem Flugticket nach Brasilien erworben werden. Für Reisende mit begrenztem Zeitbudget ist dieses Angebot angesichts der Entfernungen ideal.

Nach Möglichkeit sollten sämtliche Reservierungen vor Antritt der Reise erledigt werden, um Schwierigkeiten mit ausgebuchten Flügen zu vermeiden. Umbuchungen können dann noch immer in Brasilien vorgenommen werden. **Wichtig:** Alle Flüge müssen spätestens 24 Std. zuvor nochmals rückbestätigt werden. Bei der hohen Auslastung der Maschinen läuft man sonst Gefahr, von der Reservierungsliste gestrichen zu werden.

Auch das Fliegen von Einzelstrecken kann interessant sein, da die Preise wesentlich niedriger sind als in Europa. Ein Flug Salvador–São Paulo kostet ca. 150 US $. Etwa 30 % billiger sind Nachtflüge, 40 % Preisermäßigung gibt es bei VARIG und VASP, wenn man den Flug 11 Tage vorher bucht und bezahlt. Diese Vergünstigungen werden nicht immer angeboten und sie können nur in Brasilien gebucht werden. Wer nicht genügend Zeit hat, sollte daher bereits vor Reiseantritt im Heimatland buchen.

Viele Flüge werden wegen ihrer vielen Zwischenstopps zu wahren Rundreisen, z. B. von Salvador über Aracajú und Maceió nach Recife. Bei kurzen Strecken ist man mit dem Bus u. U. schneller, da auch Verspätungen und Streichungen zum brasilianischen Flugalltag gehören.

Unterkunft

Der jährlich neu erscheinende »Quatro Rodas« – erhältlich an

Zeitungsständen und in Buchhandlungen – bietet für jede Stadt eine Übersicht der Hotels (Kategorisierung: 1–5 Sterne). In jedem Zimmer muß eine Preisliste aushängen. Oft werden noch 10 % **Serviço** auf die Zimmerpreise aufgeschlagen.

Inzwischen findet man auch in entlegenen Regionen Brasiliens Unterkünfte bei Privatleuten oder in kleinen Hütten. Es lohnt sich dabei oft, verschiedene Zimmer zu besichtigen und evtl. zu handeln.

Die **Pousadas** genannten Pensionen sind meist relativ billig. Es gibt aber auch Luxusherbergen, die sich bescheiden Pousadas nennen, preislich aber zur Fünf-Sterne-Kategorie gehören.

Motels sind die überall populären Stundenhotels. Diese werden in Brasilien von Paaren besucht, die zu Hause nicht ungestört zusammmen sein können. Es gibt eine große Bandbreite von Motels –

von schäbigen Absteigen bis hin zu Luxusanlagen mit Schwimmbad, Sauna und elegantem Restaurant. Der Aufenthalt in einem Motel ist hier weit weniger anrüchig als bei uns.

Wer längere Zeit in einer Stadt bleiben möchte, kann sich auch in einem **Aparthotel** (Appartementhaus mit Hotelcharakter) einmieten.

Über Makler ist es darüber hinaus möglich, eine Wohnung für mehrere Wochen oder Monate (**= Temporada**) zu mieten.

Außerdem gibt es in Brasilien zahlreiche Jugendherbergen (**Albergues da Juventude),** die auch im »International Youth Hostel Guide« beschrieben werden (hier und vor Ort erhältlich). Man braucht dafür meist keinen Jugendherbergsausweis – es sei denn, die Häuser sind überfüllt.

Essen und Trinken

Kleiner Führer bahianischer Spezialitäten

Acarajé: Bällchen aus Fradinhos (= kleine, braune, getrocknete Bohnen) und getrockneten Krabben, die von Baianas auf der Straße in Dendê-Öl fritiert und noch warm verkauft werden

Abará: der gleiche Teig wie für Acarajé, in Bananenblätter eingewickelt und gekocht. Wird ebenfalls an Straßenständen verkauft.
Arroz: Reis
Babá de Moça: Süßspeise aus geschlagenem Eigelb in Kokosmilch mit Zucker, Nelken und Orangenblütenwasser

Bolo de Mandioca: Maniokkuchen

Bolo de Milho: Maiskuchen

Bolinhos de Estudante: längliche, hellbraune Kuchen aus Tapioca-Mehl, mit Zucker bestreut

Caldo de Feijão/Sururu: Bohnen/Muschelsuppe

Canjica: süßer Maisbrei

Carangueijo: gekochter Krebs

Carne Seca: gesalzenes und getrocknetes Fleisch

Carne de Sol: sonnengetrocknetes Rindfleisch aus dem Nordosten

Caruru: eine Masse aus gekochten Okraschoten, getrockneten Krabben und Cashew-Kernen mit Dendê-Öl; wird als Beilage serviert

Cocada/Cocada Escura: geraspeltes Kokosnußfleisch mit Zucker gekocht

Cuscuz de tapioca: Tapioca-Mehl mit Kokosraspeln

Cozido: Gemüseeintopf mit Fleisch oder Fisch, wird zum Frühstück gegessen

Dendê: Palmöl

Efó: Blätter in einem Brei gekocht, mit Dendè, getrockneten Krabben und verschiedenen Gewürzen; Beilage ähnlich wie Caruru

Ensopado de ...: Fisch oder Meeresfrüchte mit Kokosmilch. Gibt es in den gleichen Variationen wie die → Moqueca, aber ohne Dendê. Mit Fleisch oder Geflügel ähnelt der Ensopado einem Eintopf

Farinha: Maniok-Mehl, das über das Essen gestreut wird – im Nordosten Brasiliens üblich

Farofa: mit Butter und Dendê angereicherte Farinha; teilweise auch mit Zwiebeln, Rosinen, Schweine-grieben verfeinert, wird zum gegrillten Fleisch gegessen

Feijão: Bohnen

Feijoada: Bohneneintopf mit verschiedenen Sorten Fleisch und Würsten

Frigideira: überbackener Auflauf mit wechselnden Zutaten

Galinha ao molho pardo: Huhn im eigenen Blut gekocht

Lambreta: Muscheln

Maniçoba: Eintopf aus gemahlenen und gekochten Mandioca-Blättern (ähnlich dem Grünkohl) mit verschiedenen Fleischsorten

Mocotó: deftige Gemüsesuppe aus gekochtem Kalbsfuß

Moqueca de Peixe: Fisch mit Kokosmilch und Dendê gekocht

... de Camarão: Krabben

... de Siri catado: Kleinkrebs

... de Sururu: Muscheln

... de Lagosta: Languste

... de Polvo: Tintenfisch

... de Arraia: Rochen

Peixe: Fisch

Pirão: Brei aus Farinha mit Fleisch- oder Fischsud

Quindin: süße, puddingähnliche Kuchen aus Eiern, Kokosraspeln, Zucker und Butter

Sarapatel: gekochte Innereien vom Schwein

Vatapá: Creme aus Kokosmilch, gemahlenen Krabben, Cashew- und Erdnüssen, Dendê und Weißbrot, die als Beilage zusammen mit Caruru gegessen wird oder in die → Acarajés kommt

Xinxim de galinha: Huhn, das mit Dendê, getrockneten Krabben, Erdnüssen gekocht wird

Getränke

Agua de Côco: Kokosmilch
Batida de ...: Früchte mit Eis, Zucker und Cachaça vermischt, die bekanntesten sind: Maracujá (Passionsfrucht), Limão (Limone), Côco (Kokos), Tamarinde (Tamarinde)
Cachaça: Zuckerrohrschnaps
Caipirinha: Cachaça, Limonen, Zucker, Eis
Caipirosca: Vodka, Limonen, Zukker, Eis
Caipiríssima: Rum, Limonen, Zukker, Eis
Cerveja: Bier
Guaraná: süße Limonade aus Nuß und Rinde der Guaraná-Pflanze

Bars und Restaurants

In Brasilien trifft man Freunde und Kollegen nicht Zuhause, sondern eher in einer Bar oder einem Restaurant. Besonderer Beliebtheit erfreuen sich die *Boteco* genannten einfachen Bars, in denen schmackhafte Kleinigkeiten wie Muscheln, Krebse, gegrillte Fische, aber auch Appetithappen aus Fleisch angeboten werden.

Restaurants gibt es in allen Preisklassen. Die günstigen Restaurants findet man häufig in den Geschäfts-, Markt- und Industrievierteln. Sie haben oft nur zur Mittagszeit geöffnet und bieten einfache Tagesgerichte an. Meist ist auf einer Tafel vor der Tür angeschrieben, was am jeweiligen Tag auf dem Speiseplan

steht. Am billigsten sind die *Pratos Feitos,* üppige und einfache, aber schmackhafte Tellergerichte. Zu einem »PF« (sprich: pe äffe) gehören Reis und Bohnen, Fleisch oder Fisch, Nudeln, manchmal auch Salat und Maniokmehl *(Farinha)* zum Drüberstreuen.

In den besseren Restaurants wartet man, bis der Kellner *(Garçom)* einen Platz zuweist. In einfacheren Lokalen oder am Strand kann man den Kellner auch mit einem »Pssiu« auf sich aufmerksam machen, sonst ruft man ihn besser mit »Garçom«. Die Rechnung sollte man zumindest überschlagen; nachrechnen muß man nicht heimlich, denn jeder tut das. Im Zweifel kann man die Karte verlangen. Das Trinkgeld von 10 % wird in den meisten Lokalen auf den Preis aufgeschlagen. Wenn nicht im Preis bereits inbegriffen, sollte man ein dementsprechendes Trinkgeld geben, da die Kellner bei den geringen Löhnen darauf angewiesen sind.

Kleiner Sprachführer

In Brasilien wird Portugiesisch gesprochen. Wer nur auf sein Englisch vertraut, wird es – außer in den großen Städten und internationalen Hotels – schwer haben. Kenntnisse in Spanisch oder einer anderen romanischen Sprache helfen da eher weiter.

In Salvador gibt es eine exzellente Sprachschule, um brasilianisches Portugiesisch und vieles über die Kultur Bahias zu lernen. Unterricht in Kleingruppen, nach Wunsch auch Einzelunterricht (Kurse in Deutschland als Bildungsurlaub anerkannt):

Casa do Brasil
Rua Milton de Oliveira, 231
Barra
Salvador 40140-100 CEP
☎ 071/245-58 66 (auch Fax)

Aussprache

Das brasilianische Portugiesisch ist weicher und nuscheliger, als das in Portugal gesprochene. Harte Laute und Endungen gibt es nicht, Worte werden zusammengezogen, z. B. *Bom día – bohndschiia* (= guten Tag), *a gente – ajschentsche* (= wir). Das unbetonte *e* wird fast immer zum *i*, z. B. Recife – Recifi. Betont wird in der Regel die vorletzte oder die durch einen Akzent betonte Silbe.

Das *l* wird am Silben- oder Wortende wie *u* ausgesprochen, z. B. *Brasil – Braziu.* Das *r* am Wortanfang und das Doppel-r in der Wortmitte werden wie das deutsche *h* ausgesprochen, z. B. *Rio de Janeiro – Hio de Janeiro,* das brasilianische *h* wird dagegen nicht gesprochen, z. B. *Humberto – Umberto. Gíria* heißen die immer neuen umgangssprachlichen Redewendungen, die in keinem Lexikon zu finden sind und die man sehr schnell im Gespräch lernt.

Begrüßungs- und Höflichkeitsformeln

Hallo, alles ok?	Oi, tudo bem?
Wie geht's?	Como vai?
Guten Morgen	Bom día
Guten Tag	Boa tarde (ab 12 Uhr)
Guten Abend	Boa noite (ab 18 Uhr)
Auf Wiedersehen	Até logo
Entschuldigung	Com licença, desculpa
bitte	por favor
danke	obrigado/a
gern geschehen	de nada
Wie heißt Du/Sie?	Como te chamas? Como se chama?
Ich heiße …	Me chamo …
Mein Name ist	Meu nome é

Allgemeines

Ich verstehe nicht	Não entendo
Ich spreche kein Portugiesisch	Não falo português
Sprichst Du/Sie Englisch?	Você fala inglês?
Kannst Du/Sie langsamer sprechen?	Pode falar mais de vagar?
Ich komme aus Deutschland/der Schweiz/ Österreich	Venho da Alemanha, da Suiça, da Austria
Können Sie mir helfen?	Me pode ajudar?
ja	sim
nein	não
Wer?	Quem?
Was?	Que?
Wie?	Como?

Wieviel?	Quanto?
Warum?	Porque?
Vorsicht!	Cuidado!
Darf ich rauchen?	Posso fumar?
Darf ich fotografieren?	Me permite fotografar?
Herr/Frau (Anrede)	Senhor, Senhora
Mann/Frau	Homen, Mulher
Kind	Menino, Menina

Unterwegs

Wo? Woher?	Onde? De onde?
Wohin?	A onde?
Wo ist der Busbahnhof?	Onde fica a Rodoviária?
Bushaltestelle	a parada de ónibus
Flughafen	o aeroporto
Eine Fahrkarte nach ...	Uma passagem para ...
Hin und zurück?	Ida e volta?
Um wieviel Uhr fährt/kommt	Que horas sai/chega?
... der Bus?	o onibus?
... das Flugzeug?	o avião?
... das Taxi?	o taxi?
... der Zug?	o trem?
Wo ist der Weg nach ...?	Onde está o caminho para...?
Ist das nah/weit?	Está perto/longe?
rechts	a direita
links	a esquerda
geradeaus	reto

Unterkunft

Haben Sie ...	Você tem ...
ein Zimmer	um quarto
mit zwei Betten	com duas camas
mit einem	com cama de
Ehebett	casal
mit einer Hängematte	com uma rede
mit/ohne Bad	com/sem banheiro/sanitário
Seife, Handtuch	sabão, toalhas
Wir bleiben/ ich bleibe ...	Ficoremos/ Ficare
eine Nacht/ Nächte	uma noite/ noites

Essen und Trinken

Ich möchte ...	Quero, quería ... (höflich)
essen, trinken	comer, beber
...die Speisekarte	cardápio
Frühstück	café de manha
Mittagessen	almoço
Abendessen	jantar
Bringen Sie mir bitte ...	Por favor traga me ...
ein Tagesgericht	um prato do día/prato feito
ein Messer	a faca
eine Gabel	o garfo
einen Löffel	a colher
Teller, Tasse	prato, xicara
Brot	pão
Käse, Schinken, Wurst	queijo, jamon, chorizo
sopa	Suppe
Reis, Nudeln	arroz, macarrão
Kartoffeln	batatas
Fisch, Fleisch	peixe, carne
Salat, Gemüse	salada, legumes
Bier, Wein	cerveja, vinho
Saft, Kaffee	suco, café
Mineralwasser	agua mineral com gaz
Stilles Wasser	aqua sem gaz
Glas/Flasche	copo/garrafa

Die Rechnung, bitte	A conta por favor	Wie spät ist es? Es ist … Uhr.	Que horas são? São … horas.

Geld und Einkauf

Gibt es …?	Tem …?
Haben Sie/Du …?	Você tem …?
Ich möchte …	Quero trocar/
Geld/Schecks	cambiar din-
wechseln	heiro/cheques
Ich brauche …	Preciso …
Wie teuer ist das?	Quanto é?
Das ist zu teuer	E caro demais
Gibt es etwas	Tem algo mais
Billigeres?	barato?
Hose, Hemd	calça, camisa

Post

Postamt	correio
Brief, Karte	carta, cartão
Telefon	telefone
Briefmarke,	selo, carimbo
Stempel	
Adresse	endereço
Vorwahl,	prefixo, CEP
Postleitzahl	

Krankheit

Ich bin krank	Me sinto mal
Ich brauche	Preciso de (ver)
einen Arzt	um médico
Ich möchte zum	Quero ver um
Arzt/Zahnarzt	médico/dentista
Medikament	medicina
Rezept	receito

Zeitangaben

wann?	quando?
jetzt	agora
später	mais tarde
heute	hoje
morgen	amanhã
gestern	ontem

Zahlen

1	um, uma
2	dois, duas
3	tres
4	quatro
5	cinco
6	seis
7	sete
8	oito
9	nove
10	dez
11	onze
12	doze
13	treze
14	quatorze
15	quinze
16	dezesseis
17	dezesete
18	dezoito
19	dezenove
20	vinte
21	vinte e um
22	vintedois
30	trinta
40	quarenta
50	cinquenta
60	sessenta
70	setenta
80	oitenta
90	noventa
100	cem
200	duzentos
300	trezentos
1000	mil
5000	cinco mil
10 000	dez mil
1 000 000	um milhão
1 000 000 000 (Mrd.)	um bilhão (ab-gekürzt: bi)

Informationen von A–Z

Aids

Brasilien ist weltweit eines der Länder mit der höchsten Rate an Aids-Infizierten und einer sehr hohen Dunkelziffer. Die Übertragung beim ungeschützten Geschlechtsverkehr ist die Hauptursache für die rasche Ausbreitung der Krankheit. Der Wissensstand der Bevölkerung über die Gefahren von Aids ist unterentwickelt. Auch die Regierung hat das Risiko lange Zeit heruntergespielt. Inzwischen mahnen insbesondere vor Karneval großflächige Plakate die Verwendung von Kondomen *(Camisinhas)* an – doch noch immer benutzen sie nur wenige.

Behinderte

Behinderte sieht man gelegentlich in den Straßen von Bahia. Sie arbeiten als Straßenverkäufer oder bitten um Geld, denn von der Invalidenrente können, wenn sie überhaupt eine bekommen, nur wenige leben. Behindertenfreundlich oder -gerecht ausgebaut ist kaum etwas, und das historische Zentrum Salvadors mit seinen steilen Gassen und dem holprigen Kopfsteinpflaster kann da besonders unangenehm sein. Mit zuvorkommenden und hilfsbereiten Menschen kann man aber immer rechnen.

Betteln

Bettler sieht man auf dem Land eher selten und in Salvador nur an bestimmten Plätzen, etwa vor den großen Kirchen. Häufiger sind jedoch Kinder, die nach *Trocado* (Kleingeld) fragen. Insgesamt wird aber nicht mehr gebettelt als in einer deutschen Großstadt. Da ist es wahrscheinlicher, daß Straßenverkäufer einem hartnäckig etwas aufnötigen oder Touristenführer ihre Dienste ungefragt anpreisen.

Campen

Campen ist in Brasilien nicht so gut organisiert wie in Europa, dennoch gibt es in ganz Bahia Zeltplätze. Die Ausstattung ist meist nicht mit der Infrastruktur der Plätze in Europa oder den USA zu vergleichen. Die Mitnahme eines Zeltes aus Europa lohnt sich für Reisen ins Inland, zum Beispiel in die Chapada Diamantina oder auch zu den Stränden im Süden, wo man die Natur genießen kann. Der Führer »Quatro Rodas« informiert auch über Campingplätze. Weitere Informationen erhältlich bei:

Camping Clube do Brasil
Divisão Bahia
Rua Portugal, 3
Edifício Senador Dantas, sala 410

Comércio
Salvador BA, ✆ (00 55)-71-242-04
82

Candomblé

Es gibt eine Vielzahl von *Terreiros*
(Kultstätten des Candomblé), die
über die ganze Stadt verteilt sind.
Die Informationsbüros (Bahiatursa)
informieren über öffentliche Feiern
in den Terreiros, inklusive Adressen
und Wegbeschreibungen.

Capoeira

In den Akademien ist es meistens
erlaubt bei diesem Kampf-Tanz (s.
a. S. 74 ff.) zuzuschauen, man sollte aber zuvor den Lehrer oder Meister fragen. Das gleiche gilt besonders fürs Fotografieren und Filmen.
Im folgenden eine kleine Auswahl
an Capoeira-Schulen in Salvador.
Academia de Capoeira Angola
Mestre João Pequeno de Pastinha
Forte Santo Antônio
✆ 321-10 40
Roda: Sonntag nachmittag

Grupo de Capoeira Angola
Pelourinho
Mestres Morães e Cobrinha
Forte Santo Antônio
✆ 321-10 40
Roda: Samstag abend, Sonntag
nachmittag (14tägig)

Escola Gêmeos
Mestre Curió

Rua Castro Rabelo, 7
Pelourinho
Roda: Freitag abend

Associção de Capoeira Mestre
Bimba
Mestre Bimba
Rua Francisco Muniz Barreto, 1
Terreiro de Jesus
Roda: Freitag abend

Fundação Abadá Capoeira
(FUNDAC)
Prof. Duende
Parque São Brás
Fedéração
✆ 235-80 72, 237-17 22
Training mit Roda Di/Do 18–22 Uhr

Diebstähle und Sicherheit

Eine der schönsten Erfahrungen in
Bahia ist der Kontakt mit den Menschen, die fast immer freundlich
und hilfsbereit sind. Dennoch kann
es passieren, daß Touristen auch
mal eine schlechte Erfahrung machen, weil sie übervorteilt oder be-
stohlen werden. Häufig wird solch
unangenehmen Erlebnissen durch
den Leichtsinn der Betroffenen
Vorschub geleistet.

Von der Gewalt und Kriminalität, die Brasilien immer wieder in
die Schlagzeilen bringt, besonders
die Morde an Straßenkindern, bekommt man als Tourist meist wenig
mit. Salvador ist längst nicht so gefährlich wie Rio oder São Paulo. In
den letzten Jahren wurde viel für
die Sicherheit der Touristen vor al-

lem im Centro Histórico getan. Bewaffnete Raubüberfälle in Bussen oder auf der Straße sind bis heute Ausnahmen geblieben. Auf dem Land und in kleineren Orten passiert selten etwas.

Besondere Vorsicht ist auf den Busbahnhöfen geboten und wo viele Touristen anzutreffen sind – in Salvador z. B. im Stadtteil Barra und in der Altstadt. Man sollte daran denken, daß Diebe immer dort ein leichtes Speil haben, wo Gedränge entsteht, z. B. an den Drehkreuzen in den Bussen, die man beim Einsteigen passiert, bei Menschenansammlungen auf der Straße oder bei Konzerten. Oft wird man plötzlich im Gedränge eingekreist und es wird in allen Taschen auf einmal gewühlt. Bei einem Überfall wollen die Räuber meist »nur« Geld oder Wertsachen. Niemals sollte man sich wehren, sondern das Gewünschte herausgeben.

Einige Tips um Gefahren auszuweichen: Am Anfang die Kamera im Hotel lassen und sich etwas mit der Stadt vertraut machen. Uhren, wertvoller Schmuck – selbst das Goldkettchen um den Hals – sollten Sie besser nicht tragen. Nie viel Geld mitnehmen, größere Summen immer direkt am Körper tragen und Papiere im Hotel lassen (Fotokopie des Passes reicht). Kamera, Tasche, Rucksack nicht zu lässig über die Schulter hängen. Rucksäcke besser nur vor dem Körper tragen, Fotoapparate oder Walkman am besten im Rucksack oder in einer Plastiktüte mitnehmen. In einsamen Straßen und Gegenden aufmerksam sein. Am Strand oder bei Stopps der Überlandbusse sollte man niemals seine Sachen unbeaufsichtigt lassen.

Diplomatische Vertretungen in Brasilien

Botschaft der BRD
70415 Brasília, D.F.
Av. das Nações, lote 25
☎ 061/243-74 66, 243-74 01, 243-72 34
Fax: 061/244-60 63

Honorarkonsulat der BRD
40000 Salvador
Rua Lucaia, 281, Edf. WM – 2° andar
Rio Vermelho
☎ 071/247-71 06, 237-29 29
Sprechstunden nur von 9.00 bis 12.00 Uhr

Botschaft Österreichs
70426 Brasília, D.F.
Av. das Nações, lote 40 (Setor D, Embaixadas Sul)
☎ 061/243-31 11
Fax: 061/243-52 33

Honorarkonsulat Österreichs
40000 Salvador
Av. Almirante Marquès de Leão, 46, apto. 33
Barra
☎ 071/247-60 13

Botschaft der Schweiz
70448 Brasília

Av. das Nações, lote 41
✆ 061/244-55 00
Fax: 061/244-57 11

Feste und Feiertage

Januar
1. Januar Seeprozession zu Ehren des Nosso Senhor Bom Jesus dos Navegantes (Lavagem da Boa Viagem), Boa Viagem, Salvador
3.–6. Januar Die Heiligen Drei Könige (Festa da Lapinha), Lapinha, Salvador
3. Donnerstag im Januar Fest zu Ehren des Nosso Senhor do Bonfim und Oxalás (Lavagem do Bonfim), Bonfim, Salvador; letztes Wochenende im Januar Festa de Nossa Senhora da Purificação in Santo Amaro (Recôncavo)

Februar
2. Februar Festa de Yemanjá, Rio Vermelho, Salvador
Zwei Wochen vor Karneval Lavagem de Itapoãn, Salvador

März–Mai
Volksfeste im Hinterland, Micaretas genannt

Juni
22.–25. Juni São João, auch Festas Juninas genannt, in ganz Bahia, vor allem in Cachoeira (Recôncavo)

Juli
2. Juli Tag der Unabhängigkeit Bahias, Umzug (Cortejo de Caboclo) durch Salvador

August
am Wochenende um den **15. August,** Festa da Boa Morte (zu deutsch: Fest des Guten Todes) in Cachoeira

September
27. September Festa de São Cosme e São Damião, Salvador und Recôncavo

Dezember
4. Dezember Festa de Iansã/Santa Bárbara, v. a. Salvador und Recôncavo
8. Dezember Lavagem zu Ehren Nossa Senhora de Conceição, v. a. Salvador und Recôncavo

Das berühmteste Fest Brasiliens ist **Karneval**. Er startet offiziell jeweils in der Nacht von Mittwoch auf Donnerstag (eine Woche vor Aschermittwoch). Dies ist in den kommenden Jahren: 12. Februar 1994; 25. Februar 1995; 17. Februar 1996; 8. Februar 1997; 21. Februar 1998; 13. Februar 1999.

Neben den für ein katholisches Land üblichen Feiertagen (Ostern, Pfingsten, Weihnachten etc.), von denen besonders Ostern mit Prozessionen und Laienspielen in ganz Bahia begangen wird, gibt es in jeder Region verschiedene Feste und auch noch einige staatliche Feiertage:

1. Januar Dia de Ano Novo – Neujahrstag
29. März Fundação da Cidade – Stadtgründung Salvadors

21. April Dia de Tiradentes – wörtlich: »Tag des Zahnziehers« = Name und Beruf des ersten Unabhängigkeitskämpfers gegen die portugiesische Kolonialmacht
1. Mai Dia do Trabalho – Tag der Arbeit
2. Juli Independência da Bahia – Unabhängigkeit Bahias
7. September Dia da Independência – Tag der Unabhängigkeit Brasiliens
15. November Dia de Proclamação da República – Ausrufung der Republik

Seit 1985 werden Feiertage, die auf einen Arbeitstag fallen, am darauffolgenden Montag gefeiert. So ergeben sich diverse verlängerte Wochenenden.

Fotografieren und Filmen

Im allgemeinen lassen sich die Menschen in Bahia gerne fotografieren. Wer vorher fragt, wird selten ein »Nein« zu hören bekommen. In Salvador kann es jedoch passieren, daß z. B. die Capoeirista am Mercado Modelo Geld dafür verlangen. Das ist aufgrund ihrer meist schwierigen finanziellen Situation verständlich, andererseits sollte man auf überzogene Geldforderungen nicht eingehen – Fingerspitzengefühl ist hier gefragt. Bei Candomblé-Festen in den Terreiros und in den meisten Kirchen Salvadors darf weder gefilmt, noch fotografiert werden.

Frauen allein unterwegs

Brasilien ist für alleine reisende Frauen ein angenehmes, aber auch »forderndes« Land. So ist z. B. eine Frau allein im Restaurant oder einer Bar auch in den großen Städten wie Salvador etwas Ungewöhnliches. Sie wird vermutlich nicht lange einsam am Tisch sitzen. Wer keine Lust auf Begleitung hat, dies durch freundliches, aber bestimmtes Auftreten deutlich macht und ein klares »Nein, ich möchte keine Begleitung« (»Não, obrigada, não quero a sua companhia«) ausspricht, wird unaufgeforderte Bewerber jedoch rasch los. Dennoch: das Mann-Frau-Verhältnis ist gerade in Bahia anders als bei uns – traditioneller und gleichzeitig freier, man kokettiert gerne. Brasilianer können sich nur schwer vorstellen, ohne Freunde oder Bekannte etwas zu unternehmen. Deshalb haben alleine reisende Frauen außer dem »Streß«, etwas Ungewöhnliches zu sein, viele Vorteile und werden häufig von Männern **und** Frauen zu Festen und zu einem Besuch in der Familie eingeladen.

Geld und Geldwechsel

Innerhalb der letzten Jahre hat das Land mehrere Währungsreformen erlebt. Jedesmal kamen neue Geldscheine in Umlauf. Viele der alten Scheine gelten weiterhin, oft haben sie nur einen Stempelaufdruck mit dem aktuellen Wert. Anfang August 1993 wurden wieder einmal drei Nullen gestrichen und aus dem Cruzeiro wurde der Cruzeiro Real. Es empfiehlt sich, die Scheine bald unterscheiden zu lernen, denn es ist nicht ratsam, im vollen Bus ein Bündel Geldscheine zu zählen.

In Brasilien gibt es – je nach Wirtschaftspolitik – mehrere Wechselkurse. Der offizielle Kurs Dollar/Cruzeiro wird von der Regierung festgesetzt und ist meist ungünstig, den inoffiziellen und günstigeren Parallelkurs *(= Paralelo)* entnimmt man den Tageszeitungen. Den *Paralelo* bekommt man in speziellen Casas de Cambio; in der Bank (Banco do Brasil) ist der Kurs etwas schlechter. Oft tauschen auch Geschäftsinhaber oder Reisebüros. In Hotels gibt es fast immer einen schlechteren Kurs.

Gesundheit

Am besten ist, es wie die Einheimischen zu machen und sich langsam an die neuen Speisen und Essenszeiten zu gewöhnen. So gehen die Brasilianer, wenn es heiß ist, gerne frühmorgens an den Strand und verbringen die Mittagszeit im Haus. Sie essen reichlich zu Mittag und nehmen abends nur leichte Kost zu sich. Vorsicht mit Hochprozentigem an heißen Tagen!

Apotheken sind zahlreich. Einige sind Tag und Nacht geöffnet – in Salvador z. B. die Farmácia Santa-

na im Busbahnhof (Rodoviária) oder die Farmácia Estrela Galdino im Stadtviertel Pituba (über ✆ 1 36 erfahren Sie, welche Apotheke gerade Dienst hat). Wer einen Arzt aufsuchen muß, sollte sich an eine Privatpraxis oder eine Privatklinik (z. B. Hospital Português oder Hospital Sanatório Espanhol im Stadtviertel Barra) wenden. Die öffentlichen Krankenhäuser sind hoffnungslos überlastet und haben kein Geld für eine gute Ausstattung und das erforderliche Personal. Auskünfte über Deutsch sprechende Ärzte bekommt man in den Konsulaten, Botschaften und in großen Hotels.

Karneval

Vor Karneval halten die verschiedenen Vereine – die Blocos Afros, Afoxés und Blocos de Indio – regelmäßig ihre Proben ab. Wer nicht bis Karneval bleiben kann, hat hierbei Gelegenheit, Musik und Stil der jeweiligen Gruppen kennenzulernen.

Apaches do Tororó
Dique do Tororó
Sonntag abend

Ara Ketu
Periperí
Sonntag nachmittag
Clubhaus an der Praça da Sé

Comanches
Parkplatz
Ladeira da Praça

Filhos de Gandhi
Rua Gregório de Matos, 55
Pelourinho
Sonntag nachmittag

Ilê Aiyê
Centro de Cultura Popular
Largo de Santo Antônio, além do
Carmo
Samstag nacht

Malê De Balê
an der Colônia de Pescadores am
Strand
Itapoãn
Sonntag abend

Muzenza
Av. Kingston
Curuzu, Liberdade
Sonntag abend

Olodum
Rua Gregório de Matos, 22
Pelourinho
Sonntag und Dienstag abend Pro-
ben

Auch bei den Karnevalsclubs der
Blocos de Trio kann man sich
anschließen. Wer erst an Karneval
nach Salvador kommt, kann immer
noch eine *Fantasía* erwerben, die
in den Lokalzeitungen in großer
Auswahl angeboten werden.

Beijo
Av. Alm Marq, Leão, 293, Lj. 8
✆ 235-93 42

Camaleão
Rua da Graça, 30
✆ 336-61 00

Eva
Av. Alm, Marq. Leão, 293, Lj. 3
✆ 235-99 41

Os Internacionais
Rua da Palma, 13
✆ 242-60 58

Mel
Rua Dr. P. Froes, 63
✆ 235-59 35

Reflexo
Rua Thomaz Gonzaga, 256, Bl.
132-C, apto. 202
✆ 234-34 51

Nachtleben

In der Vorkarnevalszeit amüsiert
man sich auf Volksfesten und bei
den Proben der Karnevalsvereine
im Freien. Ansonsten spielt sich
das Nachtleben hauptsächlich in
Bars und Restaurants ab; oft bieten
sie Live-Musik, zu der auch getanzt
wird. Diskotheken wie in Europa
gibt es nur in Salvador und in Tou-
ristenorten wie Porto Seguro. Kinos
und Theater findet man außerhalb
Salvadors auch kaum.

Notfall

Die Notrufnummer lautet 192.
Hier kann erste Hilfe *(Pronto So-
corro)* angefordert werden. Poli-
zeinotruf 197 für die Policia Civil
und 190 für die Policia Militar;
Feuerwehr 193. Für weitere Unterstützung sollte man sich an das

deutsche Generalkonsulat wenden.

Öffnungszeiten

Banken: Mo–Fr 10–16 Uhr; im Flughafen Mo–Sa 10–21 Uhr, So 10–14 Uhr
Post: Mo–Fr 8–17 Uhr, Sa 8–12 Uhr, im Flughafen auch an Sonn- und Feiertagen vormittags
Geschäfte: Mo–Fr 9–18 Uhr, Sa bis 14 Uhr; die Shopping-Center und großen Supermärkte sind abends und samstags bis 22 Uhr geöffnet
Museen: Die Öffnungszeiten der Museen variieren sehr. Die meisten Museen sind am Wochenende und in der Mittagszeit geschlossen, einige auch montags
Restaurants, Bars und **Cafés** schließen meist erst dann, wenn die letzten Gäste gegangen sind. Einige wenige haben auch zwischen 15 und 18 Uhr geschlossen.

Post

Es gibt in Brasilien oft sehr schöne Briefmarken, die in den Postämtern an speziellen Schaltern verkauft werden. Die Wertmarken *(Sellos Comuns)* für nationalen und internationalen Briefverkehr erhält man an fast jedem Schalter. Wertsachen schickt man am besten als Einschreiben oder mit dem (teuren) Sonderservice der Post – CEDEX –, so daß sie bereits am nächsten Tag beim Empfänger sind.

Souvenirs

Das Pelourinho/Maciel-Viertel in Salvadors Altstadt hat sich seit der Restaurierung 1993 zu einem Einkaufsparadies für Andenken aus Bahia entwickelt. In vielen kleinen Geschäften wird Kunsthandwerk, farbige T-Shirts, Schmuck, Lederwaren u. ä. angeboten. Schon seit Jahrzehnten ist der Mercado Modelo in Salvadors Hafen touristisches Einkaufszentrum. Hier gibt es farbenprächtige Schmuckberimbaus, die Capoeira-Musikbögen, Trommeln, Rasseln, Tamburine, Lederarbeiten, Hängematten, Tonfiguren etc. Auch auf den Märkten (Feiras), werden neben Gemüse und Obst häufig bahianische Handarbeiten und Gebrauchskeramik angeboten.

Wer Edelsteine und wertvollen Schmuck kaufen möchte, sollte dies bei den großen Juwelieren tun. Dort ist das Risiko, schlechte oder unechte Steine zu bekommen, ausgeschlossen. Bei H. Stern kauft man mit vollem Umtauschrecht und Jahresgarantie, die auch in den deutschen Filialen in Frankfurt und Düsseldorf einzulösen sind.

Stromversorgung

In Bahia schwankt die Stromspannung zwischen 110 und 220 Volt. Im allgemeinen überwiegt in den touristischen Zentren 220 Volt, in Salvador ist die Spannung von

Stadtviertel zu Stadtviertel unterschiedlich.

Telefonieren

Telefoniert wird mit Telefonmünzen *(Fichas)*, die an Zeitungsständen, Bushaltestellen oder Bars verkauft werden. Für Ortsgespräche mit den roten Telefonapparaten benötigt man andere *Fichas* als für die blauen Inter-Urbanos, mit denen man in ganz Brasilien und ins Ausland telefonieren kann. Praktisch in Brasilien sind automatische R-Gespräche »a cobrar«. Bei Ortsgesprächen wählt man eine 9 vor der Nummer des Teilnehmers, bei überregionalen Gesprächen 107. Der Empfänger wird von einem Band automatisch gefragt, ob er das R-Gespräch annimmt – wenn nicht, legt er einfach auf.

Anrufe nach Europa oder ins Ausland führt man am besten von den staatlichen Telefonämtern (Telebahia) die an Busbahnhöfen, Flughäfen oder zentralen Plätzen gelegen sind. Man bezahlt nach Ende des Gesprächs, aber mindestens für drei Minuten Sprechzeit.

Vorwahlnummer für Deutschland 00 49, für die Schweiz 00 41 und für Österreich 00 43. Eine Minute nach Deutschland aus Brasilien kostet rund 5 US$ und damit etwa zweieinhalb mal so viel wie umgekehrt. Seit kurzem sind auch R-Gespräche nach Deutschland möglich. Unter 000 80 49 kann man das Gespräch nach Deutschland beim Fernsprechamt Frankfurt in deutscher Sprache anmelden. Die Nummer der internationalen Auskunft lautet 00 03 33.

Touristeninformation

Informationsmaterial gibt es in den diversen Fremdenverkehrsämtern der bundesstaatlichen **Bahiatursa** und in Salvador auch bei der städtischen Tourismusbehörde **Emtursa.** In Salvador hat die Bahiatursa Auskunftbüros am Flughafen (tgl. 8.30–20.30 Uhr) und Busbahnhof (tgl. 8–19 Uhr), die u. a. auch Zimmer vermitteln, darüber hinaus im historischen Zentrum, im Mercado Modelo und am Porto da Barra. Die Hauptstelle im Palácio Rio Branco ist Mo–Fr von 8–18 Uhr geöffnet. Bei der Bahiatursa bekommt man auch den 14tägig erscheinenden Veranstaltungskalender *(Calendário dos Eventos)* und Stadtpläne.

Die Emtursa unterhält ebenfalls Auskunftbüros im Flughafen (8–20 Uhr) und im historischen Zentrum. Hier werden auch die jugendlichen Touristenführer *(Guía Mirins)* vermittelt. Hierbei handelt es sich um ein von der Stadtverwaltung getragenes Programm, das der Berufsausbildung bedürftiger Jugendlicher dienen soll. Die Disque Turismo (✆ 131) hilft bei allen touristischen Fragen weiter.

Der brasilianische Reiseatlas »Quatro Rodas« wird jedes Jahr neu aufgelegt und liefert Informationen zu allen größeren Orten des Landes sowie eine detaillierte Straßenkarte. Seit ein paar Jahren gibt es auch die Spezialausgabe über Strände (»Quatro Rodas Praias«) und Billig reisen (»Viajar barato«). In Salvador kann man sich auch von deutschen Touristenführern die Stadt zeigen lassen (✆ 247-11 91).

Für Homosexuelle hat die Grupo Gay da Bahia einen Führer mit einschlägigen Tips und Adressen herausgegeben. Gibt es z. B. in Buchhandlungen am Flughafen.

Trampen

Trampen ist in Brasilien schwierig. Die meisten Autobesitzer haben nicht ganz unbegründet Angst vor Überfällen. Als Tourist hat man auf dem Land und in schwer zugänglichen Gebieten oft ganz gute Chancen, mitgenommen zu werden, denn »blonde« Ausländer gelten als etwas Besonderes und man hält sie eher für harmlos. Frauen sollten nicht alleine trampen. Ärmere brasilianische Familien fahren – meist gegen Bezahlung – auf der Ladefläche von leeren LKWs in die Großstädte mit.

Verhalten im Alltag

Auch wenn mal etwas nicht klappt: mit einem freundlichen Lächeln erreicht man in Bahia gewiß mehr als mit einem grimmigen Gesicht. Brasilianer sind im allgemeinen sehr höflich, freundlich, und gepflegt gekleidet. Es ist üblich, wenn möglich, mehrmals am Tag zu duschen und mindestens einmal die Kleider zu wechseln. Auch wer das nicht kann, versucht zu vermeiden, nach Schweiß zu riechen. Schweißgeruch und schlottrige Kleidung fällt ebenso unangenehm auf wie lautes und herzhaftes Naseschneuzen. Wenn man an den Strand geht, zieht man sich bereits zu Hause um – kann dann aber auch in Badehose im Bus zum Strand fahren. FKK *(Nudismo)* ist im allgemeinen nicht üblich, mit Ausnahme der Strände von Morro de São Paulo und Porto Seguro oder einsam gelegenen Stränden.

Zeitunterschied

Der Zeitunterschied zur mitteleuropäischen Zeit beträgt minus vier Stunden. Während der Sommerzeit in Europa sind es fünf, während der brasilianischen Sommerzeit entsprechend drei Stunden.

Register

Register

31.12. Tee am Strand. Allerheiligenbucht

Register

bei Forte de Mont Serat, Bsanju

Dannemara-tipare aus Bahia